Da capo

A Review Grammar

GRAZIANA LAZZARINO

University of Colorado

Holt, Rinehart and Winston

New York   San Francisco   Toronto   London

PERMISSIONS

I wish to thank the authors, publishers and holders of copyright for their permission to reprint the following excerpts.

Giovanni Guareschi: "Le storie che piacciono", "Due ali azzurre" and "Infortunio sul lavoro", from *Lo Zibaldino,* Rizzoli Editore, Milano.
Paolo Volponi: "La fabbrica", from *Memoriale.* Aldo Garzanti Editore, Milano, 1962.
Diego Valeri: *La gioia perfetta, Venezia* and *Milano,* from *Poesie* (Lo Specchio), Arnoldo Mondadori Editore, Milano.
Gemma Licini: *Il cerchio,* from *Enciclopedia della Lingua Italiana,* vol. 2, © 1969 by Giovanni De Vecchi Editore, Milano.
Alberto Moravia: "Comunicare", from "L'intimità", *Corriere della Sera,* March 15, 1964.
    "La doppia vita", from "Tutto per la famiglia", *Nuovi Racconti Romani,* © 1959 by Bompiani, Milano.
Natalia Ginzburg: "La stanza" and "Devo dirti una cosa", from *L'inserzione;* "La serva", from *Fragola e panna* in *Ti ho sposato per allegria e altre commedie,* Einaudi, Torino, 1970.
Giorgio De Giorgio: "Per questa volta", "Un'opera comica" and "Deduzioni", from *La vita e il suo lato comico,* © 1973 by Giovanni De Vecchi Editore, Milano.
Carlo Cassola: "Amore" and "Gelosia", from *Fausto e Anna,* © 1962 by Giulio Einaudi Editore, Turin, Italy. Reprinted by permission of Giulio Einaudi Editore, Turin, Italy.
Vincenzo Cardarelli: *Gabbiani,* from *Poesie* (Lo Specchio), Arnoldo Mondadori Editore, Milano.
Alba de Céspedes: "Il professore", from *Nessuno torna indietro,* © 1938 by Arnoldo Mondadori Editore, Milano.
Gianni Rodari: *Io vorrei,* from *Filastrocche in cielo e in terra,* © 1960 by Giulio Einaudi Editore, Turin, Italy. Reprinted by permission of Giulio Einaudi Editore, Turin, Italy.
Dino Buzzati: "Un uomo domanda", "I vantaggi del progresso" and "Non è mai finita", from *Siamo spiacenti di,* Arnoldo Mondadori Editore, Milano.
Achille Tedeschi: *Castelli in aria,* from *Grammatica italiana per la Scuola Media,* Edizioni Scolastiche Bruno Mondadori, Milano.

Photos: Charme, Quattordicinale di Fotoromanzi, 19 May 1977: 21;   Olivetti: 43;   Monkmeyer: Pat Morin: 70, 178; Mark Antmas: 137; Helena Kolda: 224; Dick Huffman: 254; Luten: 297; Louis S. Davidson: 322; DPI: John Dunigan: 91, 93; Lida Moser: 158; Italian Tourist Office: 116; HRW: 202; Jerry Stowall: 277.

Cartoons: All cartoons by permission of Disegnatori Riuniti, Milan, Italy.

Library of Congress Cataloging in Publication Data

Lazzarino, Graziana.
  Da capo.

  Includes index.
    1. Italian language—Grammar—1950—   2. Italian
language—Textbooks for foreigners. I. Title.
PC1112.L36   458'.2'421   78-23404
ISBN 0-03-043846-2

CONTENTS

Preface vii

A Mamma Isa

PREFACE

Da capo is a comprehensive Italian grammar text designed for intermediate students. It reviews and expands upon the essential points of grammar covered in beginning courses, provides reading and oral practice, vocabulary development and an entirely integrated exercise program.

A chapter outline precedes each unit. It lists the grammar topics to be covered and the title of the reading passage(s) so that the students are aware from the start of what the objectives of the unit are. Each of the fourteen units is divided into two major sections: *Grammatica* and *Lettura*.

— The *Grammatica* section reviews topics covered in first-year courses and then builds upon them. The grammar sequence has been balanced so that no one chapter is longer or harder than the others. All explanations are followed by abundant sample sentences clearly illustrating the given rules. My goal has been to proceed, within each unit and within each topic, from the known to the unknown, to encourage students to go from familiar material to the more complex constructions. Cartoons follow each topic, and precede the exercises. Taken from modern Italian periodicals and magazines, they illustrate the grammar just shown. Related *Curiosità, Proverbi, Citazioni famose* and poems reflecting the grammar are also included.

The exercises in *Da capo* are abundant and varied. Interspersed throughout, they provide immediate check for mastery. They range from simple substitution drills and translations to the more complex transformation drills and finally to open-ended topics for discussion. All exercises emphasize both writing and speaking. I have made every attempt to make them as interesting as possible and give students and professors a wide variety from which to choose.

— The section called *Lettura* concentrates on reading, writing and speaking. There is a passage from a novel, play or short story, chosen for its interest level. Marginal glosses translate into English, or give Italian equivalents for, unknown or more difficult vocabulary. The *Parole da ricordare,* which follows, lists the active vocabulary of the reading, and gives words of the same family. This section is intended to build students' vocabulary concentrating on common words and expressions. The *Studio di parole* treats vocabulary items which pose special problems to English speakers. Basically, I have tried to zero in on those words and expressions which students have the most difficulty mastering. The unit concludes with the *Conversazione sulla lettura* and *Temi per componimento o discussione,* both of which use the reading as a base for oral and written work. Students are encouraged to present their own point of view and relate the reading experience to their own.

A complete Appendix appears in *Da capo*. It lists verb requiring *essere* in compound tenses, verbs requiring prepositions, expressions requiring the subjunctive, exclamations, fillers and onomatopeic words plus verb charts giving both regular and irregular verb conjugations, and a complete Italian-English end vocabulary. An Index is included for easy reference.

INTRODUCTION TO THE TEACHER

Da capo does not pretend to be a reference grammar but it is more than a mere review. It presents and discusses the Italian language as it is spoken and written today in a comprehensive and yet concise fashion. It has been designed so that you should feel free to omit sections and their related exercises in order to concentrate on those which best fit your needs and approach.

A wide variety of exercises, both written and oral, appears in *Da capo* to provide maximum flexibility. The number and types of exercises which you use ought to depend upon the needs, interests and abilities of your students as well as the time at your disposal. Each unit may be completed in either one or two weeks, depending on how thoroughly you wish to cover the material.

In the verb charts, the *Parole da ricordare* sections and the end vocabulary the stressed syllable has been indicated by a dot below the stressed vowel, except when the stress falls on the last or next to the last syllable. A grave accent is used throughout to indicate stress on the last syllable.

ACKNOWLEDGMENTS

I would like to thank my colleagues and students at the University of Colorado for their help and support during the preparation of the manuscript and the class testing of the material.

In particular I want to thank Allan Taylor and Luigi Romeo, Professors of Linguistics, my colleagues Giovanna Jackson and Judy Ramaglia, and my students and associates Henry S. S. Batterman, Kathleen Daniel, David J. Maxey and Penny Bazanele.

I also want to express my thanks and appreciation to the editorial staff of Holt, Rinehart and Winston and, in particular, to the senior development editor, Marilyn Hofer, for her assistance and cooperation during the final draft of the text.

- **Present Indicative**
- **Subject Pronouns**
- **Nouns**
- **Lettura:** *Le storie che piacciono*

Grammatica

Il verbo

Viene il verbo, quel regnante,
nel discorso il più importante!
A ragione va superbo:
è persona grande il verbo!
Che cos'è il verbo? È un'azione
delle cose o di persone.
Per esempio: io posso amare,
posso scrivere e pregare.
E tu puoi sentire e bere,
puoi studiare, puoi cadere.
E la rosa può fiorire,
può odorare, può appassire.
Queste azioni che ho segnate
tutte verbi son chiamate.
Guarda un verbo. Può finire
solo in ''are'', in ''ere'', o in ''ire''.
Son le tre terminazioni
delle tre coniugazioni.
È la prima quella in ''are''
come andare, stare, entrare.
La seconda è quella in ''ere''
come credere e vedere.
Poi la terza è quella in ''ire''
come offrire, uscire e dire.

THE PRESENT INDICATIVE

Regular Verbs

A. Italian verbs are divided into three conjugations according to their infinitive endings:

1. verbs ending in **-are** (characteristic vowel **-a-**): **amare** (*to love*)
2. verbs ending in **-ere** (characteristic vowel **-e-**): **perdere** (*to lose*)
3. verbs ending in **-ire** (characteristic vowel **-i-**): **finire** (*to finish*)

To form the present indicative, drop the infinitive endings **-are, -ere, -ire** and add the appropriate endings to the stem (**am-, perd-, fin-**).

	amare	**perdere**	**finire**	**partire**
Singular				
1st person	amo	perdo	fin**isco**	parto
2nd person	ami	perdi	fin**isci**	parti
3rd person	ama	perde	fin**isce**	parte
Plural				
1st person	am**iamo**	perd**iamo**	fin**iamo**	part**iamo**
2nd person	amate	perdete	finite	partite
3rd person	am**ano**	perd**ono**	fin**iscono**	part**ono**

1. In the present indicative **-ire** verbs fall into two groups:
   — verbs requiring that **-isc-** be inserted between the stem and the endings, except first and second persons plural. (See the conjugation of **finire**, above.) These are the majority of **-ire** verbs.
   — verbs not requiring the insertion of **-isc-**. (See the conjugation of **partire**, above.)

2. Following is a list of the most common verbs conjugated without **-isc-**:

aprire *to open*	apr**o**	partire *to leave, depart*	part**o**
avvertire *to advise, warn*	avvert**o**	scoprire *to discover*	scopr**o**
bollire *to boil*	boll**o**	seguire *to follow*	segu**o**
coprire *to cover*	copr**o**	sentire *to hear, feel*	sent**o**
divertire *to amuse*	divert**o**	servire *to serve*	serv**o**
dormire *to sleep*	dorm**o**	soffrire *to suffer*	soffr**o**
fuggire *to flee*	fugg**o**	vestire *to dress*	vest**o**
offrire *to offer*	offr**o**		

B. Certain verbs require spelling changes in the present indicative.

1. Verbs ending in **-care** and **-gare** add an **-h-** between the stem and those endings which begin with **i** (second person singular and first person plural) in order to retain the original sound of the stem.

cercare	pagare
to look for	to pay
cerco	pago
cer**chi**	pa**ghi**
cerca	paga
cer**chi**amo	pa**ghi**amo
cercate	pagate
cercano	pagano

2. Verbs ending in **-ciare**, **-giare** and **-sciare** drop the **-i** of the stem when the verb ending begins with **i** (second person singular and first person plural).

incominciare	mangiare	lasciare
to begin	to eat	to leave
incomincio	mangio	lascio
incominci	mangi	lasci
incomincia	mangia	lascia
incominciamo	mangiamo	lasciamo
incominciate	mangiate	lasciate
incominciano	mangiano	lasciano

3. Verbs ending in **-iare** drop the **-i** of the stem in the second person singular if the **-i** is not stressed, but they retain it if the **-i-** is stressed.

studiare	inviare
to study	to send
studio	invio
studi	inv**ii**
studia	invia
studiamo	inviamo
studiate	inviate
studiano	inviano

4. Verbs ending in **-gliare** drop the **-i** of the stem in the second person singular and first person plural.

sbagliare
to be mistaken
to make a mistake
sbaglio
sbagli
sbaglia
sbagliamo
sbagliate
sbagliano

Irregular Verbs

A. Avere means *to have.*

avere		
ho	Abbiamo lezione d'italiano.	Hanno coraggio.
hai	*We have an Italian class.*	*They have courage.*
ha		
abbiamo		
avete		
hanno		

1. Besides translating the English *to have* meaning *to possess,* **avere** is also used in many expressions describing physical states.

avere mal di denti	avere mal di gola	avere mal di pancia
to have a toothache	*to have a sore throat*	*to have a stomach ache*
avere mal di testa	Che cos'hai?	avere fame (appetito)
to have a headache	*What's the matter with you?*	*to be hungry*
avere sete	avere paura	avere sonno
to be thirsty	*to be frightened*	*to be sleepy*

2. Following are some idiomatic expressions using **avere**:

avere fretta	Presto! Abbiamo molta fretta!
to be in a hurry	*Quickly! We're in a big hurry!*
avere voglia di	Hai voglia di uscire?
to feel like, wish to	*Do you feel like going out?*

B. Essere

Essere means *to be.*

essere		
sono	Sono una persona istruita.	Sono uno studente americano.
sei	*I am an educated person.*	*I am an American student.*
è		
siamo		
siete		
sono		

C. **Andare** means *to go*.

---

andare

---

vado	Domani andiamo a Firenze.	Stasera vanno al cinema.
vai	*Tomorrow we're going to Florence.*	*Tonight they're going to the movies.*
va		
andiamo		
andate		
vanno		

---

1. **Andare** + **a** + *noun* or **andare** + **in** + *noun* are used to describe means of locomotion:

andare a piedi	Andate a casa a piedi?
to walk (go on foot)	*Are you walking home (going home on foot)?*
andare in macchina	Non andiamo a piedi, andiamo in macchina.
to drive (go by car)	*We're not walking, we're driving.*
andare in bicicletta	Vanno in bicicletta.
to bicycle (go by bicycle)	*They are bicycling.*

2. **Andare** + **a** + *infinitive* translates the English *to go* + *-ing* form of the verb:

andare a nuotare	Vado a nuotare nel pomeriggio.
to go swimming	*I'm going swimming in the afternoon.*
andare a ballare	Fausto e Anna vanno a ballare insieme.
to go dancing	*Fausto and Anna are going dancing together.*

D. **Dare** means to *give*.

---

dare

---

do	Danno un concerto stasera.	Chi dà una festa sabato?
dai	*They are giving a concert tonight.*	*Who is giving a party Saturday?*
dà		
diamo		
date		
danno		

---

1. Following are some idiomatic expressions using **dare:**

dare un esame	dare del tu, del Lei
to take an exam	*to use the* **tu** *(or* **Lei***) form in addressing someone*
dare la mancia	
to tip, leave a tip	

E. Fare means *to do, make.*

fare		
faccio	Che fai?	Facciamo dei biscotti.
fai	*What are you doing?*	*We're making cookies.*
fa		
facciamo		
fate		
fanno		

1. In impersonal weather expressions (*it's cold,* etc.) **fare** is the verb used. See p. 41.

See p. 41.

2. Following are some common idiomatic expressions using **fare:**

fare una domanda	fare colazione
to ask a question	*to have breakfast, lunch*
fare un sogno	fare il bagno, la doccia
to dream, have a dream	*to take a bath, a shower*
fare una passeggiata	fare la spesa
to take a walk, go for a stroll	*to go grocery shopping*
fare un viaggio	fare sciopero
to take a trip	*to go on strike*

F. Stare means *to stay.*

stare		
sto	Sto a casa la domenica.	Marco sta dalla zia.
stai	*I stay at home on Sundays.*	*Mark is staying at his aunt's.*
sta		
stiamo		
state		
stanno		

Following are some idiomatic expressions with **stare:**

stare per	Stiamo per uscire.
to be about	*We are about to go out.*
stare zitto	Perchè non stanno zitti?
to keep quiet	*Why don't they keep quiet?*
stare bene	— Come stai? — Sto bene.
to be well	*—How are you? —I am fine.*

— Quando si avvicina il Natale, faccio sempre dei brutti sogni...

ESERCIZI

a. *Volgere i verbi al singolare.*

Esempio: mangiano troppo   **mangia troppo**

1. Quando sono in Italia, stanno bene.
2. Non studiano, guardano la televisione e perdono tempo.
3. Si divertono[1] quando vanno al cinema.
4. Aprono la porta ed entrano.
5. Preferiscono la radio alla TV.[2]

b. *Sostituire all'espressione* **avere voglia di** (to feel like doing something) *la forma corretta di* **andare a.**

Esempio: Ho voglia di prendere un caffè.   **Vado a prendere un caffè.**

1. Hai voglia di fare un giro.
2. Hanno voglia di mangiare una pizza.
3. Avete voglia di comprare dei fiori.
4. Ha voglia di ballare.
5. Abbiamo voglia di telefonare in Italia.

c. *Rispondere alle seguenti domande usando l'espressione fra parentesi:*

1. Perchè Gianni prende una Coca-Cola? Perchè . . .(aver sete)
2. Perchè non ti fermi? (aver fretta)
3. Perchè vanno a letto? (aver sonno)
4. Perchè ordinano una bistecca? (aver fame)
5. Perchè non guardate? (aver paura)
6. Perchè non accetti l'opinione di Pietro? (aver torto)

1. For a review of the present indicative of reflexive verbs (**-arsi, -ersi** and **-irsi**), see Unit 5.
2. TV (pronounced either tivì or tivù) is the common abbreviation for **televisione.**

More Irregular Verbs

The following are more of the most commonly used Italian verbs which are irregular in the present indicative.

bere *to drink*	dire *to say*	dovere *to have to*	potere *to be able*	salire *to go up*	tenere *to keep*
bevo	dico	devo	posso	salgo	tengo
bevi	dici	devi	puoi	sali	tieni
beve	dice	deve	può	sale	tiene
beviamo	diciamo	dobbiamo	possiamo	saliamo	teniamo
bevete	dite	dovete	potete	salite	tenete
bevono	dicono	devono	possono	salgono	tengono

volere *to want*	uscire *to go out*	venire *to come*	tradurre *to translate*	sapere *to know*	rimanere *to remain*
voglio	esco	vengo	traduco	so	rimango
vuoi	esci	vieni	traduci	sai	rimani
vuole	esce	viene	traduce	sa	rimane
vogliamo	usciamo	veniamo	traduciamo	sappiamo	rimaniamo
volete	uscite	venite	traducete	sapete	rimanete
vogliono	escono	vengono	traducono	sanno	rimangono

— *Dev'essere innamorato...*   (Danilo)

ESERCIZI

a. *Trasformare le frasi come indicato nell'esempio.*

Esempio: Stiamo per partire.   **Partiamo.**

1. Il cameriere sta per servire i ravioli.
2. Stiamo per attraversare la piazza.
3. Stanno per salire sull'automobile.
4. Stai per cadere dall'albero.
5. Sto per chiamare un tassì.

b. *Formare delle frasi sostituendo* **aver voglia di** *al verbo* **volere.**

   Esempio: Voglio mangiare.   **Ho voglia di mangiare.**

   1. Non vuoi correre.
   2. Chi vuole una birra?
   3. Vogliamo dormire un po'.
   4. Volete andare al cinema?
   5. Non vogliono uscire.

c. *Storie italiane . . . Completare le seguenti frasi con la forma corretta del presente indicativo dell'infinito fra parentesi.*

   1. Mia sorella e suo marito _____ (vivere) in campagna. _____ (avere) nove bambini. _____ (volersi) molto bene, non _____ (staccarsi) mai uno dall'altra. Mio cognato _____ (occuparsi) della campagna e quando _____ (avere) tempo _____ (dipingere) quadri. Mia sorella _____ (andare) un poco a cavallo; i bambini _____ (andare) a scuola a Torcia che _____ (essere) il paese più vicino. Mio cognato _____ (andare) a caccia *(hunting)*. Una bellissima vita. (Adapted from Natalia Ginzburg.)

   2. Io e Silvia _____ (abitare) insieme: _____ (dividere) un appartamento di tre stanze e _____ (andare) molto d'accordo. Io _____ (lavorare) part-time; lei _____ (studiare): _____ (fare) il primo anno di Lettere. La sera, quando lei _____ (finire) di studiare, noi _____ (giocare) a carte, _____ (chiacchierare), _____ (sentire) dischi. Poi _____ (andare) a dormire. La mattina, mentre Silvia ancora _____ (dormire), io _____ (alzarsi), _____ (uscire) a fare la spesa, _____ (mettere) in ordine la casa, poi _____ (andare) in ufficio. Quasi sempre _____ (mangiare) insieme. _____ (essere) molto amiche.

d. *Leggere e studiare la seguente lettera. Mary, studentessa americana, scrive a Giovanna, studentessa italiana.*

Perugia, 15 settembre

Cara Giovanna,

   [1]grazie per la lettera. Sono contenta di sapere che ti diverti a Roma. Io qui a Perugia mi annoio moltissimo. Non conosco ancora nessuno e sono molto sola. La verità è che non so cosa fare e non ho voglia di far niente! Esco poco, solo per comprare. Passo le giornate così: studio un po' (ma quanti sono i verbi irregolari in italiano?), scrivo in America (mando cartoline a tutte le mie amiche), cucino (tutta roba italiana!), guardo la televisione . . . Per fortuna le lezioni all'università cominciano presto. Sono ansiosa di conoscere gli altri studenti.

   Perchè non mi telefoni qualche volta?
   Saluti affettuosi.

Mary

P.S. Ti scrivo in italiano per far pratica.

Scrivere una lettera prendendo come guida la lettera di Mary.

1. No capital is used in an Italian letter after a salutation.

e. *Una breve intervista . . . Rispondere alle seguenti domande:*

1. Di solito che cosa fa la sera?
2. Esce volentieri con i Suoi compagni?
3. Sa giocare a bridge (a poker, a canasta)?
4. Come va all'università: a piedi, in bicicletta, in automobile, in autobus, in motocicletta?
5. Quando compra qualcosa, paga in contanti (*cash*), con un assegno o con una carta di credito?
6. Vuole imparare un'altra lingua oltre all'italiano?

f. *Elencare:*

1. tre cose che fa ogni giorno.
2. qualcosa che fa tre volte al giorno.
3. qualcosa che fa ogni tre giorni.

Uses of the Present Indicative

A. The Italian present indicative corresponds to the following English forms: **lavoro** *I work, I do work* (emphatic form), *I am working* (progressive form). It is also used to express an action in the future which is considered certain. Usually there is another word in the sentence which indicates a future time.

Arrivano fra un'ora.
They'll arrive in an hour.

Quest'estate vado in montagna.
This summer I'll be going to the mountains.

B. The Italian present accompanied by **da** + *a time expression* corresponds to the English present perfect tense *(I have worked, I have been working)*. It expresses an action or state which began in the past and continues in the present.

Lavoro da due mesi.
I have been working two months.

Conosco Laura da un anno.
I've known Laura for a year.

1. **Da** expresses both *for* and *since*.

   Lavoro da luglio.
   I have been working since July.

   Conosco Laura da Natale.
   I've known Laura since Christmas.

   Non mangiamo carne da giugno.
   We haven't eaten meat since June.

2. Alternate ways of expressing the same idea are:

   è   + *time expression in the singular*
   sono + *time expression in the plural* $\Big\}$ +**che** + *present*

   Sono due mesi che lavoro.
   I have been working two months.

   È un anno che conosco Laura.
   I've known Laura for a year.

   è + **da** + *time expression* + **che** + *present*
         (singular or plural)

È da due mesi che lavoro.
I have been working two months.

È da giugno che non mangiamo carne.
We haven't eaten meat since June.

È da un anno che conosco Laura.
I've known Laura for a year.

C. To ask *how long* something has been going on, use:

da quanto tempo or **quanto tempo è che** + *present.*

Da quanto tempo parli italiano?
*How long have you been speaking
Italian?*

Quanto tempo è che nuotiamo?
How long have we been swimming?

— Lei è qui da molto tempo?

ESERCIZI

a. *Formulare domande alla seconda persona singolare utilizzando le parole date e poi rispondere.*

Esempio: aspetto/due ore   — **Quanto tempo è che aspetti?**   — **Aspetto da due ore.**

1. Vivo in America/molti anni.
2. Non scrivo alle mie amiche/Natale.
3. Ho mal di denti/alcuni giorni.
4. Non mangio pasta/tre settimane.
5. Do del tu a Luigi/un mese.

b. *Formare delle frasi cominciando con l'espressione* **è molto tempo che non** . . . *come indicato nell'esempio.*

Esempio: Voglio fare un bel viaggio. **È molto tempo che non faccio un bel viaggio.**

1. Vuole fare una torta di cioccolato.
2. Vogliamo viaggiare in treno.
3. Vogliono bere una birra.
4. Vuoi fumare una sigaretta.
5. Volete andare a sciare.

c. *Leggere il seguente dialogo e analizzare i vari usi del presente:*

Mario va a trovare l'amico Carlo che è a letto con una gamba rotta *(a broken leg).*

Mario: Ciao, Carlo, come va?

Carlo: Oh, oggi sto un po' meglio, grazie.

Mario: Non ti annoi? Cosa fai per passare il tempo mentre sei a letto?

Carlo: Oh, faccio molte cose: leggo, scrivo, telefono, penso . . . Ma tu, perchè non vieni a trovarmi più spesso? Sono diversi giorni che non ti vedo . . . .

Mario: Hai ragione, ma sono così occupato. Devo dare un esame importante presto e studio praticamente dalla mattina alla sera!

Carlo: Hai bisogno di distrarti un po'. Senti, perchè non vieni qui domani pomeriggio quando esci dall'università? Stiamo un po' insieme e poi la mamma ci prepara una bella cena. Sa cucinare molto bene, lei. Che ne dici?

Mario: Sei molto gentile. Accetto! Ma ora devo scappare. Ci vediamo domani, allora! Ciao!

Carlo: Ciao!

Scrivere un dialogo su una situazione simile.

d. *L'intervista continua . . .   Rispondere in italiano:*

1. Da quanto tempo studia l'italiano?
2. È la prima volta che studia una lingua straniera?
3. Quanto tempo è che frequenta l'università?
4. Quanti corsi segue questo semestre (questo trimestre)?
5. Quanti libri d'italiano usa?

e. *Tradurre:*

1. They say that they haven't eaten since yesterday. Is it true?
2. How long have they been sleeping?
3. They have been in Italy for a year.
4. Children, how long have you been watching T.V.?
5. — The kids are drinking wine?   — Why not? They've been drinking wine for years!

SUBJECT PRONOUNS

A. The following chart shows the subject pronouns:

Singular		Plural	
io	*I*	noi	*we*
tu	*you (informal)*	voi	*you (informal)*
Lei	*you (formal)*	Loro	*you (formal)*
lui/egli/esso	*he*		
lei/ella/essa	*she*	loro	*they (m,f)*
esso	*it (m)*	essi	*they (m)*
essa	*it (f)*	esse	*they (f)*

Subject pronouns are normally omitted when the verb is expressed.

Andiamo a Roma.
We're going to Rome.

Parto domani.
I'm leaving tomorrow.

B. Subject pronouns are, however, used in the following cases:

1. to emphasize the subject; often the subject pronoun is used in conjunction with words like:

solo, solamente, soltanto   *only*
anche, pure, perfino   *also, too, even*
neanche, nemmeno, neppure   *not even, neither, not . . . either*

Solo tu non vieni!
You're the only one who is not coming!

Anche lei parte oggi?
Is she leaving today, too?

Neanche noi rispondiamo.
We don't answer either.

Lui ha sempre ragione.
He is always right.

2. to contrast the subject pronoun with another subject:

Tu dici la verità; lei no.
You speak the truth; she doesn't.

Lei può andare; noi restiamo.
You may go, we'll stay.

3. after the verb **essere;** note that the corresponding English construction is impersonal *(it is I, it is you, etc.):*

— Sei tu, Maria?   — Sì, sono io.
— Is that you, Maria?   — Yes, it's me.

Siamo noi che lo vogliamo.
We're the ones who want it.

4. after verbs, for emphasis:

Lo dice lei.
She's the one who says it.

Pagano loro.
They're going to pay.

Use of Subject Pronouns

A. Tu and **voi** (informal)

Tu (singular) and **voi** (plural) are used to address relatives, friends, fellow students, children and people with whom one is on a first-name basis.

Tu, papà, sei buono.
You're good, Daddy.

Voi, ragazzi, non capite niente!
You, boys, don't understand a thing!

B. Lei,[1] **voi** and **Loro**[1] (formal)

Lei (singular) and **Loro** (plural) are used to address strangers, superiors and people one does not know well. They are used when talking to waiters, salespersons and clerks. **Lei** is followed by the third person singular form, **Loro** by the third person plural form.

Dottore, Lei è molto istruito.
Doctor, you're very learned.

Signora, Lei è molto istruita.
Ma'am, you're very learned.

1. **Lei** and **Loro,** meaning *you,* are not to be confused with **lei** *she* and **loro** *they.* The capitalization is a visual clue indicating the difference. This capitalization is optional, though we will use it in this text.

Loro is considered very formal, and is often replaced by the more casual **voi**.

Gentili ascoltatrici, come voi già sapete . . .
Dear listeners, as you already know . . .

In the same way, in modern usage **tu** tends to replace **Lei**. It is used among young people, co-workers etc. In plays, novels and poems **voi** is frequently found instead of **tu** or **Lei.**

C. Lui, lei and loro

Lui and **lei** mean *he* and *she* respectively; **loro** is the plural form for both genders.

Lui viene da un piccolo paese.
He comes from a small village.

Lei legge molto.
She reads a lot.

I bambini, dice? No, loro non sanno niente.
The children, you say? No, they don't know anything.

In the more formal written language **egli** and **ella** are sometimes used to express *he* and *she*.

D. Esso, essa, essi and esse

1. **Esso** *(m)* and **essa** *(f)* mean *it;* **essi** *(m)* and **esse** *(f)* mean *they* when the reference is to animals and inanimate things. Normally, however, when the reference is to such things, no subject pronoun is used.

   Non capisco la lezione: è difficile.
   I don't understand the lesson: it's dif-ficult.

   I quadri di mio cognato? Sono bellissimi!
   My brother-in-law's paintings? They are beautiful!

2. In familiar and regional use, **esso** and **essa** may refer to people. However, the plural forms **essi** and **esse** are frequently used instead of **loro**.

   Vanno anch'essi in Europa?
   Are they going to Europe, too?

— Non dobbiamo più vederci: io non sono il tipo che lei crede...

ESERCIZI

a. *Completare con la forma corretta del pronome.*

    1. Anche _____ sei stanco?

    2. Soltanto _____ potete capire.

    3. _____, Signora, dove abita?

    4. _____, Professore, preferisce parlare italiano o francese?

    5. _____ domando e _____ rispondi, va bene?

    6. _____ prendiamo un gelato e _____, Mamma, cosa prendi?

    7. Signori, _____ non entrano?

    8. Signorine, _____ bevono Coca-Cola?

b. *Rispondere alle seguenti domande:*

Esempio: — Viene anche Lei? (io) — **Sì, vengo anch'io.**

    1. Traducete anche voi? (noi)   4. Vi annoiate anche voi? (noi)

    2. Fai sciopero anche tu? (io)   5. È in ritardo anche Lei? (io)

    3. Rimane anche Lei? (io)   6. Sbagliate anche voi? (noi)

c. *Completare con la forma corretta del verbo fra parentesi.*

    1. È vero che tu _____ (amare) un altro?

    2. Quando tu _____ (giocare) a carte, _____ (vincere) sempre?

    3. Io _____ (mangiare) alle sei; tu, a che ora _____ ? (mangiare)

    4. Solamente noi _____ (sapere) dove la vecchia _____ (tenere) i soldi.

    5. Perchè Mario _____ (offrire) sempre birra?

    6. Chi non mi _____ (sentire)? Chi non mi _____ (capire)?

    7. Nessuno _____ (dire) ciao a un professore.

    8. La signora _____ (volere) fissare un appuntamento col dottore perchè _____ (avere) sempre mal di testa.

NOUNS

Recognition of Gender

All nouns are either masculine or feminine. Most end in a vowel. As a general rule, nouns ending in **-o** are masculine, nouns ending in **-a** are feminine. Nouns ending in **-e** can be either masculine or feminine. Although there is no systematic way of determining the gender of nouns, especially those designating objects, abstract ideas and concepts, there are some practical rules. Those listed below help determine gender.

    A. Masculine nouns may be:

        1. nouns referring to a male person or animal

            padre   ragazzo   gatto *(male cat)*   bue *(ox)*

        2. nouns ending in **-o** (the most common exception being la mano *(hand)*

            vino *(wine)*   formaggio *(cheese)*   giardino *(garden)*

3. names of languages

   il francese *(French)*   il russo *(Russian)*   il tedesco *(German)*

4. most names of mountains, lakes, rivers, seas and oceans

   il Vesuvio   il Garda *(lake Garda)*   il Tevere *(the Tiber River)*
   il Mediterraneo   il Pacifico

5. names of months and days of the week (except domenica)

   ottobre caldo *(warm October)*   un brutto lunedì *(a bad Monday)*

6. nouns ending in a consonant (these are of foreign origin)

   lungo week-end *(long weekend)*   vecchio camion *(old truck)*

7. nouns ending in **-ore**

   fiore *(flower)*   colore *(color)*   pittore *(painter)*   autore *(author)*

8. nouns ending in **-ma, -ta, -pa** (most of these are of Greek origin)

   tema *(theme)*   problema *(problem)*   programma *(program)*
   poeta *(poet)*   pilota *(pilot)*   papa *(pope)*

9. names of trees which end in **-o** or **-e**

   melo *(apple tree)*   pero *(pear tree)*   abete *(fir)*

B. Feminine nouns may be:

1. nouns referring to a female person or animal

   madre   ragazza   gatta *(female cat)*   mucca *(cow)*

2. nouns ending in **-a** unless they refer to a male person or animal

   via   paura   penna   piazza

   but: il dentista   la dentista

   Some common nouns like persona *(person)*, guida *(guide)*, spia *(spy)* and vittima *(victim)* are always feminine, whether they refer to a male or female.

   Marco è una persona onesta.   L'agente 007 è una spia famosa.
   Mark is an honest person.   *Agent 007 is a famous spy.*

3. nouns ending in **-tà, -trice** and **-zione**

   città   università   qualità   scrittrice   autrice   azione   conversazione

4. most nouns ending in **-i, -ie, -ione** and **-ù**

   crisi   metropoli   serie   specie   riunione   opinione   gioventù   virtù

5. most names of fruits (as opposed to trees which are usually masculine)

   pera *(pear)*   mela *(apple)*   castagna *(chestnut)*

   Two exceptions are: fico *(fig)*, limone *(lemon)* which are used for both the fruit and the tree.

6. most names of cities, islands, regions, states and continents

    Napoli è bella.   La Sardegna è italiana.   Visitiamo la Georgia e la Florida.

Formation of Feminine Nouns

A. Many nouns referring to people or animals are changed to the feminine form by replacing the masculine ending with a feminine ending. Below is a chart of the most common changes:

Ending	Masculine	Feminine
-o to -a	amico	amica
-e to -a	signore	signora
-o to -essa	avvocato	avvocatessa
-a to -essa	poeta	poetessa
-e to -essa	studente	studentessa
-tore to -trice	lettore	lettrice

B. Some words alter their stems when changing gender.

    re *king*   regina *queen*   eroe *hero*   eroina *heroine*   cane *dog*   cagna *bitch*

C. Other words change completely.

MASCULINE	FEMININE
maschio *male*	femmina *female*
uomo *man*	donna *woman*
marito *husband*	moglie *wife*
padre	madre
papà	mamma
fratello *brother*	sorella *sister*
bue *ox*	mucca *cow*

D. Nouns ending in **-e, -ga, -cida** and **-ista** are masculine or feminine depending on the person referred to.

il cantante *the singer (m)*	la cantante *the singer (f)*
il pianista *the pianist (m)*	la pianista *the pianist (f)*

E. Some nouns which appear to have the same stem have one meaning when they are masculine and another when they are feminine.

MASCULINE	FEMININE
busto *bust*	busta *envelope*
caso *case*	casa *house*
collo *neck*	colla *glue*
foglio *sheet*	foglia *leaf*
pasto *meal*	pasta *noodles*
porto *port*	porta *door*
torto *wrong*	torta *cake*

Note: Orecchio and orecchia both mean *ear;* tavolo and tavola both mean *table.*

Formation of Plural Nouns

Most nouns become plural by changing the endings. Below is a chart of the most common changes:

Change	Singular	Plural
-o to **-i**	bambino	bambini
-a to **-e**	ragazza	ragazze
-e to **-i**	padre/madre	padri/madri

A. Some nouns have irregular plurals.

SINGULAR		PLURAL	
uomo	*man*	uomini	*men*
bue	*ox*	buoi	*oxen*
dio	*god*	dei	*gods*
ala	*wing*	ali	*wings*
arma	*weapon*	armi	*weapons*

1. Some masculine nouns change gender when they become plural; thus the singular is masculine and the plural is feminine.

SINGULAR		PLURAL
un braccio	*arm*	molte braccia
un ciglio	*eyelash*	molte ciglia
un dito	*finger*	molte dita
un labbro	*lip*	molte labbra
un osso	*bone*	molte ossa
un sopracciglio	*eyebrow*	molte sopracciglia
un centinaio	*about 100*	molte centinaia
un migliaio	*about 1000*	molte migliaia
un miglio	*mile*	molte miglia
un muro	*wall*	molte mura
un paio	*couple, pair*	molte paia
un uovo	*egg*	molte uova

Many of the above nouns do have a plural in **-i** but the meaning is then figurative (*arms of a cross, lips of a wound,* etc.) or indicate parts of an animal's body *(bones of a chicken,* etc.)

B. The plural of certain nouns depends on whether they are masculine or feminine.

1. Masculine nouns ending in **-a**

Change	Singular	Plural
-a to **-i**	poeta	poeti
-ista to **-isti**	pianista	pianisti
-ca to **-chi**	duca	duchi
-ga to **-ghi**	collega	colleghi

2. Feminine nouns

Change	Singular	Plural
-ista to **-iste**	pianista	pianiste
-ca to **-che**	banca	banche
-ga to **-ghe**	collega	colleghe

C. The plural of other nouns depends on where the stress falls in the word.

1. Masculine nouns

Stress	Change	Singular	Plural
the **-i** is not stressed	**-io** to **-i**	negozio	negozi
the **-i** is stressed	**-io** to **-ii**	zio	zii
stress is on syllable preceding **-co**	**-co** to **-chi**[1]	tedesco	tedeschi
stress is on second syllable preceding **-co**	**-co** to **-ci**	medico	medici

2. Feminine nouns

Stress	Change	Singular	Plural
the **-i** is not stressed	**-cia** to **-ce**	doccia	docce
the **-i** is stressed	**-cia** to **-cie**	farmacia	farmacie
the **-i** is not stressed	**-gia** to **-ge**	pioggia	piogge
the **-i** is stressed	**-gia** to **-gie**	allergia	allergie

D. Masculine nouns ending in **-go** have the following changes:

Change	Singular	Plural
-go to **-ghi**	lago	laghi
-ologo to **-ologi**	filologo	filologi

E. Invariable nouns
   Some nouns are the same in both the singular and the plural.

1. nouns ending in a consonant

   un film **due film**   un camion **due camion**

2. nouns ending in accented vowels

   un caffè **due caffè**   una città **due città**

3. nouns ending in **-i**

   una crisi **due crisi**   una tesi **due tesi**

4. family names

   i Costa *the Costas*

1. Exceptions are: amico/amici; nemico/nemici; greco/greci; porco/porci.

5. nouns ending in **-ie**

   una serie **due serie**

   exception: una moglie   **due mogli**

6. nouns of one syllable

   un re   **due re**

7. abbreviations

   una radio   due radio (*from* radiotelefonia)   un frigo   due frigo (*from* frigorifero)
   un cinema due cinema (*from* cinematografo)   una moto due moto (*from* motocicletta)
   una bici   due bici (*from* bicicletta)   un'auto   due auto (*from* automobile)
   una foto   due foto (*from* fotografia)   un prof   due prof (*from* professore)

Note that abbreviations keep the gender of the words from which they are derived.

— Siete uno scrittore? Che coincidenza! Io sono una lettrice!

ESERCIZI

a. *Mettere al plurale.*

1. pensione e albergo
2. parco e giardino
3. fiume e lago
4. forchetta e cucchiaio
5. giacca e cravatta
6. bagno e doccia
7. pesca e arancia
8. bacio e abbraccio

b. *Fare i cambiamenti necessari secondo l'esempio dato.*

Esempio: Vedete un uomo? **Vedete due uomini?**

1. Luisa compra *un* paio di scarpe.
2. Preparo *un* uovo alla coque *(soft boiled)*.
3. Dammi *un* dito di vino!
4. Abbiamo bisogno di *un* foglio e di *una* busta.
5. Vuoi comprare *una* radio?
6. Aspettiamo *un* collega.

c. *Volgere al plurale.*

1. padre e figlio
2. madre e figlia
3. moglie e marito
4. uomo e donna
5. zio e zia
6. amico e collega
7. medico e meccanico
8. ricco e povero

Lettura

Le storie che piacciono

Alla gente piacciono le storie nelle quali lui incontra lei, e poi lei
incontra lui, e poi tutt'e due si incontrano, ma lui si innamora di lei
mentre lei se ne infischia di lui perchè ama un altro il quale altro, a
sua volta°, finge di amare lei mentre in realtà ama un'altra, che, a   *in turn*
5 sua volta, ama Giacomino Persighetti di anni trentasette, coniu-
gato° con prole° eccetera. Dopo di che succedono tanti di quei   **coniugato = sposato/prole = figli**
guai e di quelle complicazioni che, alla fine, lui sposa lei, lei sposa
lui e vivono felici e contenti fino alla bella età di anni centottan-
tasei: vale a dire° novantatrè lui e novantatrè lei.   **vale a dire = cioè** = *that is*
10   Queste sono le storie che piacciono alla gente. E la gente non
ha neanche torto°: anch'io, quando vado al cinematografo esigo°   *can't be blamed/I expect (+*
che, alla fine del film, i due si sposino e vivano felici: e mi arrabbio   *subjunctive)*
se invece muoiono o si dicono addio°, per sempre addio.   *farewell*
        Però queste simpatiche storie di gente che alla fine si mette
15 d'accordo° per vivere felice e contenta non insegnano un bel   *come together*
niente°. Divertono, ma non istruiscono.   *a darn thing*

Giovanni Guareschi, *Lo Zibaldino*

Parole da ricordare

arrabbiarsi	*to become angry*
divertire	*to amuse;* **divertirsi** *to have a good time*
fingere di + *infinitive*	*to pretend to do something*
infischiarsi di + *noun*	*not to care about, not to give a darn about* Mi infischio (me ne infischio) di Giovanni. *I don't care about John.*
innamorarsi di + *noun*	*to fall in love with*
essere innamorato di	*to be in love with*
istruire	*to instruct, educate;* **istruito** *educated* (un uomo istruito); **istruzione** (f.) *education;* **istruzioni** *instructions, directions*
morire	*to die* (present: muoio, muori, muore, moriamo, morite, muoiono)
succedere	*to happen*
vivere	*to live*
la fine	*end*
la gente	*people* **gente** is always followed by a verb in the singular: **la gente parla** *people talk.* The plural **persone** is a synonym for **gente** and can replace it. It must be used if a number modifies *people:* **tre persone.**
il guaio, i guai	*trouble, predicament*
tutt'e due (tutti e due)	*both;* **sia . . . sia (tanto . . . quanto)** *both . . . and* Sia Carlo sia il fratello possono venire. Tanto Carlo quanto il fratello possono venire. *Both Charles and his brother can come.*

Studio di parole

to marry

sposare, sposarsi con
to marry

Elena vuole sposare (sposarsi con) un uomo intelligente.
Helen wants to marry an intelligent man.

sposarsi
to get married

Quando si sposa? A maggio?
When are you getting married?
In May?

Related words:

1. **sposato** *(adjective)*

    Sei sposato?
    Are you married?

2. la **sposa** *bride*   lo **sposo** *bridegroom*   gli **sposi** *newlyweds*

    Ecco la sposa! Viva gli sposi!
    Here comes the bride! Long live the newlyweds!

to agree

essere d'accordo
to agree

Il professore è d'accordo con gli studenti.
The professor agrees with the students.

mettersi d'accordo
to come to an agreement, to agree

Ci mettiamo d'accordo dopo molte discussioni.
We come to an agreement after much discussion.

andare d'accordo
to get along

Anna va d'accordo con Maria.
Anne gets along with Maria.

d'accordo
agreed, OK

— Allora, ci vediamo alle cinque.
— D'accordo!
Then we'll meet at five. Agreed!

to be wrong

essere sbagliato
to be incorrect

Used in reference to objects, issues and
  events.

Questo verbo è sbagliato.
This verb is wrong.

avere torto
to be wrong

Used in reference to people.

Mia madre ha torto.
My mother is wrong.

Related word: **sbagliato** *(adjective)*
È la persona sbagliata.
It's the wrong person.

to be right

essere giusto (corretto)
to be correct

Used in reference to objects, issues and events.

È giusto dire così?
Is it correct to say it this way?

avere ragione
to be right

Used in reference to people.

Tu vuoi avere sempre ragione!
You always want to be right!

Related word: **giusto** *(adjective)*
Ecco la parola giusta!
Here's the right word!

PICCOLO QUIZ

1. *Scegliere la traduzione che non è corretta.*

  Vanno al cinema.

  a. They are going to the movies.
  b. They have been going to the movies.
  c. They go to the movies.

2. *Scegliere la traduzione che è corretta.*

  È sposata da sedici anni.

  a. She will marry in sixteen years.
  b. She got married at sixteen.
  c. She has been married sixteen years.

CONVERSAZIONE SULLA LETTURA

1. Legge molto Lei? Che cosa preferisce leggere?

   i giornali;
   le riviste *magazines;*
   i fumetti *comic strips;*
   i racconti *short stories;*

   i romanzi (d'amore, d'avventure, di fan-
   tascienza);
   i gialli *detective stories;*
   i fotoromanzi *soap opera magazines*

2. La gente ama le storie che finiscono bene o le storie che finiscono male? E Lei?
3. Lei preferisce le storie che istruiscono o le storie che divertono?
4. Lei ha intenzione di sposarsi presto? Molte persone della Sua età sono già sposate?
5. Lei si infischia di queste cose (dei voti *grades,* delle convenzioni sociali, dell'opinione degli altri) o di queste persone (dei professori, dei compagni, dei parenti)?
6. È facile vivere felici e contenti?

TEMI PER COMPONIMENTO O DISCUSSIONE

1. Le storie come quelle descritte dall'autore rappresentano la vita reale? Che cosa succede nella vita reale?
2. Raccontare una storia che finisce bene (mettere i verbi al presente).
3. È possibile andare d'accordo con le persone di un'altra generazione? O esiste davvero il salto generazionale *(generation gap)?*

- *L'Imperfetto*
- **Adjectives**
- **Special Adjectives:** *grande* **and** *santo*
- **The Indefinite Article**
- ***Buono*** **and** *nessuno*
- **Numbers**
- **Weather Expressions**
- **Lettura:** *La fabbrica*

Grammatica

L'IMPERFETTO

Regular Verbs

The **imperfetto** (past descriptive: *I loved, I used to love, I was loving*) is formed by adding the characteristic vowel and the appropriate endings to the stem. The endings for all verbs are: **-vo, -vi, -va, -vamo, -vate, -vano.**

amare	perdere	finire
ama**vo**	perde**vo**	fini**vo**
ama**vi**	perde**vi**	fini**vi**
ama**va**	perde**va**	fini**va**
ama**vamo**	perde**vamo**	fini**vamo**
ama**vate**	perde**vate**	fini**vate**
ama**vano**	perde**vano**	fini**vano**

Arrivavo tardi ogni sera.
I used to arrive late every evening.

Sapevi che ero italiana?
Did you know I was Italian?

Non partiva mai solo.
He never left alone.

Preferivate i vini francesi.
You preferred French wines.

Irregular Verbs

Very few verbs are irregular in the **imperfetto.** The most common are shown below.

essere	dire[1]	fare[1]	tradurre[1]
ero	dicevo	facevo	traducevo
eri	dicevi	facevi	traducevi
era	diceva	faceva	traduceva
eravamo	dicevamo	facevamo	traducevamo
eravate	dicevate	facevate	traducevate
erano	dicevano	facevano	traducevano

C'era and **c'erano** correspond to the English *there was, there were.*

C'era un pacco per noi.
There was a package for us.

Non c'erano molte persone.
There weren't many people.

Uses of the *imperfetto*

A. The **imperfetto** is used:
  1. for an habitual action in the past *(I worked, I used to work, I would work)*
  2. for an action in progress in the past *(I was working)*
  3. to describe physical, mental and emotional states in the past as well as descriptions of weather, time and age.

Avevo fame.
I was hungry.

Ero felice.
I was happy

Faceva caldo.
It was hot.

B. The **imperfetto** can be used with **da** + *a time expression* to express the equivalent of the English pluperfect *(I had worked, I had been working).* It indicates how long (or since when) an action had been going on. The construction is:

imperfetto + **da** + *expression of time*

Studiavo il tedesco da anni.
I had been studying German for years.

Lavoravano alla Fiat da molto tempo.
They had been working at Fiat for a long time.

La conoscevamo già dall'agosto 1965.
We had known her since August 1965.

---

1. **Dire, fare** and **tradurre** use the stems: **dic, fac, traduc** which are derived from the old Latin forms **dicere, facere** and **traducere.**

To express the same meaning, the following constructions can also be used:

$$\left.\begin{array}{l}\textbf{era} + \textit{length of time in the singular} \\ \textbf{erano} + \textit{length of time in the plural}\end{array}\right\} + \textbf{che} + \textbf{imperfetto}$$

or

$$\textbf{era da} + \textit{starting point in the past} + \textbf{che} + \textbf{imperfetto}$$

Erano anni che studiavo il tedesco.
I had been studying German for years.

Era molto tempo che lavoravano alla Fiat.
They had been working at Fiat for a long time.

Era già dall'agosto 1965 che la conoscevamo.
We had known her since August 1965.

— Tu, prima, facevi l'impiegato?

(Galetto)

ESERCIZI

a. *Completare con la forma corretta dell'imperfetto di* **essere** *o* **avere.**

Esempio: Non è uscita perchè **era** stanca.

1. Sei andato a dormire perchè _____ sonno.
2. Ora è magra ma l'anno scorso _____ grassa.
3. È già chiuso il museo? Mezz'ora fa _____ ancora aperto.
4. Oggi sono quasi poveri ma un tempo _____ milioni!
5. Non trovo più il biglietto, eppure l'_____ in tasca pochi minuti fa!
6. Abbiamo ordinato del tè caldo perchè _____ molta sete.

b. *Adesso e prima . . . Volgere le frasi alla forma affermativa usando le parole suggerite e mettendo il verbo all'imperfetto.*

Esempio: Adesso non viaggiamo più. (Prima . . . sempre) **Prima viaggiavamo sempre.**

1. Adesso non telefoniamo più. (Prima . . . sempre)
2. Ora non escono più. (Un tempo . . . sempre)
3. Ora non viene più. (Prima . . . sempre)
4. Adesso non leggete più. (Un tempo . . . sempre)
5. Ora non cucino più. (Prima . . . sempre)

c. *Ai tempi miei . . .* (In the good old days) *Completare con la forma corretta dell'imperfetto.*

— Ai tempi miei la gente non _____ (andare) in automobile, _____ (andare) a piedi! Per divertirci, non _____ (avere) bisogno di spendere tanti soldi: _____ (bastare) fare una passeggiata, ascoltare la radio, leggere un buon libro. I giovani _____ (essere) seri, _____ (studiare) e _____ (prepararsi) alla vita. Non _____ (avere) tante storie per la testa! Gli operai _____ (lavorare) e non _____ (fare) scioperi; le poste _____ (funzionare); i treni _____ (arrivare) e _____ (partire) in orario . . . Quelli, sì, che _____ (essere) bei tempi!

d. *Un brutto sogno . . . Leggere il brano che segue e poi riscriverlo cominciando con le parole "In quel periodo . . ." e sostituendo l'imperfetto al presente indicativo.*

In questo periodo sono un po' sciupata *(run down)* perchè non riesco a dormire; sono sciupata e ingrassata. Brutto, no? Perchè sono triste, per questo ingrasso. Mangio per consolazione. Sono pallida perchè ho l'insonnia. Prendo i sonniferi, ma i sonniferi non mi servono a niente. Dormo un poco e poi mi sveglio, m'addormento e mi sveglio, così tutta la notte. Spesso faccio un sogno, un sogno orribile. Mi sveglio sudata, gelata, senza respiro. Insomma io mi trovo in un cortile, e in fondo c'è un muro, un muro altissimo e io so cosa c'è dietro quel muro. Cammino nel cortile, m'avvicino al muro. Voglio chiamare, gridare, ma non mi viene la voce. Di là dal muro c'è una persona che mi è molto cara ma io non posso raggiungerla perchè c'è il muro.

Rispondere alle domande:

Lei sogna spesso?
Ricorda quello che sogna?
Sono sogni belli o brutti?
Può raccontare un sogno alla classe (con i verbi al presente)?

e. *Esprimere in un altro modo le seguenti frasi:*

Esempio: Laura era amica di Luisa da sei mesi. (da maggio)
   Erano sei mesi che Laura era amica di Luisa.
   Era da maggio che Laura era amica di Luisa.

1. Fausto era innamorato di Anna da più di un anno.
2. Attendevo da mesi tue notizie.
3. Lo sciopero durava già da una settimana.
4. Erano tre anni che non la vedevo.
5. Il telefono era guasto *(out of order)* da diversi giorni.
6. Eravamo senz'acqua da una settimana.
7. Era da Natale che non scrivevi.

ADJECTIVES

Regular Adjectives

An adjective modifies or describes a noun or a pronoun. The adjective must always agree in gender and in number with the noun or pronoun it modifies. Italian adjectives can be divided into three major classes, depending on the ending of the adjective. As with nouns, adjective endings can change from the masculine to the feminine and from the singular to the plural. The chart below shows the changes for the three classes.

FORMS OF REGULAR ADJECTIVES

	Singular		Plural	
	Masculine	Feminine	Masculine	Feminine
FIRST CLASS	**-o**	**-a**	**-i**	**-e**
	nuovo	nuova	nuovi	nuove
SECOND CLASS	**-e**		**-i**	
	giovane		giovani	
THIRD CLASS	**-a**		**-i**	**-e**
	ottimista		ottimisti	ottimiste

Studiamo molte parole nuove.   Ha due figli giovani.
We are learning many new words.   *He has two young sons.*

È un ragazzo ottimista
He is an optimistic boy.

1. A few adjectives like **ogni** *(every)*, **qualsiasi** *(any)* and **qualche** *(some)* have only one form and are only used with singular nouns.

   ogni ragazzo e ogni ragazza   qualsiasi richiesta
   every boy and girl   *any request*

   qualche uomo e qualche donna
   some men and women

2. The adjective **blu** *(blue)* and other adjectives of color which were originally nouns (**rosa, viola, marrone,** etc.) are invariable.

   abito rosa   *pink dress*   scarpe marrone   *brown shoes*

3. If two or more nouns of different gender are modified by the same adjective, the adjective must be used in the masculine plural form.

   Il vino e la birra sono cari.
   Wine and beer are expensive.

Spelling Changes in the Plural of Adjectives

Some adjectives change their spelling in the plural (as with nouns, pp. 18–19). Some changes depend on the stress.

ADJECTIVE SPELLING CHANGES

Stress	Change	Example
on syllable preceding **-co**	**-co** to **-chi**	stanco stanchi
	-ca to **-che**	stanca stanche
two or three syllables preceding **-co**	**-co** to **-ci**	antipatico antipatici
	-ca to **-che**	antipatica antipatiche
	-go to **-ghi**	lungo lunghi
	-ga to **-ghe**	lunga lunghe
the **-i** is not stressed	**-io** to **-i**	vecchio vecchi
	-ia to **-ie**	vecchia vecchie
the **-i** is stressed	**-io** to **-ii**	restio restii (*reluctant*)
	-ia to **-ie**	restia restie
	-cio to **-ci**	marcio marci (*rotten*)
	-cia to **-ce**	marcia marce
	-gio to **-gi**	grigio grigi (*gray*)
	-gia to **-ge**	grigia grige

Position of Adjectives

1. Descriptive adjectives generally follow the nouns they modify.

   una ragazza simpatica   un vino rosso
   a pleasant girl   *a red wine*

   They always follow when accompanied by **molto** *(very)* or another adverb.

   un palazzo molto bello
   a very beautiful palace

2. Numerals, demonstrative, possessive, interrogative and indefinite adjectives generally precede the nouns they modify.

   Abbiamo studiato le prime cinque lezioni.   Mio zio abita in California.
   We have studied the first five lessons.   *My uncle lives in California.*

3. A few common descriptive adjectives usually precede the noun.

bello	buono	grande	giovane	caro	stesso
brutto	cattivo	piccolo	vecchio		

4. Some adjectives have different meanings depending on whether they precede or follow the noun. Most often when the adjective precedes it has a figurative or subjective meaning; when it follows it has a literal or objective meaning.

FIGURATIVE MEANING

un **alto** funzionario
a high official

un **nuovo** registratore
another tape recorder

un **vecchio** amico
an old (for many years) friend

una **povera** donna
an unfortunate woman

diverse cose
several things

LITERAL MEANING

un funzionario **alto**
a tall official

un registratore **nuovo**
a new tape recorder

un amico **vecchio**
an old (age) friend

una donna **povera**
a poor woman (not wealthy)

cose **diverse**
different things

— È figlio unico?

— I bambini mi sono antipatici!

ESERCIZI

a. *Mettere al femminile e poi volgere dal singolare al plurale.*

1. povero ma onesto
2. bello ma egoista
3. stanco morto
4. sano e salvo *(safe and sound)*
5. lungo e difficile
6. utile e necessario
7. stretto o largo? *(narrow or wide?)*
8. dolce o amaro? *(sweet or bitter?)*
9. grande e grosso
10. studioso e intelligente

b. *Completare le frasi con la forma corretta dell'aggettivo fra parentesi. Mettere l'aggettivo al posto giusto.*

1. (italiano) Conosci questo pittore?
2. (bianco) Mi piacciono le rose.
3. (antico) Voglio comprare dei mobili.
4. (pubblico) I giardini erano magnifici.
5. (intelligente) Hanno due bambini.
6. (brutto) Che odore!
7. (nuovo) Abbiamo un professore di fisica.
8. (barocco) Capisci la musica?

c. *Volgere al plurale.*

1. uovo fresco
2. uomo ricco
3. giacca verde
4. moglie giovane
5. braccio stanco
6. vecchio catalogo
7. albergo centrale
8. figlio unico
9. spettacolo magnifico
10. programma utile
11. parco pubblico
12. esempio giusto
13. partito comunista
14. dito lungo
15. caffè caldo
16. film idiota
17. ingegnere tedesco
18. esercizio noioso

d. *Usare le seguenti parole in frasi complete. Com'era Lei quando era bambino/bambina?*

Esempio: **Quando ero bambino ero studioso.**

1. biondo/bionda; bruno/bruna
2. grasso/grassa; magro/magra
3. miope *(nearsighted)*
4. timido/timida
5. nervoso/nervosa
6. disordinato/disordinata
7. ribelle
8. ubbidiente

Ora descrivere come Lei è cambiato/a (aspetto e carattere).

SPECIAL ADJECTIVES: *GRANDE, SANTO*

Grande and **santo** change forms depending on whether the noun which follows them begins with a vowel, a consonant or **s** + *consonant,* **z** or **ps** (the latter group only applies to masculine nouns).

A. Grande

1. When **grande** precedes a noun the following forms are used:

| | Singular | | Plural | |
	Masculine	Feminine	Masculine	Feminine
before a consonant	gran	gran(de)	gran(di)	
before a vowel	grand'	grand'	grandi	grandi
before s + consonant, z, ps	grande			
	gran dottore	gran(de) paura	gran(di) signori	grandi famiglie
	grand'avvocato		grandi sforzi	
	grande scrittore			

2. When **grande** follows the noun, or the verb **essere,** the regular pattern applies: **grande, grandi**

   Alessandro il Grande   una casa grande   Il mondo è grande.

3. The invariable form **gran** is used when **grande** precedes another adjective meaning *quite.*

   una gran bella casa
   quite a beautiful house

B. Santo

1. When **santo** precedes a proper name the following forms are used:

	Singular		Plural	
	Masculine	Feminine	Masculine	Feminine
before a consonant	San	Santa		
before a vowel	Sant'	Sant'	Santi	Sante
before s + consonant	Santo			
	San Pietro	Santa Maria	Santi Apostoli	Sante Vergini
	Sant'Antonio	Sant'Anna		
	Santo Stefano			

2. When **santo** precedes or follows a common noun, or when it follows the verb **essere,** the regular pattern applies: **santo, santa, santi, sante.**

   la Terra Santa   il Santo Padre
   the Holy Land   *the Holy Father*

ESERCIZI

a. *Inserire la forma corretta di* **grande:**

1. C'era una _____ folla.
2. Non è un palazzo _____.
3. Siamo _____ amici.
4. Il signor Agnelli è un _____ industriale.
5. Questo film ha _____ successo in America.

b. *Inserire la forma corretta di* **santo:**

1. Giovanni è un _____ uomo.
2. _____ Francesco è il mio santo preferito.
3. Quella donna è _____.
4. Conosci la vita di _____ Caterina?

c. *Grandi Italiani (uomini e donne) . . . Dare un nome per ogni categoria.*

1. un grande scienziato
2. un gran pittore
3. una gran cantante
4. un gran cantante d'opera
5. un grand'attore del cinema
6. una grand'attrice del cinema
7. un gran poeta
8. una grande regista *(movie director)*
9. un gran regista
10. una grande santa

THE INDEFINITE ARTICLE

The forms of the indefinite article *(a, an)* are shown below. The form used depends on the gender of the noun it modifies as well as on the first letter of the word which follows it.

	Masculine	Feminine
before a consonant	un	una
before a vowel	un	un'
before **s** + consonant, **z, ps**	uno	una

un sogno	una donna
un amico	un'amica
uno straniero	una stanza

1. Note that the word immediately following the article determines the form used (as in English *an egg, a rotten egg*).

   una pizza   un'altra pizza   un'edizione   una nuova edizione

2. **Un, uno, una** and **un'** are also the forms of the numeral **uno** *(one)*. **Uno** and **una** are used in counting and when the number is not immediately followed by the noun it modifies.

   a pagina uno   una delle ragazze
   on page one   *one of the girls*

   Un caffè e una Coca-Cola, per favore!
   One coffee and one Coca-Cola, please!

Omission of the Indefinite Article

In Italian the indefinite article is omitted:

1. after the verbs **essere** and **diventare** *(to become)* when they precede unmodified nouns indicating profession, nationality, religion, political affiliation, titles, and marital status.

   È sposato o è scapolo?   Vuole diventare medico.
   Is he married or is he a bachelor?   *He wants to become a doctor.*

   Lei era cattolica e lui era protestante.   Enrico è avvocato; è un bravo avvocato.
   She was a Catholic, and he was a Pro-   *Henry is a lawyer; he's a good lawyer.*
   testant.

2. in the exclamation **che** *(what a).*

Che bella ragazza!   Che peccato!
What a beautiful girl!   *What a pity!*

3. a + *definite article* is used to convey *every, per.*

Lavoriamo otto ore **al** giorno.   Novanta chilometri **all'**ora.
We work eight hours a day.   *Ninety kilometers an (per) hour.*

Costa mille lire **al** chilo.
It costs 1,000 lire a kilo.

— Noi abbiamo un San Bernardo, mio marito adora i cani.   *(Mannu)*

— Hai un minuto di tempo?

ESERCIZI

a. *Inserire la forma corretta dell'articolo indeterminativo:*

1. È vero che avete aspettato _____ ora e _____ quarto?
2. Ho _____ dubbio: mi hai detto di portare _____ amico o _____ amica?
3. Perchè non fai _____ sforzo?
4. Dobbiamo comprare _____ nuovo frigo.
5. Non è _____ buon'idea.
6. "Bel Paese" è il nome di _____ formaggio italiano.
7. Ho bisogno di _____ zaino *(knapsack).*
8. Dovete ripetere _____ altra volta.

b. *Volgere dal plurale al singolare.*

1. due alberghi e due pensioni   4. due francesi e due tedeschi
2. due mani e due piedi   5. due signori e due signore
3. due pere e due fichi   6. due automobili e due biciclette

BUONO AND *NESSUNO*

Buono and **nessuno** have masculine and feminine singular forms which are similar to those of the indefinite article.

A. Buono

1. When **buono** precedes a noun the following forms are used:

	Singular	
	Masculine	Feminine
before a consonant	buon	buona
before a vowel	buon	buon'
before **s** + consonant, **z, ps**	buono	
	buon giorno	buona sera
	buon odore	buon'insalata
	buono stipendio	

2. When **buono** follows a noun or the verb **essere,** the regular pattern applies: **buono, buona, buoni, buone.**

un libro buono   Quest'insalata è buona.
a good book   *This salad is good.*

B. Nessuno

1. **Nessuno** has two masculine forms and two feminine forms:

	Masculine	Feminine
before a consonant	nessun	nessuna
before a vowel	nessun	nessun'
before **s** + consonant, **z, ps**	nessuno	
	nessun professore	nessuna professoressa
	nessun italiano	nessun'italiana
	nessuno sbaglio	

2. When **nessuno** means *no one, nobody,* there are only two forms: **nessuno, nessuna.**

Non conosco nessuno.   Nessuna delle ragazze è americana.
I don't know anyone.   *None of the girls is American.*

3. Note the following expressions using **nessun** and **nessuna**:

in nessun luogo
in nessuna parte
nowhere, not anywhere

— Peccato che si sposi: perdiamo un buon cliente...

ESERCIZI

a. *Inserire la forma corretta di* **buono:**

1. Ha trovato un _____ posto alla Banca Commerciale.
2. Oggi sono di _____ umore perchè ho ricevuto una _____ notizia.
3. Le sue intenzioni non sono _____ .
4. Ti raccomando i _____ spettacoli e i _____ compagni.
5. Federico è un _____ padre e un _____ marito.
6. Non devi farlo, non è una _____ azione!

b. *Inserire la forma corretta di* **nessuno:**

1. _____ uomo è più ostinato di lui.
2. Non hai _____ ragione per criticarmi.
3. Non amo _____ altra donna.
4. Non sentivamo _____ suono.
5. _____ altro negozio vende questi articoli.
6. Non conosco _____ psichiatra.

La gioia perfetta

Come triste il giorno di maggio
dentro il vicolo° povero e solo!   *alley*
Di tanto sole neppure un raggio°;   *ray*
con tante rondini°, neppure un volo° . . . *swallows/flight*

5 Pure, c'era in quello squallore,
in quell'uggia° greve° e amara,   *gloom/oppressive*
un profumo di cielo in fiore,
un barlume° di gioia chiara.   *gleam*

C'era . . . c'erano tante rose
10 affacciate° a una finestra,   *showing*
che ridevano come spose
preparate per la festa.

C'era, seduto sul gradino°   *step*
d'una casa di pezzenti°,   *paupers*
15 un bambino piccino piccino
dai grandi occhi risplendenti°.   *shining*

C'era in alto una voce di mamma
— così calma, così pura! —
che cantava la ninna nanna°   *lullaby*
20 alla propria creatura.°   *to her infant*

E poi dopo, non c'era nulla . . .
Ma di maggio° alla via poveretta   **di maggio** = in maggio
basta un bimbo, un fiore, una culla°   *cradle*
per formarsi una gioia perfetta.

Diego Valeri

NUMBERS

A. The numbers 1–30 are listed below.

1	uno (una, un, un')	9	nove	17	diciassette	24	ventiquattro
2	due	10	dieci	18	diciotto	25	venticinque
3	tre	11	undici	19	diciannove	26	ventisei
4	quattro	12	dodici	20	venti	27	ventisette
5	cinque	13	tredici	21	ventuno	28	ventotto
6	sei	14	quattordici		(venti + uno)		(venti + otto)
7	sette	15	quindici	22	ventidue	29	ventinove
8	otto	16	sedici	23	ventitrè	30	trenta

B. Following are expressions and examples using numbers:

A che pagina? A pagina dieci.
On what page? On page ten.

Quante uova? Sei o dodici?
How many eggs? Six or twelve?

Carlo arriva fra otto giorni (fra quindici giorni).
Carlo is coming in a week (in two weeks).

— Quanto costa? — Venticinque dollari.
— How much does it cost? — Twenty-five dollars.

For counting and mathematics in Italian note the following:

+: — Quanto fa due più due?   — Due più due fa quattro.
−: — Quanto fa due meno due?   — Due meno due fa zero.
×: — Quanto fa due per due?   — Due per due fa quattro.
÷: — Quanto fa due diviso due?   — Due diviso due fa uno.

C. The numbers from 40 on are:

40	quaranta	100	cento	700	settecento	1,000,000	un milione
50	cinquanta	200	duecento	800	ottocento	2,000,000	due milioni
60	sessanta	300	trecento	900	novecento	1,000,000,000	un miliardo
70	settanta	400	quattrocento	1,000	mille	2,000,000,000	due miliardi
80	ottanta	500	cinquecento	2,000	duemila		
90	novanta	600	seicento				

D. Following are some points to remember when using numbers.

1. The number **uno** follows the rules of the indefinite article:

   un caffè, un espresso, uno scotch, una Coca-Cola, un'aranciata

2. Numbers ending with **-uno** (21, 31, etc.) drop the **-o** and take a plural noun:

   ventun ragazzi, ventun ragazze

3. The indefinite article is not used with **cento** *(hundred)* and **mille** *(thousand).*

4. *Eleven hundred, twelve hundred,* etc. are translated by **mille cento** *(one thousand one hundred),* **mille duecento** *(one thousand two hundred).*

5. The plural of **mille** is **mila:**

   mille lire, duemila lire, centomila lire

6. **Milione** (plural **milioni**) and **miliardo** (plural **miliardi**) take a **di** before a noun:

   sessanta milioni di Italiani, due miliardi di lire
   But: due milioni cinquecentomila lire.

E. There are differences in how numbers are written in Italian and in English:

1. In Italian a comma is used instead of a decimal point to separate numbers from their decimals:

   14,95 = 14.95

2. A period is used instead of a comma to separate the thousands from hundreds:

   10.000 = 10,000

F. Following are some equivalents in the metric system:

1 Km. = un chilometro (= mille metri) = 0.621 *miles*
1 Kg. = un chilo (= mille grammi) = 2.20 *pounds*
1 l. = un litro   = 1.05 *quart*

ESERCIZI

a. *Inserire i numeri opportuni. Usare lettere non cifre.*

1. _____ secolo *(century)* ha _____ anni.
2. _____ anno ha _____ mesi, _____ settimane _____ giorni.
3. _____ mese ha o _____ giorni o _____ giorni; febbraio ha _____ giorni; ogni _____ anni ha _____ giorni.
4. _____ settimana ha _____ giorni.
5. _____ giorno ha _____ ore.
6. _____ ora ha _____ minuti.
7. Abbiamo _____ mani e _____ braccia.
8. Ogni mano ha _____ dita.
9. In un chilometro ci sono _____ metri.
10. Gli Stati Uniti sono divisi in _____ stati.

b. *L'inflazione e i prezzi . . .   Completare le frasi con* **l'imperfetto** *del verbo. Scrivere i numeri in lettere.*

1. Le patate costano 250 lire al chilo; 5 anni fa _____ 100/150 lire.
2. Un buon frigo oggi costa 300.000 lire; un paio d'anni fa _____ 100.000 lire.
3. Oggi paghiamo 2.000/2.500 lire per vedere un film di prima visione. L'anno scorso _____ 1.500 lire.
4. Sapete quanto costa una tazzina di caffè oggi? 200/250 lire. Sapete quanto _____ fino all'anno scorso? 100 lire.
5. Oggi, d'affitto, pago 100.000 lire. Nella vecchia casa _____ solamente 50.000 lire.

Age

1. The verb **avere** is used to express age:

Quanti anni hai (ha)?   Ho diciotto anni.
Che età hai (ha)?   *I am eighteen.*
How old are you?

2. Following are some expressions concerning age:

a che età?   essere minorenne
at what age?   *to be under age, a minor*

all'età di diciotto anni; a diciotto anni
at eighteen.

quando avevo diciotto anni
when I was eighteen

essere maggiorenne
to be of age

diventare maggiorenne
to come of age

negli anni trenta (quaranta)
in the thirties, in the forties

un uomo di _____ anni
a _____-year old man

un uomo sui _____ anni.
a man approximately _____ years old

ESERCIZI

a. *Rispondere in italiano:*

1. Quanti anni ha?
2. A che età diventano maggiorenni gli Americani?
3. Sa che cosa significa l'espressione "Vietato ai minori di 18 anni"?
4. Che età hanno i Suoi genitori?
5. Lei ricorda che cosa amava fare quando aveva dodici anni?

b. *Confronti* (comparisons) . . . *Arturo era scapolo fino a due anni fa; ora è sposato e padre di una bambina. Come è cambiata la sua vita?*
Come passa le serate ora?
Come passava le serate prima?

WEATHER EXPRESSIONS

1. Note the use of the verb **fare** with certain weather expressions:

Che tempo fa?
How is the weather?

Com'è il tempo?
What's the weather like?

Fa bel tempo (Fa bello,
È bello, Il tempo è bello).
It's nice (fine) weather.

Fa brutto tempo (Fa brutto, Fa cattivo tempo,
È brutto, Il tempo è brutto).
It's bad weather.

Oggi fa caldo (freddo).
Today it is warm (cold).

Ieri faceva fresco.
Yesterday it was cool.

2. Following are some common weather expressions:

C'è (c'era) afa.
It is (it was) muggy.

C'è foschia.
It is misty.

C'è (la) nebbia.
It is foggy.

C'è (il) sole.
It is sunny.

C'è vento (tira vento).
It is windy.

C'è neve.
There is snow.

È (era) sereno.
It is (it was) clear.

È nuvolo (coperto).
It is cloudy (overcast).

Piove (piọvere).	Grạndina (grandinare).	Che freddo!
It is raining.	*It is hailing.*	*How cold!*
Pioviggina (piovigginare).	Che afa!	Che tempo!
It is drizzling.	*How muggy!*	*What weather!*
Nẹvica (nevicare).	Che caldo!	Come piove!
It is snowing.	*How warm (hot)!*	*How it is raining!*
		Come nevica!
		How it is snowing!

Note that **neve** is feminine, **nevicata** means *snowfall,* **pioggia** is *rain* and **grạndine** is *hail* and is feminine.

Quando nevica metto sempre le catene.   (Coco)

ESERCIZI

a. *Parliamo un po' del tempo . . .*

1. Com'è il tempo dove abita Lei?
2. Qual è la stagione più bella?
3. Fa molto caldo in estate? È un caldo-umido o un caldo-secco?
4. Fa molto freddo in inverno?
5. Chi spala *(shovels)* la neve a casa Sua?
6. Esce volentieri Lei quando piove?
7. Ha paura di guidare *(driving)* quando c'è nebbia?
8. Dorme bene quando c'è vento?

b. *Tradurre:*

1. It hadn't rained for a month.
2. Is it true that in Italy the weather is always nice and that it seldom snows?
3. How old were the children then?
4. He isn't old: he is only forty-one!
5. It is muggy in this room.
6. No Italian city has four million inhabitants **(abitanti).**

Lettura

La fabbrica

Il protagonista del romanzo, Albino, racconta in prima persona la
sua storia.

Quando entra in fabbrica (una grande fabbrica vicino a To-
rino), ha alle spalle° un passato molto triste di emigrazione, di   *he has behind him*
caserma° e di prigionia°. Malato di tb, pieno di complessi e di   *barracks/imprisonment*
terrori, nevrotico, isolato e ribelle, Albino aspira a una vita nuova,
diversa, e cerca nella fabbrica tutto quello che la vita finora° non   *till now, so far*
gli ha dato.

Intanto andavo scoprendo° meglio gli altri, i miei compagni.   *I got to know*
Li vedevo proprio nei loro gesti di lavoro, chi con una spalla più
alta, chi più bassa, chi piegato° e chi dritto°, tutti con le mani in   *bent over/straight*
avanti° come a scaldarsele e a proteggersi.   *out front*

5   E come davanti a un fuoco molto forte tutti avevano una
smorfia sul viso. Tutti avevano un muscolo tirato°, o le labbra   *a taut muscle*
strette°, o gli occhi socchiusi° o le sopracciglia aggrottate°. Vuol   *tight/half closed/furrowed*
dire che tutti avevano un pensiero che batteva dentro le loro teste
e rimbalzava° su tutta la fabbrica e ancora batteva. La fabbrica   *was bouncing*
10 non dava distrazioni a tale pensiero: un albero, un uccello, una
parola, un passante°. Non bastava levar gli occhi dal lavoro e   *passer-by*
muoverli in giro: non c'era nulla che non fosse un pezzo della
fabbrica.

Il lavoro stesso non dava alcun aiuto; non richiedeva l'ac-

Fabbrica Olivetti,
Ivrea, Torino

compagnamento del pensiero, andava avanti per conto suo°   *by itself*
tirando le nostre mani perchè nella fabbrica non era possibile fare
altro. I discorsi che si facevano erano anch'essi un'abitudine,
sempre gli stessi. Solo quando il lavoro stava per finire e s'aspet-
5 tava l'uscita pulendo le macchine e riordinando i posti, si allen-
tavano° le smorfie e i discorsi diventavano diversi, più larghi,   *would relax*
anche se solo di due parole.

    Soltanto dopo l'uscita sembrava di vedere nella fabbrica
finalmente degli uomini; erano quei pochi che andavano alla
10 mensa della sera, o erano i turnisti° che rimasti soli° potevano   *shift workers/having*
lavorare meglio. Non si può lavorare tutti insieme, tutti nello   *remained alone*
stesso minuto, in quattromila. . . . . .

    La sera uscivo lentamente dalla fabbrica perchè non avevo
voglia di correre ancora a prendere il treno, a ricacciarmi° in   *thrust myself again*
15 questa altra fabbrica: scendere, salutare ancora dei compagni e
poi mangiare a casa, subito. Tanto più che in quel tempo mia
madre dimostrava di non capire nessuna delle mie preoccupa-
zioni. Uscito dalla° fabbrica andavo adagio verso il centro della   *having left*
città; passavo un momento in biblioteca, sceglievo a lungo ma
20 senza riuscire a trovare un libro che mi piacesse° e camminavo   *that I would like*
fermandomi davanti a tutti i negozi. C'era un bar che aveva an-
cora i gelati[1], fino a Natale. Entravo un momento a sedere e
prendevo un gelato da cinquanta lire°. Spesso era la mia cena   *a 50-lira ice cream*
perchè non avevo voglia di andare in mensa. Dopo andavo al
25 cinema. Mentre facevo il biglietto sentivo l'odore del buio e il
riposo della sala. Mi mettevo in un angolo, nelle file davanti, dove
c'era di solito poca gente. Lì i miei pensieri si placavano°. Final-   *settled*
mente mi riposavo e m'istruivo. Uscivo dal cinema verso le nove e
tre quarti, ripassavo davanti al bar, prendevo un caffè e andavo
30 dritto alla stazione. Alla tabaccheria della stazione compravo il
pacchetto di venti sigarette che doveva bastarmi fino alla sera
dopo alla stessa ora. Mi faceva piacere al cinema cercare senza
guardare nel pacchetto semivuoto° le ultime sigarette.   *half-empty*

    La sera, quando dalla stazione salivo verso casa, il freddo era
35 già forte e sentivo il vento sulla mia pelle come sul lago, che già
cominciava a correre con le sue acque da una riva all'altra. Io non
portavo ancora il cappotto e mia madre piangeva perchè prendevo freddo; mi domandava ogni volta perchè arrivavo così tardi.
Ma io già sentivo addosso° un lungo brivido° di sonno e di caldo e   *on me/shudder*
40 senza rispondere andavo a letto.

Paolo Volponi

---

1. Until recently ice cream was sold only in the summer months.

Parole da ricordare

bastare	*to suffice, last, be enough*
cercare	*to look for*
far piacere a una persona	*to give pleasure to, please a person*
passare	*to stop by*
richiedere	*to require*
scegliere	*to choose*
riposarsi	*to rest;* **riposo** *rest*
sedere	*to sit*
scaldare	*to warm up*
voler dire	*to mean (same as* **significare***)*
il buio	*the dark*
il cappotto	*winter coat*
la fila, le file	*row*
il fuoco	*fire*
il gelato, i gelati	*ice cream* (use the singular to mean *one ice cream cone*, otherwise use the plural)
il gesto	*gesture*
in giro	*around*
la mensa	*cafeteria (of a school or factory)*
la pelle	*skin* (also *leather*)
la smorfia	*grimace;* **fare una smorfia** *to make a face*
la spalla	*shoulder*
l'uscita	*exit*

Studio di parole

cold

fare freddo
to be cold

Used in reference to weather or room temperature.

Fa sempre freddo in Alaska.
It's always cold in Alaska.

avere (sentire) freddo
to be cold

Used in reference to a person's reaction to cold.

Io ho sempre freddo.
I'm always cold.

essere freddo
  to be cold

Used in reference to something or someone being cold.

La stanza è fredda.	Perchè sei così freddo con me?
The room is cold.	*Why are you so cold to me?*

prendere freddo
to catch a chill, to get cold

Se non ti copri, prendi freddo.
If you don't cover up, you'll be cold.

prendere il (un) raffreddore.
to catch a cold

In inverno prendo molti raffreddori.
In winter I catch many colds.

hot

fare caldo
to be hot

Used in reference to weather.

Oggi fa caldo, è una giornata molto calda.
It's hot today, it's a very warm day.

avere caldo
to be hot

Used in reference to people.

—Ha caldo?—No, grazie, sto bene.
—Do you feel hot? —No, thank you. I'm fine.

Related word: **piccante** *hot (adjective)*
Used in reference to spicy food.

Questa salsa è troppo piccante.
This sauce is too spicy.

to feel

sentire
to feel something, to sense, to hear, to smell

Sento dolori in tutto il corpo.
I feel pain all over my body.

Sento un buon odore.
I smell a good smell.

sentirsi
to be in a certain condition or state

Come vi sentite?
How do you feel?

Io mi sento infelice!
I feel unhappy!

to stop

fermare
to stop someone or something

Una signora mi ha fermato per la strada.
A woman stopped me on the street.

fermarsi
to come to a halt

Perchè ti fermi davanti a tutti i negozi?
Why do you stop in front of all the stores?

smettere di + *infinitive*
to cease doing something

Voglio smettere di fumare, ma non posso.
I want to stop smoking, but I can't.

to succeed

succedere a
to succeed in order, to come next

Chi succederà alla regina Elisabetta?
Who will succeed Queen Elizabeth?

riuscire[1] a + *infinitive*
to succeed in doing something

Non riesco a leggere senza occhiali.
I can't read without glasses.

riuscire
to be successful, to turn out, to come out

Carlo riesce in tutto quello che fa.
Carlo succeeds (is successful) in everything he does.

---

1. The present of **riuscire** is: **riesco, riesci, riesce, riusciamo, riuscite, riescono.**

to leave

lasciare
to leave someone or something

Lascio sempre le chiavi in macchina!
I always leave the keys in the car!

andar via, andarsene
to go away

Vogliono andar via (andarsene) perchè è tardi.
They want to leave because it's late.

partire
to go on a trip, to depart

Parti per l'Africa? Quando?
You're leaving for Africa? When?

uscire (da)
to go out (of)

Il fumo esce dalla finestra.
The smoke is going out of the window.

CONVERSAZIONE SULLA LETTURA

1. Quali erano i gesti dei compagni di lavoro di Albino?
2. Perchè tutti avevano una smorfia sul viso?
3. Albino trovava facilmente in biblioteca i libri che voleva?
4. In che cosa consisteva spesso la sua cena?
5. Lei sarebbe contento/contenta di una cena così?
6. Lei mangia volentieri alla mensa?
7. Che cosa rivela che il protagonista è una persona molto sola e tormentata?
8. Perchè piangeva sua madre?
9. Quali sono le abitudini del protagonista che Lei trova più strane?

TEMI PER COMPONIMENTO O DISCUSSIONE

1. È bene o è male avere una routine, cioè fare le stesse cose ogni giorno? Perchè?
2. Il cinema può rappresentare cose diverse per persone diverse? Che cosa rappresentava per Albino? Che cosa rappresenta per Lei?
3. Rileggere il brano e isolare gli elementi che illustrano meglio la condizione dell'operaio nella fabbrica moderna.

UNIT 3

- *Il passato prossimo*
- **The Definite Article**
- *Bello* and *quello*
- **Interrogatives**
- **Time**
- **Days, Months, Seasons and Dates**
- **Lettura:** *Comunicare*

Grammatica

IL PASSATO PROSSIMO

A. Unlike the present and the **imperfetto** which are simple tenses (no auxiliary is used), the **passato prossimo** *(I have loved, I loved, I did love),* is a compound tense. It is formed by the appropriate form of the present tense of an auxiliary verb, either **avere** or **essere,** plus the past participle of the verb.

The past participle is formed by adding the appropriate ending to the infinitive stem.

INFINITIVE	PAST PARTICIPLE
am**are**	am**ato**
perd**ere**	perd**uto**
fin**ire**	fin**ito**

B. For verbs conjugated with **avere,** the past participle does not change form unless a direct object pronoun precedes the verb (see p. 81).

Passato prossimo with **avere**

ho hai ha abbiamo avete hanno	} + amato, perduto, finito

Maria ha mangiato.   Anche i bambini hanno mangiato.
Mary has eaten.   *The children have eaten too.*

C. For verbs conjugated with **essere,** the past participle acts like an adjective and agrees in gender and number with the subject of the verb. There are thus four possible endings: **-o, -a, -i, -e.**

Passato prossimo with **essere**

sono
sei   } + entrato/a, caduto/a, uscito/a
è

siamo
siete   } +entrati/e, caduti/e, usciti/e
sono

Maria è uscita.   Anche i bambini sono usciti.
Mary went out.   *The children went out too.*

When the subject includes both masculine and feminine, the past participle will be in the masculine.

Teresa e Lorenzo sono partiti.
Teresa and Lorenzo have left.

D. **Essere** is used with:

1. reflexive and reciprocal verbs (see Unit 5)

   Mi sono lavato.   Ci siamo visti al cinema.
   I washed.   *We saw each other at the movies.*

2. most intransitive verbs. An intransitive verb is a verb which cannot have a direct object. Most of these verbs are verbs of motion or being (**andare,** *to go,* **stare,** to stay). See the Appendix for a listing of verbs requiring **essere** in the **passato prossimo.**

   Chi è andato in aereo?   La posta non è arrivata.
   Who went by plane?   *The mail didn't arrive.*

   Quando siete partiti?   Le ragazze sono state a letto.
   When did you leave?   *The girls stayed in bed.*

   Essere has no past participle of its own; the past participle of **stare, stato,** is used. Thus the **passato prossimo** of **stare** and **essere** is the same.

   Sono stato fortunato,   Sono stato a casa.
   I was lucky.   *I stayed home.*

E. The **passato prossimo** is used to report a completed action or event or fact which took place in the past. There are four equivalents in English:

ho lavorato   {   *I have worked*
                  I worked
                  I did work
                  I have been working.

— Hanno avuto un incidente durante il viaggio di nozze...

ESERCIZIO

Inserire la forma corretta di **avere** *o* **essere** *e dare la desinenza corretta del participio.*

1. Il signor Bianchi _____ vendut _____ molti dischi.
2. Quanto tempo _____ durat _____ la conferenza?
3. Perchè voi due non _____ venut _____ ?
4. Giovanna ed io _____ ricevut _____ molte lettere.
5. Mamma, non _____ uscit _____ ieri?
6. Tutti i bambini _____ avut _____ un regalo a Natale.
7. Questa rivista non _____ costat _____ molto.
8. Papà, _____ dormit _____ bene?
9. Teresa _____ stat _____ molto gentile con me.
10. _____ capit _____ , ragazzi?
11. Noi _____ rimast _____ a casa tutto il giorno.
12. Nonno, tu _____ nat _____ in Italia o in America?
13. Non capisco perchè la professoressa si _____ arrabbiat _____ .
14. I miei zii _____ viaggiat _____ molto.

Irregular Past Participles

Some verbs have an irregular past participle.

INFINITIVE	PAST PARTICIPLE	INFINITIVE	PAST PARTICIPLE
accendere *to light*	acceso	prendere *to take*	preso
aprire *to open*	aperto	rimanere *to remain*	rimasto
bere *to drink*	bevuto	rispondere *to answer, reply*	risposto
chiedere *to ask*	chiesto	rompere *to break*	rotto
chiudere *to close*	chiuso	scegliere *to choose*	scelto
correre *to run*	corso	scendere *to go down*	sceso
decidere *to decide*	deciso	scrivere *to write*	scritto
dire *to say, tell*	detto	smettere *to stop*	smesso
fare *to do, make*	fatto	spendere *to spend*	speso
leggere *to read*	letto	succedere *to happen*	successo
mettere *to put*	messo	tradurre *to translate*	tradotto
morire *to die*	morto	vedere *to see*	visto/veduto
nascere *to be born*	nato	venire *to come*	venuto
offrire *to offer*	offerto	uccidere *to kill*	ucciso
perdere *to lose*	perso/perduto		

Hanno speso diecimila lire.
They spent ten thousand lire.

Chi ha rotto il bicchiere?
Who broke the glass?

Perchè non siete venuti?
Why didn't you come?

Che cosa è successo?
What happened?

Verbs ending in **-scere** and **-cere** have a past participle ending in **-iuto.**

Ho conosciuto uno scrittore.
I met an author.

Il film è piaciuto a tutti.
Everyone liked the film.

— È nato in un periodo di boom...

ESERCIZIO

Inserire la forma corretta del passato prossimo del verbo fra parentesi.

1. Che cosa (perdere) _____ , Mamma?
2. Tutti (prendere) _____ freddo.
3. Alberto (diventare) _____ un famoso scrittore.
4. I prezzi in Italia mi (sembrare) _____ molto cari.
5. Signorina, quanto (spendere) _____ ?
6. Voi (venire) _____ a piedi?
7. Uno studente mi (chiedere) _____ se poteva fumare, ma io (rispondere) _____ di no.
8. Anche voi (bere) _____ birra?
9. Io (dire) _____ buon giorno, loro mi (dire) _____ ciao!
10. Neanche lei (tradurre) _____ le frasi.
11. I miei amici (decidere) _____ di aspettare un altro mese.
12. Che tempo (fare) _____ ieri?
13. Noi (scegliere) _____ un appartamento di quattro stanze.
14. Non ricordo che cosa (succedere) _____ dieci anni fa.
15. Nessuno (accendere) _____ la radio.

Il cerchio°

Vita: un cerchio
sei per me, ormai° chiuso.
Un treno che improvviso
(chissà° come, perchè)
5 a una cupa° stazione s'è fermato
senza fiori o sorrisi d'aspettanti . . .
E di lì non è più ripartito.

circle

by now

who knows
somber

Gemma Licini

ESERCIZI

a. *Maschile, femminile . . .   Riscrivere ogni frase cambiando dal maschile al femminile e vice-versa e facendo ogni cambiamento necessario. Ricordare che molti nomi hanno la stessa forma per il maschile e per il femminile e che il solo cambiamento necessario è quello dell'articolo o dell'aggettivo.*

1. *Il protagonista* del nuovo film ha annunciato il suo matrimonio.
2. *Mio nipote* è andato in vacanza.
3. *Un uomo* si è avvicinato al bambino.
4. *Sua sorella* è diventata farmacista.
5. *Il dottore* mi ha fatto i raggi X (*read* "ics").
6. *Il grande scrittore* ha tenuto una conferenza stampa.
7. *Nessun amico* mi ha scritto a Natale.
8. *L'eroina* del film era una spia inglese.

b. *Come un orologio . . .   Il signor Precisini dice quello che fa minuto per minuto. Riscrivere il brano alla terza persona singolare del presente indicativo e poi volgere al passato prossimo.*

Mi sveglio alle sette, apro la finestra e respiro l'aria fresca. Faccio la doccia e mi vesto. Alle sette e mezzo faccio colazione, alle otto esco di casa, alle otto e dieci salgo sul filobus e alle otto e mezzo arrivo in ufficio.
Lavoro fino all'una. All'una vado alla mensa e mangio. Alle due ritorno in ufficio e non interrompo il lavoro fino alle sette, cioè fino all'ora dell'uscita. Esco, faccio due passi, mi fermo davanti ai negozi e guardo le vetrine, entro in un bar e prendo un Bourbon doppio. Poi ritorno a casa col filobus.
Mangio, fumo una sigaretta o due, guardo la televisione e alle dieci e un quarto vado a dormire.

c. *Mettere le seguenti frasi al passato prossimo.*

1. Ci sono molti scioperi questo mese.
2. Vediamo i vecchi film di Chaplin alla televisione.
3. Perchè fate tante smorfie?
4. Quanti romanzi leggono!

d. *Il milionario eccentrico . . .   Il signor Bonaventura è un milionario eccentrico. Un giorno Le offre diecimila dollari a una condizione: Lei deve poi dirgli come ha speso i soldi.*

Essere or avere?

Some verbs may be used with either **essere** or **avere** depending on the meaning conveyed and how they are used.

1. Some weather expressions take either **essere** or **avere**.

   È piovuto (Ha piovuto).   È nevicato (Ha nevicato).   È grandinato (Ha grandinato).
   It rained.   *It snowed.*   *It hailed.*

2. Some verbs take **essere** when they are used intransitively and take **avere** when they are used transitively. Note that the meaning of the verbs changes. Compare:

passare	Sono passato in biblioteca. *I stopped at the library.*	Ho passato un'ora in biblioteca. *I spent one hour in the library.*
salire	Sono saliti sul treno. *They boarded the train.*	Hanno salito la collina. *They climbed the hill.*
scendere	Siamo scesi in cantina. *We went down in the cellar.*	Abbiamo sceso le scale. *We went down the stairs.*
cambiare	La mia vita è cambiata. *My life has changed.*	Ho cambiato abitudini. *I changed habits.*
cominciare	Quando è cominciato l'anno accademico? *When did the academic year start?*	Quando hai cominciato la lezione? *When did you begin the lesson?*
finire	Le vacanze sono finite il 30 agosto. *Vacation was over on August 30th.*	Abbiamo finito il libro. *We have finished the book.*

3. Some verbs of movement take **essere** if a point of departure or a point of arrival is mentioned, no matter how general; otherwise they take **avere**.

correre	Sono corso a casa a prendere la chiave. *I ran home to get the key.*	Sono stanco perchè **ho corso.** *I am tired because I ran.*
saltare	Il gatto **è saltato** dalla finestra. *The cat jumped from the window.*	Il bambino **ha saltato** tutto il giorno. *The child jumped up and down all day.*
volare	L'uccello **è volato** sull'albero e poi è **volato** via. *The bird flew to the tree and then away.*	Il nonno non **ha** mai **volato.** *Grandpa has never flown.*

4. When used by themselves (not followed by an infinitive) **dovere, potere** and **volere** take **avere** in compound tenses:

   — Non sei andato? — No, non ho potuto.
   — You didn't go? — No, I couldn't.

   When followed by an infinitive, **dovere, potere** and **volere** take **avere** or **essere** depending on whether the verb in the infinitive normally requires **avere** or **essere**. It is, however, becoming more and more frequent to use **avere** with the above verbs regardless of what verb follows.

Non ho potuto dormire.
I couldn't sleep.

È dovuto partire.
Ha dovuto partire.
He had to leave.

If the above verbs are followed by a reflexive verb, two constructions are possible:
— one with **avere** and the reflexive pronoun attached to the infinitive of the verb;
— the other with **essere** and the reflexive pronoun preceding **essere.**

Ho dovuto lavarmi.
Mi sono dovuto lavare.
I had to wash.

Non avete voluto curarvi.
Non vi siete voluti curare.
You refused to take care of yourselves.

— Adesso puoi scende-
re: le feste sono finite!

ESERCIZI

a. *Volgere le seguenti frasi al passato prossimo.*

1. Quando andiamo all'università, passiamo davanti al monumento a Cristoforo Colombo.
2. Dove passate le vacanze?
3. Lo spettacolo finisce tardi.
4. Non possono partire in marzo.
5. La ragazza scende dal treno in corsa.
6. Salgono e scendono le scale molte volte e così si stancano.

b. *Dare due risposte ad ogni domanda come nell'esempio.*

Esempio: — Perchè vi siete cambiati? — **Abbiamo dovuto cambiarci.**
                                              — **Ci siamo dovuti cambiare.**

1. Perchè vi siete fermati?
2. Perchè vi siete vestiti?
3. Perchè vi siete seduti?
4. Perchè vi siete alzati?
5. Perchè vi siete scusati?
6. Perchè vi siete sposati?

Un gioco per tutti . . .

IL COMMISSARIO LONDON

commissario — *inspector* per legittima difesa — *in self defense* cassetto — *drawer* più svelto — *quicker* ho sparato — *I shot* scrivania — *desk* manette — *handcuffs*

Quale motivo induce il commissario London ad incriminare il socio in affari?
Suggerimento: fare particolare attenzione alla posizione degli oggetti sulla scrivania.

Risposta: La posizione degli oggetti sulla scrivania (citofono *intercom*, portacenere *ashtray*, tagliacarte *letter opener*, portapenne *penholder*) a sinistra, e telefono a destra; e il cassetto sinistro aperto indicano che la vittima era mancino *left-handed*. Perciò lui non avrebbe mai usato la pistola con la mano destra. È chiaro quindi che il socio, nella fretta di crearsi un alibi, dopo averlo ucciso, gli ha messo la pistola nella mano sbagliata.

THE DEFINITE ARTICLE

The definite article *(the)* has different forms according to the gender and number and the initial letter of the noun or adjective it precedes. The forms are:

	Singular		Plural	
	Masculine	Feminine	Masculine	Feminine
before a consonant	**il** ragazzo	**la** ragazza	**i** ragazzi	**le** ragazze
before a vowel	**l'**amico	**l'**amica	**gli** amici	**le** amiche
before **s** + consonant, **z, ps**	**lo** psichiatra		**gli** psichiatri	

1. Note that the word immediately following the article is the one which determines its form. Compare:

il ragazzo	l'altro ragazzo	lo zio	il giovane zio
the boy	*the other boy*	*the uncle*	*the young uncle*

2. **Gli** can become **gl'** before words beginning with **i, le** can become **l'** before words beginning with **e**; but in modern usage the full forms are preferred.

gli italiani	gl'italiani
le erbe	l'erbe

3. The plural of **il dio** *(the god)* is **gli dei.**

Prepositions Plus the Definite Articles

Some common prepositions combine with the definite article to form a single word.

PREPOSITIONS + ARTICLES

	il	lo	la	l'	i	gli	le
a *(at, to)*	al	allo	alla	all'	ai	agli	alle
da *(from, by)*	dal	dallo	dalla	dall'	dai	dagli	dalle
su *(on)*	sul	sullo	sulla	sull'	sui	sugli	sulle
in *(in, to)*	nel	nello	nella	nell'	nei	negli	nelle
di *(of)*	del	dello	della	dell'	dei	degli	delle
con *(with)*	col	—	—	—	coi	—	—

Note: in modern Italian **con** may combine with the article in only two instances:

con + il = **col**   con + i = **coi**

vicino	a Roma		la casa	di Mario
	al palazzo			del presidente
	allo stadio			dello studente
	allo zoo			dello zio
	all'albergo			dell'avvocato
	alla chiesa			della signorina
	all'entrata			dell'americana
	ai giardini			dei bambini
	agli alberghi			degli artisti
	alle case			delle artiste

1. The preposition alone is used in some common expressions referring to places, rooms of the house and shops.[1]

in campagna	*in, to the country*	in salotto	*in, to the living-room*
in montagna	*in, to the mountains*	in biblioteca	*in, at, to the library*
in città	*in, to the city/town, downtown*	in giardino	*in, to the garden*
in paese	*in, to the village*	in chiesa	*in, to the church*
in camera	*in, to the bedroom*	a teatro	*at, to the theatre*

2. Following are a few other prepositions to remember:

vicino a	*near*	prima di	*before*
lontano da	*far from*	dopo	*after*
davanti a	*in front of*	fino a	*till, until*
dietro(a)	*behind*	invece di	*instead of*

Prima dei pasti o dopo i pasti?	C'è una banca vicino all'università.
Before the meals or after the meals?	*There is a bank near the university.*
Bevono il tè invece del caffè.	Cosa c'è dietro l'angolo?[2]
They drink tea instead of coffee.	*What lies around the corner?*

3. Note the following special idiomatic uses of prepositions:

alla radio	*on the radio*	al telefono	*on the phone*
alla televisione	*on T.V.*	sul giornale	*in the newspaper*

Uses of the Definite Article

A. In Italian, unlike English, the definite article is used:
   1. with geographical names (names of continents, countries, rivers, states, regions, large islands, mountains, lakes etc.)

L'Italia è bella.	Conosci il Massachusetts?
Italy is beautiful.	*Do you know Massachusetts?*

---

1. If the word is modified by an adjective or phrase the article must be used: **Nel giardino di mia zia.**
2. In the late 70's this was a very popular question in Italy. What lies around the bend? What does the future hold for us? And it was a popular fad to try to find the best answer.

The article is omitted after **in** if the geographical term is unmodified, feminine and singular.

La Toscana è in Italia, nell'Italia centrale.
Tuscany is in Italy, in central Italy.

Boston è nel Massachusetts, nell'America del Nord.
Boston is in Massachusetts, in North America.

2. with days of the week (singular form) to indicate that something happens regularly.

Mangiamo pesce il venerdì.
We east fish on Fridays.

It is, however, omitted when referring to a specific day.

Mario è arrivato venerdì.
Mario arrived on Friday.

3. with proper names preceded by a title (Signore,[1] Dottore, Professore, Avvocato, Conte, Signora, Signorina, etc.) or an adjective when talking about the person named.

Ecco la signora Rossi.
Here's Mrs. Rossi.

Il Professor Bianchi insegna bene.
Professor Bianchi teaches well.

It is, however, omitted when one speaks directly to the person and mentions the title.

Professor Bianchi, ha letto il romanzo *Il bell'Antonio?*
Professor Bianchi, have you read the novel Il bell'Antonio?

Buon giorno, signora Rossi. Come sta?
Good morning, Mrs. Rossi, how are you?

4. often before family names of famous people or, colloquially, before first names of women.

Il Petrarca e lo Shakespeare sono i miei autori preferiti.
Petrarch and Shakespeare are my favorite authors.

Sai chi è la Loren?
Do you know who Miss Loren is?

Come sta la Giovanna?
How is Jane?

It is, however, omitted with Dante, Michelangelo, Raffaello *(Raphael)* because they are given names.

5. before names of languages (all languages are masculine) unless they are preceded by **di, in** (and sometimes with **parlare, insegnare, studiare**).

Impariamo il francese.
We are learning French.

Ecco il libro di francese.
Here is the French book.

È scritto in francese.
It is written in French.

In classe parliamo francese.
In class we speak French.

---

1. Titles ending in **-ore** drop the **-e** before a proper name or noun. The capitalization of titles is optional.

6. before nouns (abstract or concrete) used in a general sense or indicating a whole category.

Gli uomini sono mortali.
Men are mortal.

La pazienza è una virtù.
Patience is a virtue.

Lo zucchero è bianco.
Sugar is white.

7. instead of the English possessive *(my, your, his,* etc.) when referring to the parts of the body, articles of clothing, and personal effects belonging to the subject of the verb.

Ha alzato la mano.
He raised his hand.

Ti sei messo i guanti?
Did you put on your gloves?

8. after the verb **avere** when giving physical descriptions.

Mirella ha i capelli biondi e gli occhi verdi.
Mirella has blond hair and green eyes.

La bambina aveva le mani fredde.
The child had cold hands.

B. The Italian definite article is not used in the following cases:

1. with most names of cities.

Non ho mai visto Torino.
I've never seen Turin.

Note that the article (either masculine or feminine) is used with the name of a city to indicate the soccer team of that city.

Il Torino ha battuto la Roma.
Turin beat Rome. (Turin's team beat Rome's.)

If the name of the city is modified by an adjective or a phrase, the article (always feminine) must be used.

la Venezia romantica
romantic Venice

la Firenze del Rinascimento
the Florence of the Renaissance

2. in some common expressions.

a destra	*to, on the right*
a sinistra	*to, on the left*
in cima	*at the top*

3. in proverbs.

Acqua passata non macina più.
Let bygones be bygones.
(Lit. *Water that has been through the mill doesn't power the wheel any more.*)

— ...e gli altri 364 giorni dell'anno, cosa fai?

ESERCIZIO

Inserire la forma corretta dell'articolo o della preposizione.

1. _____ italiano è facile, non è vero?
2. Vanno sempre _____ cinema.
3. Mio padre è professore _____ spagnolo.
4. _____ autunno è bello _____ montagna.
5. Ho ricevuto una cartolina _____ zii.
6. Non ricordi il prezzo _____ broccoli?
7. Sento il vento _____ mia pelle.
8. Davanti _____ albergo c'è una statua.
9. _____ Professor Vivaldi è malato.
10. C'è troppo sale _____ minestra.
11. _____ fine del film i due si sposano.
12. Abbiamo passato le vacanze _____ Germania del Sud.
13. _____ piccolo Mario non si sente bene.
14. _____ bambini americani non vanno a scuola _____ sabato.
15. Che cosa c'è _____ televisione?

BELLO AND QUELLO

Bello *(beautiful, handsome* and *fine)* and **quello** *(that, those)* have parallel forms when they precede the nouns they modify. Note the similarity with the forms of the definite article.

	Singular		Plural	
	Masculine	Feminine	Masculine	Feminine
before a consonant	bel/quel	bella/quella	bei/quei	
before a vowel	bell'/quell'	bell'/quell'	begli/quegli	belle/quelle
before s + consonant, **z, ps**	bello/quello		begli/quegli	
	bel ragazzo	bella ragazza	bei capelli	belle gambe
	bell'uomo	bell'americana	begli occhi	quelle ragazze
	bello zio	quella signora	quei bambini	
	quel signore	quell'americana	quegli avvocati	
	quell'avvocato			
	quello psichiatra			

1. When **bello** follows the noun it modifies or **essere,** it follows the regular adjective pattern: **bello, bella, belli, belle.**

Il ragazzo è bello.   L'americana è bella.   Gli occhi sono belli.
The boy is handsome.   *The American is beautiful.*   *The eyes are beautiful.*

2. When **quello** is used as a pronoun, it follows the regular pattern: **quello, quella, quelli, quelle.**

Prendo quello.   Preferiamo questi, non quelli.
I'll take that one.   *We prefer these, not those.*

— No, no! Non quello...

ESERCIZI

a. *Inserire la forma corretta di* **quello:**

1. È molto che aspetta _____ signore? E _____ signora?
2. _____ ufficiali non sono tedeschi.
3. Prendo una di _____ caramelle.
4. Non mi piace _____ sguardo.
5. _____ orologio è rotto, non vedi?
6. Preferisce questo palazzo o _____ ?
7. La tua macchina è bella, ma _____ di Carlo è più bella.
8. Non c'è posto per tutti _____ zaini *(knapsacks).*
9. I miei giornali sono questi, non _____ .

b. *Inserire la forma corretta di* **bello:**

1. Era un _____ giorno d'estate.
2. Ho comprato un _____ oggetto per il suo compleanno.
3. Abbiamo fatto una _____ gita in montagna.
4. Il tempo sarà _____ anche domani.
5. Che _____ denti! E che _____ sorriso!
6. C'è una _____ attrice in questo film.
7. No, non è stato un _____ scherzo.

c. *Descrivere una faccia che conosce bene, come la Sua o una che tutti conoscono, quella di* **Monna Lisa.** *Usare frasi come:* **ho (ha) i capelli lunghi, ho (ha) le labbra grosse.** *Finire con un'analisi psicologica.*

INTERROGATIVES[1]

A. The most common interrogative adverbs are:

come *how*   **come mai** *how come*   **dove** *where*   **quando** *when*   **perchè** *why*

1. In sentences beginning with one of the above interrogative adverbs, the subject is placed at the end of the sentence.

   Dove studia l'italiano Mario?
   Where does Mario study Italian?

2. **Perchè** and **come mai** allow for two positions for the subject: at the end of the sentence or before the verb.

   Perchè studia l'italiano Mario?
   Perchè Mario studia l'italiano?
   Why does Mario study Italian?

B. The interrogative adjectives are:

quanto(-a, -i, -e) *how much, how many*   **che** *what, what kind*
quale, quali *which, what*

As with all adjectives, the interrogative adjectives agree in gender and in number with the nouns they modify except for **che,** which is invariable.

Quanto tempo avete?	Che tempo ha fatto ieri?
How much time do you have?	*What was the weather like yesterday?*
Che frutta vende?	Quanti figli ha?
What kind of fruit does he sell?	*How many children do you have?*
Quanta birra hanno comprato?	In quale città è nato?
How much beer did they buy?	*In which city were you born?*

1. **Quale** implies a choice between two or more alternatives whereas **che** is used in more general terms. In modern usage, however, **quale** and **che** are often used interchangeably.

   Che (quali) libri usiamo?
   What books are we using?

C. The interrogative pronouns are:

chi *who, whom*   **che, cosa, che cosa** *what*   **quanto (-a, -i, -e)** *how much, how many*
                                    quale, quali *which (one), which (ones)*

Chi legge i fumetti?	Quanti hanno detto di sì?
Who reads comic strips?	*How many said yes?*

---

1. Remember that an Italian question is written in the same way as a statement: **Mario abita in Italia. Mario abita in Italia?** The subject may be placed either at the beginning of a question or at the end of a question: **Mario abita in Italia? Abita in Italia Mario?**

Che cosa (che, cosa) ha detto?
What did you say?

Quali hai preso?
Which ones did you take?

1. The prepositions such as **di, a** and **con** always precede the interrogative pronoun **chi.**

Di chi parliamo?
Whom are we talking about?

A chi dai questi fiori?
To whom are you giving these flowers?

Con chi uscite stasera?
With whom are you going out tonight?

2. When **di chi** is used with the meaning *whose*, the verb follows immediately.

Di chi è quel cane?
Whose dog is that?

Di chi sono i libri?
Whose books are they?

3. **Che cosa + essere** is used to ask for a definition.

Che cosa è la semiotica?
What is semiotics?

Quale, qual/quali + essere is used to ask for information.

Qual è la differenza?
What is the difference?

D. All interrogatives may be used in indirect questions.

Non so di chi parlate.
I don't know whom you are talking about.

Voglio sapere quale hai scelto.
I want to know which one you chose.

E. Remember that a statement can be made interrogative by adding one of the following expressions to it. They are the equivalent to the English *are you? aren't you? do you? don't you? won't you? right?* etc.

non è vero?   è vero?   vero?   no?

Lei è americano, non è vero?
You are American, aren't you?

Lei non parla italiano, vero?
You don't speak Italian, do you?

1. **Va bene?** *(is that all right?)* or **d'accordo?** *(agreed, OK?)* are used when an action is proposed and confirmation or acceptance is expected.

Stasera mangiamo al ristorante, va bene?
Tonight we'll eat in a restaurant, OK?

Allora ci vediamo alle cinque, d'accordo?
So we'll meet at five, OK?

2. **Davvero** *(really)* is used when reacting to news.

— Carlo e Sofia sono già partiti.   — Davvero?
— *Charles and Sophie have already left.*   — *Have they?*

— Chi mi assicura che sei stato in banca fino a quest'ora?

ESERCIZI

a. *Le seguenti frasi sono risposte. Formulare domande usando parole interrogative.*

Esempio: Ha comprato *tre* paia di scarpe.   **Quante paia di scarpe ha comprato?**

1. Sono venuti *in aeroplano.*
2. Ha scritto *a Mirella.*
3. La macchina è *di Roberto.*
4. Arrivano *oggi.*
5. Hanno passato le vacanze *in Europa.*
6. La moglie di Luigi è *alta e snella.*
7. Vuole parlare *col direttore.*
8. La macchina del dottore è *quella blu.*
9. È andata al cinema *con Antonio.*
10. Avete detto *ciao.*
11. C'è *lo sciopero degli autobus.*
12. Fa *bel* tempo nel Colorado.
13. Il suo numero telefonico è *21 46 67.*
14. Nevica *da due giorni.*
15. Elena stava *dagli zii.*

b. *Tradurre:*

1. Whom did they want to see?
2. What is love? What is the meaning of the word love?
3. Who were those men?
4. What are the qualities of a good neighbor (**vicino**)?
5. Which of these is your pen?
6. Whose car is that?
7. What sort of films do you prefer to see?
8. What did you do last night?
9. Who is the author of the novel?
10. Why do you become angry so often?
11. When did you leave Italy?
12. How much did they spend?

TIME

A. Both the twelve-hour and the twenty-four hour clocks are used to tell time. Official time (for trains, buses, planes, theaters, movies, etc.) is expressed using the twenty-four hour system. After twelve o'clock (noon) one continues counting up to 24 o'clock (midnight). Following is a list of the correspondence between the two systems.

12-Hour Clock		24-Hour Clock	
12 (noon)	mezzogiorno	le dodici	12:00
1 P.M.	l'una	le tredici	13:00
2 P.M.	le due	le quattordici	14:00
3 P.M.	le tre	le quindici	15:00
4 P.M.	le quattro	le sedici	16:00
5 P.M.	le cinque	le diciassette	17:00
6 P.M.	le sei	le diciotto	18:00
7 P.M.	le sette	le diciannove	19:00
8 P.M.	le otto	le venti	20:00
9 P.M.	le nove	le ventuno	21:00
10 P.M.	le dieci	le ventidue	22:00
11 P.M.	le undici	le ventitrè	23:00
12 (midnight)	mezzanotte	le ventiquattro	24:00

The feminine definite article (**l', le**) is used before the number of the hour. It agrees in form with **ora** *(hour)* or **ore** *(hours)* which is not expressed.

l'una
1 o'clock

le due
2 o'clock

B. To indicate a fraction of an hour, from the hour to half past use **e** + the minutes elapsed, from the half hour to the hour use the next hour minus the number of minutes to go or **e** + the minutes elapsed.

le due e cinque
2:05

le tre e trenta
3:30

le due meno venticinque
1:35

le due e cinquanta
2:50

Un quarto *(a quarter)* and **mezzo** *(a half)* are also used.

le due e un quarto
le due e quindici
2:15

le tre e mezzo
le tre e trenta
3:30

le cinque meno un quarto
le cinque meno quindici
4:45

1. **Di mattina** (or **del mattino**) is used to indicate times in the A.M.

   le otto di mattina
   8 A.M.

2. P.M. can be expressed in three ways:

   del pomeriggio
   in the afternoon

   di sera (della sera)
   in the evening

   di notte
   in the night

C. To ask the time in the present and in the past use the following expressions.

Che ora è?	Che ora era?	A che ora?
Che ore sono?	Che ore erano?	*At what time?*
What time is it?	*What time was it?*	
È mezzogiorno.	Era mezzogiorno.	A mezzogiorno.
It is noon.	*It was noon.*	*At noon.*
È l'una.	Era l'una	All'una.
It is 1 o'clock.	*It was 1 o'clock.*	*At one.*
Sono le due.	Erano le due.	Alle due.
It is 2 o'clock.	*It was 2 o'clock.*	*At two.*

Note that **essere** is used in the third person singular for **mezzogiorno, mezzanotte** and **l'una** and in the third person plural for all other hours.

1. The verb **mancare** may be used to express time.

    Mancano venti minuti alle due.
    It is twenty minutes to two.

2. Note the following expressions of time:

il mese scorso	la settimana scorsa	(due) ore fa
last month	*last week*	*(two) hours ago*
il mese prossimo	la settimana prossima	fra (due) ore
next month	*next week*	*in (two) hours*
dalle (due) alle (quattro)	fino alle (quattro)	verso le (quattro)
from (two) to (four)	*until (four)*	*around (four)*

Different Ways of Expressing the Word "time"

The English word *time* corresponds to several words in Italian, depending on the idea being expressed.

1. **Ora** means *time of day, hour* or the proper time to do something.

    Signorina, ha l'ora?   Mamma, è già ora di mangiare?
    Signorina, do you have the time?   *Mother, is it time to eat yet?*

2. **Volta** expresses an instance, a single time or occasion.

    Devi farlo ancora una volta.   Sono venuti tre volte.
    You must do it once more.   *They came three times.*

3. **Tempo** refers to duration of time, a period of time, or time in the abstract.

    Avete aspettato molto tempo?   Non ho tempo ora.
    Did you wait a long time?   *I don't have time now.*

                         Il tempo è denaro.
                         Time is money.

4. **Divertirsi** is *to have a good time.*

    Ci divertiamo sempre a Roma.
    We always have a good time in Rome.

— Allora, ti aspetto **stasera alle nove sotto la palma**...

ESERCIZIO

Completare con **ora, volta,** *o* **tempo.**

1. Hanno visto il film tre _____ .
2. Jack non ha _____ per divertirsi.
3. Ogni _____ che viene lei, piove!
4. A che _____ è l'ultimo treno?
5. Bambini, è _____ di andare a dormire.
6. Tu sì che non perdi _____ !
7. Che _____ sono?

DAYS, MONTHS, SEASONS, DATES

A. I giorni della settimana *(the days of the week)*

lunedì
martedì
mercoledì
giovedì
venerdì
sabato
domenica

Days of the week are not capitalized and usually no article is necessary.

1. The preposition *on* before the names of days has no equivalent in Italian.

    Sono arrivati sabato.
    They arrived (on) Saturday.

2. The definite article is used with the days of the week (in the singular) to express an habitual action.

    Non lavorano il sabato.
    They don't work on Saturdays.

B. I mesi *(the months)*

gennaio	luglio
febbraio	agosto
marzo	settembre
aprile	ottobre
maggio	novembre
giugno	dicembre

1. Months are not capitalized and no article is necessary.

   Di solito agosto è il mese più caldo.
   Usually August is the hottest month.

2. To indicate *in* for months, **in** or **a** is used.

   In gennaio fa freddo.
   It's cold in January.

3. *On* + days of the month (*on September 1st, 2nd,* etc.) is expressed by the masculine definite article + a *cardinal number* (**due, tre,** etc.) except for *the first,* which is **il primo.**

il primo settembre	il due settembre	l'undici settembre
on September first	*on September second*	*on September eleventh*

C. Le stagioni *(the seasons)*

la primavera
l'estate
l'autunno
l'inverno

1. The names of the seasons are not capitalized and are usually preceded by the definite article.

   La primavera è la mia stagione preferita.
   Spring is my favorite season.

2. To indicate *in* for seasons, **in** or **di** is used.

   In primavera (di primavera) piove spesso.
   It often rains in Spring.

D. Gli anni *(the years)*
The definite article (masculine singular) is needed when referring to years.

Il 1929 è stato un anno molto difficile.   La guerra è finita nel 1945.
1929 was a very difficult year.   *The war ended in 1945.*

Kennedy fu presidente dal 1960 al 1963.
Kennedy was president from 1960 to 1963.

E. Following are some useful expressions concerning dates and time:

In che giorno?	Il cinque ottobre.
On what day?	*On October fifth.*
Che giorno è oggi?	È il cinque ottobre.
What day is today?	*It is October fifth.*
Quanti ne abbiamo oggi?	Ne abbiamo cinque.
What is today's date?	*It's the fifth.*
di mattina (la mattina)	di pomeriggio (nel pomeriggio)
in the morning	*in the afternoon*
di sera (la sera)	di notte (la notte)
in the evening	*at night*

— ...E piantala di chiamarmi ogni minuto per chiedermi in che anno siamo!

ESERCIZIO

Ancora domande personali . . .

1. In quale città è nato/a Lei? In che anno? In che mese? In che giorno? Sa anche a che ora?
2. Che giorno è oggi?
3. A che ora esce dall'università Lei?
4. Torna subito a casa?
5. A che ora comincia e a che ora finisce la Sua lezione d'italiano?
6. Qual è il Suo mese preferito? Qual è il Suo giorno preferito?
7. Lei studia meglio di sera, di notte o di mattina?
8. A che ora mangia di solito?

Lettura

Comunicare

(Due uomini sono seduti su una panchina in un giardino pubblico.)

Dopo un momento ha cavato° di tasca la pipa e mi ha chiesto: *took out*
« Le dà fastidio il fumo? ».

Ho fatto un mugolio° qualsiasi che lui ha scambiato° per un con-   *grumble/mistook*
senso.° Ha acceso la pipa, ha tirato° due o tre volte, poi si è voltato   *consent/puffed*
5   verso di me e mi ha detto: « Giornata di scirocco,[1] eh. Vuol
piovere », Ho risposto con improvvisa ispirazione: « Non capisco ».

« Ho detto: giornata di scirocco, vuoi vedere che piove? ».

« Le ho già detto che non capisco ».

« Ma lei per caso è sordo? ».

10   « No, non sono sordo ».

« Eppure ho parlato chiaro ».

« Ma io non ho capito. Ho percepito° il suono delle parole ma non   *ho sentito*
ho afferrato° il senso ».   *non ho capito*

« Eppure ho parlato in italiano ».

15   « Appunto° non capisco l'italiano ».   *precisely*

« Ma se lei parla, sta parlando in italiano? ».

---

1. **scirocco**: a warm wind from the South, typical of Mediterranean countries.

« Lo parlo, ma non lo capisco, che c'è di strano? ».

Ha roteato° gli occhi, sconcertato, perplesso; quindi° dopo un momento mi ha indicato una macchina ferma presso il marciapiede°, un'utilitaria° con tutto un parafango schiacciato°: « È
5 sua quella macchina? Ha preso una bella botta° eh ».

Ho guardato in direzione della macchina e ho detto:

« Ma quale macchina? »

« Quella macchina lì ».

« Non vedo nessuna macchina ».

10 « Come, vorrebbe dirmi che non vede quella macchina? ».

« Vedo una macchia, una lunga macchia color blu scuro. Ma quanto a° vedervi una macchina . . . ».

« Ma lei è miope? »

« No, ci vedo benissimo ».

15 « Dunque lei parla l'italiano ma non lo capisce, vede una macchia ma nega che sia una macchina . . . Caro signore, se si hanno le lune per traverso e non si vuole comunicare, si dice: « Scusi, non ho voglia di parlare » ma non ci si beffa di qualcuno° che, oltre tutto, ha più anni di lei e ha tutto il diritto di essere rispettato ».

20 Così dicendo si è alzato e sbuffando° e gonfiando il petto,° pieno di dignità e di rabbia, si è allontanato.

he rolled poi

sidewalk/compact car/crushed fender/It really took a beating

as far as

one doesn't make fun of someone

huffing/expanding his chest

Alberto Moravia, « L'intimità »

Parole da ricordare

accendere	*to light* (**la pipa, una sigaretta**); *to turn on* (**la radio, la luce, la televisione**); *to turn off* is **spegnere**
allontanarsi	*to walk away, go away*
avere le lune (la luna) per traverso	(lit. *to have one's moons crossed*) *to be in a bad mood*
beffarsi di una persona	*to make fun of a person*
dare fastidio (noia) a una persona	*to bother a person;* **Le dà fastidio . . . ?** *Do you mind . . . ?*
negare	*to deny*
eppure	*and yet*
improvviso	*sudden;* **improvvisamente** *suddenly*
la macchia	*blur;* also *spot, stain;* **macchiato** *spotted, stained*
miope	*nearsighted*
scuro	*dark (the opposite is* **chiaro** *light)*
sordo	*deaf;* **sordomuto** *deaf-mute*

Studio di parole

to raise, to rise

alzare

to raise, to cause to rise

Used with a direct object.

Perchè hai alzato la mano?
Why did you raise your hand?

aumentare

to raise, to increase

Hanno aumentato il prezzo del caffè.
They raised the price of coffee.

alzarsi

to get up, to stand up

La domenica mi alzo sempre tardi.
On Sundays I always get up late.

essere alzato (in piedi)

to be up

Sono le sei e la mamma è già alzata (in piedi).
It's six o'clock and mama is already up.

Related word: **un aumento** (*a raise*)

to turn

voltare

to cause to turn, to turn

Used with a direct object.

Ho voltato l'automobile e sono tornato a casa.
I turned the car around and went home.

voltarsi

to turn (oneself) around

Mi sono voltato a guardare
I turned around to look.

CONVERSAZIONE SULLA LETTURA

1. Che cosa risponde Lei quando qualcuno Le domanda se può fumare?
2. Lei è capace di dire di no a una richiesta sgradita?
3. Chi fuma la pipa nel racconto: "lui" o "io"?
4. In generale, di che cosa parlano le persone quando vogliono attaccar discorso?
5. In che modo "io" comunica a "lui" che non vuole comunicare?
6. Lei trova strane le sue risposte?
7. Qual è l'espressione che significa "essere di cattivo umore"?
8. Secondo Lei, "io" ha voluto beffarsi di "lui"?
9. Chi è il più vecchio dei due uomini?
10. Le persone più vecchie hanno il diritto di essere rispettate?

TEMI PER COMPONIMENTO O DISCUSSIONE

1. È possibile evitare le persone che non ci piacciono? Come?
2. Immaginare una situazione simile a quella descritta nella lettura: due persone sono sedute una vicina all'altra su una panchina in un giardino pubblico. Una ha voglia di parlare, l'altra no. Che cosa si dicono?
   (This could be used for several classroom skits.)

- *Passato prossimo vs. imperfetto*
- **Direct Object Pronouns**
- **Agreement of the Past Participle with Direct Object Pronouns**
- **Negatives**
- **Possessive Adjectives and Pronouns**
- **Lettura:** *La stanza*

Grammatica

IL PASSATO PROSSIMO VS. L'IMPERFETTO

The **passato prossimo** and the **imperfetto** have specific uses and express different things about the past. They cannot be used interchangeably without affecting the meaning of a sentence. The meaning you want to convey will dictate the choice of the tense.

A. The **passato prossimo** is a narrative tense and is used to report or narrate an event or an action that was completed in the past. It answers the question: What happened? It corresponds to three forms of the English past tense:

abbiamo studiato
we studied, we have studied, we did study

sei venuto
you came, you have come, you did come

The action expressed is always a completed action. It does not matter whether it lasted a short or long time, or whether it took place once or a specified number of times.

Ieri **ho aspettato** l'autobus quasi un'ora.
Yesterday I waited almost an hour for the bus.

Domenica scorsa Mario mi **ha telefonato** quattro volte!
Last Sunday Mario called me four times!

Sono stati a Roma sette anni.
They were in Rome seven years.

B. The **imperfetto** is a descriptive tense and is used to describe a past action in progress, that is an action in the past that was not completed. It answers the question: What was going on?

The **imperfetto** corresponds to three forms of the English past tense:

studiavamo
we were studying, we used to study,
we studied

venivi
you were coming, you used to come,
you came

1. It is used to indicate an habitual action (what used to happen).

    Pioveva sempre.
    It rained all the time.
    It kept on raining all the time.

2. It is used to describe a past condition (physical, mental or emotional) that has no specific beginning or end.

    Il bambino **aveva** paura del buio.
    The child was afraid of the dark.

    However, a change in a physical mental or emotional state at a definite past time is expressed by the **passato prossimo.**

    Ho avuto paura quando la polizia mi ha fermato.
    I became afraid when the police stopped me.

    It is generally used with **essere** and **avere** and with verbs indicating mental states, such as **amare, credere, desiderare, pensare, potere, sapere, sperare, volere,** etc.

3. It is used to state time, age, and weather in the past.

    Pioveva ma **faceva** caldo.
    It was raining, but it was warm.

    Quanti anni **avevi** quando ti sei sposato?
    How old were you when you got married?

    Era mezzanotte quando sono tornata a casa.
    It was midnight when I returned home.

C. The **imperfetto** and the **passato prossimo** are often used together in the same sentence. The **imperfetto** describes the circumstances or conditions that accompany the main event which is expressed by the **passato prossimo.**

Siamo arrivati alla stazione proprio mentre il treno **partiva.**
We got to the station just as the train was leaving.

Era mezzanotte e tutti **dormivano.** I ladri **hanno rotto** una finestra e **sono entrati.**
It was midnight and everyone was sleeping. The thieves broke a window and went in.

Erano appena le nove, troppo presto per andare dall'avvocato: così **si sono seduti** in un caffè.
It was barely nine o'clock, too early to go to the lawyer's, so they sat down at a café.

— Non intendevo questo quando
ho detto che volevo cenare fuori.

ESERCIZI

a. *Mettere le seguenti frasi al passato. Un verbo sarà al passato prossimo, l'altro all'imperfetto.*

1. Non mangio molto perchè non ho appetito.
2. Dà fastidio a tutti perchè parla troppo.
3. Dato che piove, stiamo a casa.
4. Noi non usciamo perchè non ci sentiamo bene.
5. Dato che hai mal di testa, prendi due aspirine.
6. Non telefonano perchè non ricordano il numero.
7. Non scrivete perchè non avete l'indirizzo?

b. *Mettere o all'imperfetto o al passato prossimo, usando le espressioni fra parentesi.*

1. Mangio alla mensa. (di solito) (ieri sera)
2. Prendi l'autobus. (tutti i giorni) (oggi)
3. Non fanno colazione. (stamattina) (di solito)
4. Uscite soli. (ogni sera) (quella volta)
5. Piove. (tutte le mattine) (ieri)
6. Andiamo al cinema. (il sabato) (sabato scorso)
7. Si vedono. (il 5 agosto 1978) (ogni estate)
8. Si arrabbia per poco. (ieri) (in generale)

c. *Completare le seguenti frasi:*

1. Non ho telefonato perchè . . .
2. Non ho pulito la stanza perchè . . .
3. Non mi sono alzato/a perchè . . .
4. Non ho mangiato la minestra perchè . . .
5. Non sono tornato/a presto perchè . . .
6. Non ho aspettato perchè . . .
7. Non sono venuto/a a lezione perchè . . .

d. *Mettere al passato scegliendo il tempo opportuno (o imperfetto o passato prossimo).*

1. La bambina non sta bene: è a letto con la febbre, è calda e agitata. La mamma chiama il dottore. Il dottore viene, visita la bambina e dice che si tratta di un attacco d'appendicite e che bisogna operarla; che lui consiglia di portarla all'ospedale a Roma.

2. Sento la sveglia e mi alzo. Vado subito nel bagno, faccio la doccia e mi vesto. Poi vado in cucina. Il mio compagno di camera dorme ancora e russa *(is snoring)* come un camion carico in salita. Scendo le scale di corsa e vado a bere un caffè nel bar sotto casa perchè così, a stomaco vuoto, non mi sento troppo in forma. Salgo sulla mia Ferrari al solito posteggio, innesto la marcia e parto come un razzo. Subito mi accorgo che dietro di me c'è una macchina. Accelero e anche la macchina accelera. È una Cadillac nera 1960. Guardo bene nello specchietto retrovisivo *(rear view mirror)*. La guida un tizio *(a guy)* grosso con gli occhi gialli, una specie di gorilla che ha anche una cicatrice *(a scar)* sulla spalla destra. Vedo che la sua giacca, dalla parte sinistra, ha un rigonfiamento *(bulge)*. Mi infilo in *(turn on to)* una strada deserta, freno di colpo, poi salto giù.

(Adapted from Carlo Manzoni)

Verbs with Different Meanings in the *imperfetto* and the *passato prossimo*

Certain verbs have different meanings when used in the **imperfetto** (to describe a physical, mental or emotional state) and the **passato prossimo** (to report an event or a changed state). Compare:

conoscere	Conoscevo un industriale. *I knew an industrialist.*	Ho conosciuto un industriale. *I met an industrialist.*
dovere	Dovevo fare molte cose. *I was supposed to do many things.*	Ho dovuto fare molte cose. *I had to do many things (and did).*
potere	Potevo sentire tutto. *I could hear everything.*	Ho potuto sentire tutto. *I managed to hear everything.*
	Non avevano detto che potevano venire? *Didn't they say they could come?*	Sì, però non hanno potuto. *Yes, but they were unable to.*
sapere	Sapevo che Mario era sposato. *I knew Mario was married.*	Ho saputo che Mario era sposato. *I found out that Mario was married.*
volere	Volevano offrire il caffè. *They wanted to offer coffee (did they?).*	Hanno voluto offrire il caffè. *They insisted upon offering coffee and they did.*
	Non voleva rispondere. *He didn't want to answer.*	Non ha voluto rispondere. *He refused to answer.*

— E io ti dico che la nave che è passata
mezz'ora fa, al largo, non era molto grossa!

ESERCIZI

a. *Mettere l'infinito fra parentesi o all'imperfetto o al passato prossimo.*

1. La sorella di Carlo (nascere) _____ quando lui (avere) _____ due anni.
2. Ragazzi, quante volte (andare) _____ al cinema la settimana scorsa? Quanti film (vedere) _____ ?
3. Che tempo (fare) _____ quando voi (uscire) _____ ? (Piovere) _____ già?
4. Paolo ieri (stare) _____ a casa perchè (avere) _____ un raffreddore terribile.
5. — Luisa, perchè (comprare) _____ i pesci? — Perchè (costare) _____ poco, Signora.
6. Durante la lezione lui (chiedere) _____ spesso spiegazioni.
7. Eccomi a Milano: ieri, a quest'ora, (essere) _____ a San Francisco.
8. L'anno scorso non (cadere) _____ molta neve.
9. Domenica noi (rimanere) _____ a casa tutto il giorno.
10. Qualche volta, la domenica, Luigi (pranzare) _____ con noi.

b. *Tradurre:*

1. Who was supposed to bring the wine?
2. She said she didn't feel like going out.
3. I had to (and did) buy two tickets.
4. She was always so tired she couldn't eat.
5. The boy sat down in a corner.
6. They said they couldn't come because they were too busy.
7. — It was one o'clock, wasn't it? — No, it was almost two.
8. The house was dark and looked empty.
9. Was he able to buy the car he wanted?
10. When I saw it was late, I returned home.

c. *Rispondere alle seguenti domande:*

1. Ha conosciuto molte persone interessanti l'estate scorsa? Dov'è stato/a?
2. Ha bevuto del vino ieri?
3. Cos'ha fatto ieri quando è uscito/a dall'università?
4. Come ha passato il week-end?
5. Ha visto un bel programma alla televisione questa settimana?
6. Quali sono tre cose che voleva fare e che non ha potuto fare quest'anno?

DIRECT OBJECT PRONOUNS

A. The direct object is that which is acted upon directly by the verb. Not all verbs can take a direct object. Those that can take a direct object (e.g., *to see, to find, to eat*) are called transitive verbs. Those that cannot take a direct object (e.g., *to come, to wait up for, to think about*) are called intransitive verbs. In English intransitive verbs are either verbs of motion, being and state or verbs which must be followed by a preposition. The forms of the direct object pronouns are:

		Singular		Plural
1st person	mi	*me*	ci	*us*
2nd person	ti	*you (informal)*	vi	*you (informal)*
	La	*you (formal)*	Li, Le	*you (formal)*
3rd person	lo	*him, it*	li	*them (m)*
	la	*her, it*	le	*them (f)*

1. Italian direct object pronouns normally precede a conjugated verb:

    Mi ama, non **mi** ama.
    He loves me, he loves me not.

    Lei compra i biscotti, io **li** faccio.
    She buys cookies; I make them.

    — Conoscete Luigi?   — Sì, **lo** conosciamo bene.
    —*Do you know Luigi?*   —*Yes, we know him well.*

2. **Lo, la** (and less often **mi, ti, ci, vi**) drop their final vowel before a verb beginning with a vowel or before the verbs **ho, hai, ha, hanno** from **avere**. The plural forms **li, le, Li, Le** are *never* elided.

    Ti aiuto quando posso.
    I help you when I can.

    Abbiamo la televisione, ma non l'accendiamo mai.
    We have T.V. but we never turn it on.

    L'italiano? **L'**hanno imparato in Italia.
    Italian? They learned it in Italy.

    Li invitate a cena.
    You invite them to supper.

3. Direct object pronouns normally follow an infinitive and are attached to it (the infinitive drops the final **e**).

    Perchè fingi di non conosce**rmi**?
    Why do you pretend not to know me?

    Ho voglia di comprar**lo.**
    I feel like buying it.

4. If the infinitive is governed by the verbs **dovere, potere, volere,** the pronouns may either be attached to the infinitive or be placed before the entire verb phrase:

Voglio invitar**ti.**

Ti voglio invitare.

I want to invite you.

Dobbiamo aiutar**la.**

La dobbiamo aiutare.

We must help her.

B. **Ecco** *(here is, here are, there is, there are)* draws attention to one or more persons or things physically present. It can also refer to abstract nouns.

Ecco il caffè.

Here is the coffee.

Ecco le riviste.

Here are the magazines.

Ecco la riposta giusta.

Here's the right answer.

1. **Ecco** is not the same as **c'è, ci sono** *there is, there are;* the latter does not refer to immediate presence but to general existence in space or time.

Ecco i tuoi vestiti.

Here are your clothes.

Ecco il libro che cercavi.

There's the book you were looking for.

— **Ci sono** degli studenti qui?

—*Are there students here?*

Ci sono dei bei vestiti nei negozi del centro.

There are fine clothes in the stores downtown.

C'è un libro molto interessante dal libraio.

There's a very interesting book at the bookstore.

— **Ecco** gli studenti.

—*Here are the students.*

2. When **ecco** is used with a pronoun (rather than a noun), the pronoun is a direct object pronoun.

		eccoci	*Here we are.*
ecco**mi**	*Here I am.*	eccovi	
ecco**ti**		ecco**Li**	*Here you are.*
ecco**La**	*Here you are.*	ecco**Le**	
ecco**lo**	*Here he (it) is.*	eccoli	*Here they (m.) are.*
ecco**la**	*Here she (it) is.*	eccole	*Here they (f.) are.*

C. Some verbs which take a direct object in Italian require a preposition before the object in English.

ascoltare	*to listen to*
chiedere	*to ask for*
pagare	*to pay for*
aspettare	*to wait for*
guardare	*to look at*
cercare	*to look for*

Amo la musica; l'ascolto spesso.

I love music; I often listen to it.

Se vuoi il conto, devi chieder**lo.**

If you want the check, you must ask for it.

È un bel libro: quanto l'hai pagato?

It's a fine book: how much did you pay for it?

Avete trovato le chiavi o **le** cercate ancora?

Have you found the keys or are you still looking for them?

— Mi ha visto mentre stavo per sparargli.

ESERCIZI

a. *Sostituire al complemento oggetto* (direct object) *il pronome corrispondente:*

1. Non prende mai la medicina.
2. Voltano le pagine.
3. Preferisco i romanzi storici.
4. Lui non porta ancora il cappotto.
5. Fingiamo di non vedere il professore.
6. Guardavo le onde.
7. Quando paghi il conto?
8. Ascoltiamo la radio ogni giorno.

b. *Completare le seguenti frasi con la forma corretta del pronome:*

1. Quando scrivi una lettera, perchè non _____ spedisci subito?
2. Quando trovo un errore, _____ correggo.
3. Studiano i verbi ma _____ dimenticano.
4. Porto gli occhiali da molto tempo; _____ porto da dodici anni!
5. Ecco le riviste; io non ho voglia di legger _____.
6. Quando vediamo un vigile (*traffic cop*), _____ fermiamo.
7. Il signore al giardino pubblico capisce l'italiano ma non _____ parla.

The Invariable Pronoun *lo*

1. The invariable pronoun **lo** is used with the verbs **essere, diventare, sembrare** to replace an adjective, a noun, or an entire phrase. It is the equivalent of *it, one,* or *so* in English though often it is not expressed in English.

Mio padre è italiano, ma mia madre non **lo** è.

My father is Italian, but my mother isn't.

Sembravano persone oneste, ma non **lo** erano.

They looked like honest people, but they weren't.

— Scusi, signorina, Lei è femminista? — Sì, **lo** sono.

—*Excuse me, Miss, are you a feminist?* — *Yes, I am [one].*

— Carlo è dottore? —No, non **lo** è, ma **lo** diventerà presto.

— *Is Carlo a doctor?* — *No, he isn't but he'll become one soon.*

2. **Lo** is also used with **credere** or **pensare** *to think,* **sperare** *to hope,* **sapere** *to know,* **dire** *to tell,* **chiedere** *to ask* to express the object of the verb which is understood.

Lo credi?
Do you think so?

— Può andare in Italia? — **Lo** spero davvero.
— *Can you go to Italy?* — *I really hope so.*

Non **lo** sappiamo.
We don't know.

Chi l'ha detto a Elena?
Who told Elena?

3. With some verbs **lo** can be replaced by **di sì** in affirmative sentences, and by **di no** in negative sentences.

Credo (penso) **di sì; lo** credo.
I think so.

Credo (penso) **di no;** non **lo** credo.
I don't think so.

Dicono **di sì.**
They say yes.

Dicono **di no.**
They say no.

AGREEMENT OF THE PAST PARTICIPLE WITH DIRECT OBJECT PRONOUNS

The past participle of a verb conjugated with **avere** is invariable when a direct object noun follows, but if instead there is a third person direct object pronoun (**lo, la, li, le**) before the verb, the past participle agrees with it in gender and number.

Ho mangiato la pizza. *(no agreement)*
I ate the pizza.

— Hai aperto le lettere? — No, non **le** ho aperte.
— *Did you open the letters?* — *No, I didn't open them.*

L'ho (**la** ho) mangiata tutta *(agreement)*
I ate it all.

Ho comprato dei bei dischi. **Li** ho pagati troppo, però!
I bought some beautiful records. I paid too much for them, though!

Note that the singular direct object pronouns **lo** and **la** are elided with the forms of **avere** which follow, but the plural forms **le** and **li** are not elided.

1. The direct object pronoun **La** *you* (formal) is considered masculine if the person addressed is male, feminine if female, and the past participle agrees accordingly.

Professore, scusi se non L'ho salutato.
Excuse me, Professor, if I didn't greet you.

Signora, scusi se non L'ho salutata.
Excuse me, Madam, if I didn't greet you.

2. The agreement of the past participle with the other direct object pronouns **mi, ti, ci, vi** is optional.

Mamma, dov'eri? Non **ti** ho visto (vist**a**).
Mother, where were you? I didn't see you.

Ragazzi, **vi** abbiamo cercato (cerc**ati**) dappertutto.
Boys, we looked for you everywhere.

3. An object may be placed at the beginning of a sentence, before the verb, for emphasis. In such cases, the corresponding direct object pronoun is used after the noun and the subject, if expressed, follows the verb.

I soldi **li** ha lui.
He has the money.

Le scarpe **le** ho comprate in Italia.
I bought the shoes in Italy.

Il caffè **lo** prendiamo dopo.
We'll have the coffee later.

— La stoffa che ho comprato per coprire le poltrone, l'ho pagata veramente una sciocchezza.

ESERCIZI

a. *Rispondere affermativamente alla prima persona singolare usando pronomi.*

Esempio: — Ha visto gli amici?   — **Sì, li ho visti.**

1. Ha studiato la lezione?
2. Ha scritto le lettere?
3. Ha aiutato la mamma?
4. Ha tradotto il racconto?
5. Ha preso i guanti?
6. Ha comprato le sigarette?

b. *Tradurre:*

1. I didn't receive your letter. When did you mail **(impostare)** it?
2. I can't find the exams. Perhaps I left them at home.
3. You don't have the car? You sold it?
4. He opened the windows and I closed them.
5. She feels tired because she didn't sleep well.
6. They missed **(perdere)** a good opportunity **(occasione,** *f*).
7. We saw them when they came in.

NEGATIVES

A. A sentence is made negative by placing **non** *(not)* before the verb. Only object pronouns are placed between **non** and the verb.

Maria Luisa capisce il francese.
Marie Louise understands French.

Maria Luisa non capisce il francese.
Marie Louise doesn't understand French.

Ho comprato una pipa.
I bought a pipe.

Non ho comprato una pipa.
I didn't buy a pipe.

Quando mi vede, non mi saluta.
When he sees me he doesn't greet me.

B. Other words may be used with **non** and the verb to form a negative sentence. The most common of these are:

non . . . affatto	*not at all*
non . . . ancora	*not yet*
non . . . che	*only*
non . . . mai	*never*
non . . . mica	*not at all, not in the least*
non . . . nè . . . nè . . .	*neither . . . nor*
non . . . neanche (nemmeno) (neppure)	*not . . . even*
non . . . nessuno *(pronoun)*	*nobody, no one, not . . . anybody*
non . . . nessuno *(adjective)*	*no, not . . . any*
non . . . niente (nulla)	*nothing, not . . . anything*
non . . . più	*no longer, no more, not . . . again*

When one of these words follows the verb, **non** is placed in front of the verb. The result is a double negative which is normal in Italian.

Non sono **affatto** stanco.
I'm not tired at all.

Non è **mica** stupido.
He is not stupid at all.

Non abbiamo **che** cinque dollari.
We only have five dollars.

Non conosco **nè** Firenze **nè** Roma.
I know neither Florence nor Rome.

Non li vediamo **più**.
We don't see them anymore.

1. **Non** is omitted when the negative word is placed before the verb.

Nessuno è perfetto.
Nobody is perfect.

Niente è facile.
Nothing is easy.

Neanche noi paghiamo.
We don't pay either.

Nè Lorenzo **nè** Teresa capiscono.
Neither Lorenzo nor Teresa understands.

2. **Niente (nulla)** and **nessuno** can be used in a question without **non** to mean *anything* or *anyone.*

Hai bisogno di **niente?**
Do you need anything?

Ha riconosciuto **nessuno?**
Did you recognize anyone?

3. Negative words when used alone (without a verb) do not require **non.**

— Chi capisce?   — **Nessuno.**   — Che cosa fai?   — **Niente.**
— Who understands?   — No one.   — What are you doing?   — Nothing.

4. Several negative words can be used in the same sentence.

Non diamo **mai niente** a **nessuno.**
We never give anything to anyone.

C. To express *no, not . . . any* with a plural noun, use either a negative verb and the plural noun or a negative verb and the singular noun preceded by the appropriate form of **nessuno.**

Non leggo giornal**i.**   **Non** vedo macchine.
Non leggo **nessun** giornale.   **Non** vedo **nessuna** macchina.
I read no newspapers. (I don't read   I see no car. (I don't see any cars.)
   any newspapers.)

D. To express *no, not . . . any* with a singular noun, use either a negative verb and the singular noun alone or a negative verb and the singular noun preceded by **niente.** The latter construction stresses quantity.

Non hanno **tempo.**   **Non** hanno **niente zucchero.**
They have no time.   They have no sugar.

— **Non so perché, ma oggi non
sembra neanche domenica!...**

ESERCIZI

a. *Rispondere alle domande usando una delle espressioni negative suggerite.*

non . . . nessuno   non . . . più   non . . . affatto
non . . . niente   non . . . mai   non . . . ancora

1. — Conosce qualcuno a Milano? — No, non . . .
2. Sale sempre con l'ascensore *(elevator)?*
3. Ha visto qualcosa?
4. Un sordo ci sente?
5. Sono ancora *(still)* in sciopero i postini?
6. Sa già parlare il bambino?
7. Vendono ancora i gelati?

b. *Tradurre:*

1. They never read anything; they don't even read the paper!
2. There was nobody behind the door.
3. Nobody speaks Italian in this town.
4. They don't sell any ice-cream in the winter.
5. We never drink any coffee in the evening.
6. It isn't cold at all: it is warm!
7. The children weren't bothering anyone.
8. She has no other girl-friend.
9. They no longer live in Italy.
10. Gentlemen, you haven't come to an agreement yet, have you?

POSSESSIVE ADJECTIVES AND PRONOUNS

A. The same forms are used for both the possessive adjectives and the possessive pronouns.

	Singular		Plural	
	Masculine	Feminine	Masculine	Feminine
my/mine	il mio	la mia	i miei	le mie
your/yours	il tuo	la tua	i tuoi	le tue
your/yours (formal)	il Suo	la Sua	i Suoi	le Sue
his/hers/its	il suo	la sua	i suoi	le sue
our/ours	il nostro	la nostra	i nostri	le nostre
your/yours	il vostro	la vostra	i vostri	le vostre
your/yours (formal)	il Loro	la Loro	i Loro	le Loro
their/theirs	il loro	la loro	i loro	le loro

B. The possessive forms precede the noun they modify. They agree with the noun in gender and number.

la mia classe
my class

i nostri professori
our teachers

1. No distinction is made between *his* and *her.* The possessive agrees with the object possessed, not with the person who possesses it.

l'uomo e **la sua** pipa
the man and his pipe

la donna e **il suo** cane
the woman and her dog

Paolo e **il suo** amico
Paolo and his friend

Francesca e **il suo** amico
Francesca and her friend

2. If clarification is needed, **di lui** or **di lei** are used:

l'amico di lui   l'amico di lei
his friend   *her friend*

The English *of mine, of yours (a friend of mine, this friend of mine, two friends of mine)* is expressed by the simple possessive form placed before the noun. There is no equivalent for the *of* in these constructions.

un mio amico   questo mio amico   due miei amici
a friend of mine   *this friend of mine*   *two friends of mine*

3. Note the contractions which occur when the possessive forms are preceded by a preposition.

davanti **alla mia** porta   **dalle tue** finestre   **nei suoi** occhi
in front of my door   *from your windows*   *in his/her eyes*

C. There are other expressions indicating possession.

1. **Il proprio, i propri, la propria, le proprie** correspond to the English *one's* or *one's own*. They are used in impersonal expressions:

Bisogna riconoscere **i propri** errori.   È necessario ascoltare **la propria** coscienza.
One must recognize one's mistakes.   *It is necessary to listen to one's conscience.*

The forms of **il proprio** can be used to reinforce another possessive or to replace **suo** or **loro** when the possessor is the subject of the sentence, or when the subject is indefinite.

L'ho visto **coi miei propri** occhi.   Lui è contento **del proprio** lavoro.
I saw it with my own eyes.   *He is pleased with his job (the job he has).*

Tutti amano **il proprio** paese.
Everybody loves his own country.

2. **Altrui** is an invariable possessive adjective meaning *other people's*.

Non bisogna desiderare la roba **altrui**.   Perchè ti interessano tanto i fatti **altrui**?
One must not covet the posses-   *Why are you so interested in other*
sions of others.   *people's business?*

D. In some Italian expressions the possessive forms are used without the article and are often placed after the noun.

a casa mia (sua, etc.)	*at my (his, etc.) house*	a vostro favore	*in your favor*
è colpa tua	*it is your fault*	in loro onore	*in their honor*
da parte sua	*on his behalf*	Sono affari miei.	*It's my business.*
in vita nostra	*in our life*	Mamma mia!	*Heavens!*
a suo vantaggio	*to his advantage*	Tesoro mio!	*My darling!*
a nostra disposizione	*at our disposal*	Dio mio!	*My goodness!*

The Possessive with Kinship Terms

A. The possessive is used *without* the article when talking about relatives in the singular (with the exception of **loro** which always keeps the article):

mio	zio	*but*	i miei	zii
tuo	cugino		i tuoi	cugini
sua	sorella		le sue	sorelle
nostra	cugina		le nostre	cugine
vostra	madre		le vostre	madri
il loro	fratello		i loro	fratelli

1. If the noun expressing a family relationship is modified by an adjective or a suffix, the article is retained:

mio marito	*but*	il mio futuro marito	*my future husband*
nostra zia	*but*	la nostra povera zia	*our poor aunt*
tuo cugino	*but*	il tuo cuginetto	*your little cousin*

B. The most common kinship terms are:

marito, moglie	*husband, wife*
padre, madre	*father, mother*
nonno, nonna	*grandfather, grandmother*
zio, zia	*uncle, aunt*
figlio, figlia	*son, daughter*
fratello, sorella	*brother, sister*
cugino, cugina	*cousin, m; cousin, f*
il/la nipote	*nephew, niece, grandchild*
suocero, suocera	*father-in-law, mother-in-law*
cognato, cognata	*brother-in-law, sister-in-law*

Papà (**babbo** in Tuscany) and **mamma** are considered modified kinship terms and retain the article.

il mio papà   la mia mamma (*many Italians say* mia mamma)

ESERCIZIO

Inserire la forma corretta di **il suo** *o* **il loro**:

1. Nella scatola ci sono cento fogli con _____ buste.
2. L'albero ha perso tutte _____ foglie.
3. Quale madre non ama _____ figli?
4. Ogni regione italiana ha _____ storia e _____ caratteristiche.
5. Hanno avuto _____ problemi.
6. Non capisco gli Italiani e _____ politica.
7. Luigi cerca _____ cappotto.

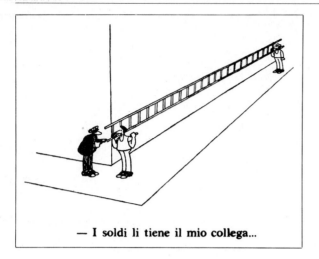

— I soldi li tiene il mio collega...

Possessive Pronouns

Possessive pronouns have the same forms as possessive adjectives. They agree in gender and number with the nouns they replace.

Mi dai la tua penna? Ho perso **la mia.**   I tuoi fiori sono belli; anche **i nostri** lo sono.
Will you give me your pen? I've lost mine. Your flowers are beautiful; ours are, too.

1. Possessive pronouns normally retain the article, even when they refer to relatives.

   Mio marito sta bene; come sta **il tuo?**   Suo padre ha parlato **col mio.**
   My husband is well; how is yours?   *Your father spoke with mine.*

2. The masculine plural forms **i miei, i tuoi, i Suoi,** etc. are used to refer to relatives, family, close friends, followers.

   Tanti saluti **ai tuoi.**
   Best regards to your family.

3. When possessive pronouns are used after **essere,** the article is usually omitted.

   È **Sua** quella macchina?   Questi dischi sono **Suoi?**
   Is that car yours?   *Are these records yours?*

   Quel che è **mio** è **tuo.**
   What is mine is yours.

   The article is retained if emphasis is desired or a distinction needs to be made.

   Questa è **la mia** macchina. Quella là è **la Sua.**
   This is my car. That one is yours.

Important Differences in Possessive Use between Italian and English

Possessives are used less frequently in Italian than in English. They are usually omitted when possession is obvious.

Ho lasciato l'ombrello al ristorante.   Hai cambiato idea.
I left my umbrella at the restaurant.   *You have changed your mind.*

1. This is particularly true in reference to parts of the body or items of clothing.

Dorme sempre con la bocca aperta.   Perchè scuoti sempre la testa?
He always sleeps with his mouth open.   *Why do you always shake your head?*

Perchè non portate i guanti?
Why don't you wear your gloves?

2. When there is a group of things and several people each have one, the singular form is used to refer to the thing possessed. The idea is that each person has only one such item.

Perchè non portate **il cappotto?**
Why don't you wear your coats?

3. Possession in expressions such as *my book and Mary's, your children and Robert's* is rendered in Italian by a form of **quello** + **di** + the possessor:

il mio libro **e quello di Maria**
my book and Maria's (my book and that of Maria)

4. For expressions such as *at/to my brother's, at/to the butcher's,* etc. *(house, home or shop* is normally understood in such cases), the preposition **da** is used in Italian:

Elena abitava **dagli zii.**   Siete andati **dall'avvocato?**
Elena was living at her aunt and uncle's.   *Did you go to the lawyer's?*

Ci piace mangiare **da Luigi.**
We like to eat at Luigi's.

ESERCIZI

a. *Rispondere affermativamente usando i possessivi:*

1. È una foto dei vostri genitori, vero?
2. Sono i tuoi cugini?
3. Quella è la casa dei Costa, no?
4. L'idea è stata tua, vero?
5. Questo era l'appartamento di Mirella?

b. *Completare le seguenti frasi usando le forme possessive:*

Esempio: Io pago il mio caffè e tu paghi **(il tuo).**

1. Noi abbiamo invitato le nostre amiche e voi avete invitato _____ .
2. Tu hai finito il tuo lavoro ma lei non ha finito _____ .
3. Io ho i miei difetti e la signorina ha _____ .

4. Lui ama il suo paese e noi amiamo _____ .
5. Io ho portato il mio avvocato e loro hanno portato _____ .
6. Noi siamo contenti del nostro programma; tu sei contenta _____ ?
7. Tu scrivi a tua madre ogni mese; io scrivo _____ ogni settimana!
8. Io ho detto le mie ragioni; ora voi dite _____ .

c. *Tradurre:*

1. She is not my sister; she is my girl-friend!
2. Two friends of mine left for Mexico yesterday.
3. Mr. Pavarotti has a very beautiful voice. I want to buy all his records.
4. — Where did they spend their vacation? — In the mountains.
5. I have been to the dentist's office four times this month.
6. Have you ever eaten at Luigi's? It's a very good Italian restaurant.
7. We heard it with our own ears.
8. It is not easy to recognize one's mistakes.
9. — Is your brother nearsighted? — I am; he isn't.
10. My parents arrived before 8 o'clock.

d. *Vecchie foto . . . Oggi sfogliamo insieme un vecchio album di fotografie; sono le foto della Sua famiglia. Spiegare chi sono le varie persone.*

e. *Descrivere un parente preferito o una parente preferita (aspetto fisico, carattere, ecc.).*

— Volevo comperarti una collana di perle, ma non conoscevo la misura del tuo collo...

Lettura

La cupola di San Pietro, Roma

La stanza

(A Roma oggi. Elena, studentessa universitaria, ha bisogno di una stanza. Legge un'inserzione° sul giornale, telefona e va a vedere la stanza.)　　　　*advertisement*

TERESA:　Allora vuol guardare la stanza? (Apre una porta in fondo e guardano la stanza.) Oggi non si vede San Pietro perchè c'è la nebbia. Sennò° si vede. L'aria è　*otherwise* buona, siamo sotto al Gianicolo.[1] Lei è studentessa?
5　　　　cosa studia?

ELENA:　Lettere.° Faccio il second'anno.[2] L'anno scorso stavo　*Liberal Arts* dagli zii, ma non ci voglio più stare dagli zii perchè c'è rumore. Dormo con due cugine e la sera, quando devo

---

1. The Gianicolo: a hill on the West bank of the Tiber.
2. Faccio il second'anno: *I am a sophomore*
　　　prim'anno: *I am a freshman*
　　　terz'anno: *I am a junior*
　　　quart'anno: *I am a senior*

stare alzata a studiare, si lamentano della luce. I miei
genitori vivono in campagna, vicino a Pistoia. Hanno là
una piccola pensione per stranieri. Non mi danno molti
soldi, perchè non ne hanno molti, e dicono che posso
5 stare dagli zii. Dagli zii non spendo niente. Però non mi
piace. No, non è che non mi piace, ma c'è rumore.

TERESA: Io non voglio soldi per la stanza. Un po' di compagnia e
qualche piccola faccenda di casa°. Vivo sola.   *odd jobs around the house*

ELENA: Non è sposata?

10 TERESA: Sono sposata. Sono separata. Siamo rimasti abbastan-
za in buoni rapporti°, spesso lui mi viene a trovare. Mi   *on fairly good terms*
ha telefonato anche poco fa. Mi ha detto: «Ma sì, fai
bene, cercati una ragazza, una studentessa, per non
essere sola in casa» Perchè io, la notte, sola in questa
15 casa, ho paura. Prima avevo la donna di servizio, ma
rubava, e l'ho mandata via. Ma poi era vecchia. Io non
mi trovo bene coi vecchi. Forse perchè sono cresciuta in
casa dei nonni, i nonni paterni. Non mi volevano bene.
Preferivano mio fratello. Che brutta infanzia! Per esem-
20 pio non sto con mia madre perchè è vecchia. Non la
tollero. Non è che non ci vado d'accordo, del resto° è   *besides*
impossibile non andare d'accordo con mia madre,
perchè non dice mai una parola. Penso che in tutta la
sua vita avrà detto non più di cento parole. Ma non la
25 tollero, non la sopporto. Va d'accordo lei con sua
madre?

ELENA: Oh sì. Ma mia madre non è vecchia. È tanto giovane.
Sembriamo sorelle. E non fa mica niente per conservar-
si° giovane. Si lava la faccia col sapone da bucato°. Alle   *to keep/laundry soap*
30 sei della mattina è in piedi, con la sua sottana scozzese a
pieghe°, i suoi scarponi°, i suoi calzettoni° rossi. Sta   *plaid pleated skirt/work boots/*
sempre con gli scarponi perchè gira per la campagna,   *knee socks*
sguazza nei rigagnoli°, affonda° nel fango. Va nell'orto,   *splashes through small streams/*
va nel pollaio, va nella legnaia°, va in paese a fare la   *sinks/woodshed*
35 spesa col sacco in spalla°. Non si riposa un attimo, ed è   *on her shoulders (back)*
sempre allegra. Mia madre è una donna straordinaria.

TERESA: Allora la vuole la stanza?

ELENA: Senz'altro, grazie, penso di sì. Posso venire già domani?

TERESA: Venga domani. L'aspetto. Non la disturberò quando
40 deve studiare. Ma quando smetterà un momento di
studiare, ci faremo un poco di compagnia°. Ho bisogno   *we will keep each other*
di compagnia. Sono rimasta sola come un cane. E non   *company*
so stare sola, questa è la cosa orribile. Mi viene l'ango-
scia°.   *I get panicky*

45 ELENA: Non ha amiche?

TERESA: No. Avevo amiche quand'ero ragazza, ma poi le ho
perse di vista, perchè ero sempre con Lorenzo, e non

San Pietro

avevo bisogno di nessuno quando avevo lui. Avevamo
amici e amiche in comune, quelli con cui passavamo le
serate, ma ora non li vedo più. Non ne ho voglia,
perchè mi ricordano il tempo che avevo Lorenzo ed ero

5   sua moglie, e si stava così bene, spensierati°, felici come   *carefree*
     due ragazzi, e con tanti sogni.

ELENA: Ma non ha detto che era un inferno la vita con lui?

TERESA: Sì, era un inferno. Ma io ero felice in quell'inferno, e
     darei la vita per tornare indietro, per essere di nuovo

10   come un anno fa. Ci siamo separati solo da un anno.
     Separazione consensuale°. Sua madre voleva che   *by mutual consent*
     facesse la separazione per colpa°, così non mi pagava   *pressing charges*
     gli alimenti°. Lui non ha voluto. Dopo che ci siamo   *alimony*
     separati, m'ha aiutato a cercare questa casa, e m'ha

15   dato dei soldi per ammobiliarla. Ho comprato qualche
     mobile. Il buffet.

ELENA: Il buffet di palissandro°? Questo che vuole vendere?   *rosewood*

TERESA: Sì. Cosa me ne faccio di un buffet? Non ho piatti. Non
     invito mica mai nessuno a pranzo. Mangio in cucina.

20   Son sola.

ELENA: Ma allora perchè l'ha comprato?

TERESA: Non so. Credo che l'ho comprato perchè avevo l'idea
     che Lorenzo tornasse a stare con me. E allora, se tor-
     nava, io dovevo dargli una vera casa.

25 ELENA: E invece non tornerà?

TERESA: Non tornerà mai. È finita°.   *it's all over*

Natalia Ginzburg

Parole da ricordare

aiutare qualcuno a + *infin.*	*to help someone do something*
ammobiliare	*to furnish*
avere paura di + *noun* or di + *infinitive*	*to be afraid of*
avere bisogno di + *noun* or di + *infin.*	*to need*
crescere (*past participle:* cresciuto)	*to grow up*
lamentarsi di qualcuno o qualcosa	*to complain about someone or something*
perdere di vista qualcuno	*to lose touch with someone*
sopportare	*to tolerate (to support is* **mantenere***)*
trovarsi bene con	*to feel comfortable with*
volere bene a qualcuno	*to be fond of, love, care about someone*
la faccenda di casa	*household chore*
il mobile, i mobili	*furniture (use the singular when you mean one piece of furniture, otherwise use the plural)*
paterno	*paternal, on one's father's side*
il piatto	*dish*
senz'altro	*of course*

Studio di parole

to know

conoscere

to be acquainted or *familiar with* (people, places); *to meet*

— Conosci quell'uomo?
— *Do you know that man?*

— Sì, l'ho conosciuto in casa di amici.
— *Yes, I met him at my friends' house.*

Conosco la città e i suoi monumenti.
I know the city and its monuments.

sapere

to be aware of, to have knowledge of (facts); *to find out*

Sai dove sono andati?
Do you know where they went?

Come avete saputo che Cristina si è sposata?
How did you find out that Christine got married?

sapere + infinitive
to know how, to be able to do something

Non so nuotare.
I don't know how to swim.

to see

vedere
to see, to watch, to meet

Hai visto questo film?
Have you seen this film?

Ci vediamo stasera.
We'll see each other tonight.

trovare
to see socially, to visit

Quando andiamo a trovare la nonna?
When are we going to visit Grandmother?

Lui viene a trovarmi spesso.
He comes to visit me often.

to remember

ricordare una cosa o una persona
ricordarsi di una cosa o una persona
(used interchangeably)

Ricordi quella domenica?
Ti ricordi di quella domenica?
Do you remember that Sunday?

ricordar(si) di + *infinitive*

Devi ricordarti di pagare il conto.
You must remember to pay the check (bill).

Non ricordo d'aver comprato il giornale.
I don't remember buying the newspaper.

to forget is: **dimenticare**
                dimenticarsi di } una cosa o una persona
                dimenticar(si) di + *infinitive*

to remind

ricordare una cosa **a** una persona
to remind a person about something
Ho ricordato a Giorgio la sua promessa.
I reminded George of his promise.

ricordare a una persona **di** + infinitive
to remind a person to do something
Vuoi ricordare a Maria di comprare il latte?
Will you remind Mary to buy the milk?

to tell

dire
to say, to tell

Ti voglio dire una cosa.
I want to tell you something.

Può dirmi l'ora?
Can you tell me the time?

raccontare
to narrate, recount, relate

Ti voglio raccontare una favola, una storia, una barzelletta, i miei guai, la trama, un sogno.
I want to tell you a fable, a story, a joke, my problems, the plot, a dream.

parlare di
to tell, speak about something

Ha parlato della sua famiglia.
He spoke of (talked about) his family.

to steal

rubare
to steal (a thing)

Hanno rubato molti quadri.
They stole many paintings.

derubare
to rob (a person)

Mia zia è stata derubata.
My aunt was robbed.

rapire
to steal (a person), to kidnap

Hanno rapito l'industriale.
They kidnapped the industrialist.

svaligiare
to rob (a bank, a shop)

Federico ha svaligiato una banca.
Frederick robbed a bank.

to rent

affittare, dare in affitto
to rent, rent out

La signora ha affittato la camera grande.
The lady rented out the large room.

affittare, prendere in affitto
to rent, to use and pay rent for

noleggiare, prendere a nolo
to rent (moving things)

Vogliamo noleggiare una barca.
We want to rent a boat.

La studentessa vuole affittare una stanza con uso di cucina.
The student wants to rent a room with kitchen privileges.

CONVERSAZIONE SULLA LETTURA

1. Per quale ragione vuole affittare la stanza Teresa?
2. È molto tempo che vive sola Teresa?
3. Perchè non ha più la donna di servizio?
4. Elena è contenta di stare dagli zii?
5. La madre di Teresa e la madre di Elena: con quale delle due andrebbe più facilmente d'accordo Lei? Perchè?
6. Quali azioni della madre di Elena potrebbero essere definite "straordinarie"?
7. Teresa spiega perchè non va d'accordo coi vecchi: Lei trova plausibile la sua spiegazione?
8. Teresa è rimasta in buoni rapporti col suo ex marito?
9. Che impressione abbiamo della vita attuale di Teresa?
10. Lei crede che Elena si troverà bene in casa di Teresa?

TEMI PER COMPONIMENTO O DISCUSSIONE

1. Teresa dice: «Non so star sola». Saper star soli è un'arte che non tutti hanno. Parlare del problema della solitudine nella società contemporanea.
2. La società contemporanea dà molta importanza all'età e sembra favorire i giovani. Lei lo trova giusto?
3. All'inizio dell'anno scolastico, gli studenti devono prendere molte decisioni: abitare con la famiglia, nel dormitorio o in una pensione, affittare un appartamento o una stanza, quanti corsi seguire, quali corsi scegliere. Che decisioni ha preso Lei e perchè?

- **Indirect Object Pronouns**
- ***Piacere***
- **Other Verbs like *piacere***
- **Reflexive Verbs**
- **Special Noun and Adjective Suffixes**
- **Indefinite Adjectives and Pronouns**
- **The Partitive**
- **Lettura: *La serva***

Grammatica

INDIRECT OBJECT PRONOUNS

A. An indirect object differs from a direct object in that the action of the verb affects it *indirectly:* the action of the verb is done *to* or *for* it. Compare:

Direct:
I brought the book.

Indirect:
I brought the book *to my sister.*
I brought the book *for my sister.*
I brought *my sister* the book.

An indirect object pronoun stands for an indirect object noun.

I brought the book to my sister. I brought *her* the book.

B. In Italian, indirect object pronouns differ from direct object pronouns only in the third person singular and plural forms.

		Singular		Plural
1st person	mi	*to me*	ci	*to us*
2nd person	ti	*to you (informal)*	vi	*to you*
	Le	*to you (formal)*	Loro	*to you*
3rd person	gli	*to him*	loro	*to them*
	le	*to her*		

C. Indirect object pronouns, like direct object pronouns, precede a conjugated verb except for **loro** and **Loro** which follow the verb. In contemporary usage **loro** is often replaced by **gli** which precedes the verb.

Non **le** danno molti soldi.   **Gli** ho offerto un caffè.
They don't give her much money.   *I offered him a cup of coffee.*

Quando parliamo **loro**?
Quando **gli** parliamo?
When shall we speak to them?

1. Indirect object pronouns are attached to the infinitive.

   Ho bisogno di parlar**Le**.
   I need to talk to you.

   When the infinitive is used with a form of **dovere, potere,** or **volere,** the indirect object pronoun can be attached to the infinitive or placed before the preceding verb.

   Posso parlar**Le**?   Non dobbiamo risponder**gli**.
   Le posso parlare?   Non **gli** dobbiamo rispondere.
   May I talk to you?   *We mustn't answer him.*

2. When the verb is in a compound tense and an object pronoun precedes it, it is important to know whether the object pronoun is direct or indirect in order to use the correct form of the past participle. The past participle can agree with the preceding direct object pronoun, it never agrees with a preceding indirect object pronoun.

   Patrizia? **L**'ho vist**a** ieri ma non **le** ho parlato.
   Patrizia? I saw her yesterday but I didn't speak to her.

D. Some Italian verbs take an indirect object where their English equivalents take a direct object:

Telefono **a** Mario. **Gli** telefono.
I phone Mario. I phone him.

The most common of these verbs are:

bastare	*to suffice, last*	piacere	*to please*
dire	*to say, tell*	rispondere	*to answer*
dispiacere	*to be sorry*	somigliare	*to resemble*
domandare (chiedere)	*to ask*	telefonare	*to phone*
fare male	*to hurt, be bad for*	volere bene	*to love, care for*

Le dico sempre buon giorno.   Il fumo **gli** fa male.
I always tell her good morning.   *Smoking is bad for him.*

Signora, chi **Le** ha risposto?   Somiglio a mia madre; **le** somiglio nel naso.
Ma'am, who answered you?   *I resemble my mother; I take after her in the nose.*

Telefonate agli amici; telefonate **loro** (**gli** telefonate) ogni giorno.
You call your friends; you call them every day.

— Le ripeto, dottore, è un caso davvero insolito...

ESERCIZI

a. *Sostituire al complemento di termine* (indirect object) *la forma corretta del pronome corrispondente.*

Esempio: Leggo la lettera a mio fratello. **Gli leggo la lettera.**

1. Voglio bene a mio padre.
2. Abbiamo chiesto ai bambini come stavano.
3. Quando hai parlato alla professoressa?
4. Offro sempre un caffè all'avvocato.
5. Non volete scrivere ai vostri genitori?

b. *Inserire* **lo** *o* **gli***.*

1. Ci ha fatto piacere riveder _____ .
2. Qualcuno _____ ha mandato un pacco.
3. Non _____ avete ringraziato?
4. Perchè fingete di non conoscer _____ ?
5. Chi _____ ha insegnato il francese?

c. *Inserire* **la** *o* **le***.*

1. Che cosa _____ hai regalato per il suo compleanno?
2. _____ salutiamo sempre quando _____ vediamo.
3. Non _____ hanno detto la verità.
4. Devi risponder _____ in italiano.
5. Nessuno _____ invita.

d. *Teresa è molto socievole ma sua sorella Beatrice è poco socievole. Indicare quello che Beatrice non fa usando* **lo, la, li, le, gli, loro** *al posto delle parole in corsivo.*

Esempio: Teresa invita *i parenti.* **Beatrice non li invita.**

1. Teresa telefona *ai nonni.*
2. Teresa va a trovare *le amiche.*
3. Teresa racconta favole *ai nipotini.*
4. Teresa dice buon giorno *al postino.*
5. Teresa saluta *i vicini.*
6. Teresa invita *la zia.*

e. Tradurre:

1. I haven't spoken to her for months.
2. Can you tell me how it happened?
3. They wrote him on September 1st, but he hasn't received the letter yet.
4. They never tell us anything: how can we know if they are pleased or not?
5. It used to give me pleasure to go outside when it was snowing.

f.   Un po' di conversazione . . .

1. A chi somiglia Lei? A Suo padre, a Sua madre o a qualcun altro della famiglia? In che cosa?
2. Quando una persona La ferma per strada, di solito che cosa Le chiede?
3. Ci sono cose che Le danno fastidio? Quali?

PIACERE

A. The verb **piacere** corresponds to the English verbs *to like, to enjoy.* Its construction is quite different from that of the verb *to like.* In Italian, the construction which expresses the notion *to like* is more similar to the English expression *to be pleasing to.*

John likes coffee.   John likes cookies.
Coffee is pleasing to John.   *Cookies are pleasing to John.*

1. **Piacere** is most commonly used in the third person singular or plural.[1] The forms of the present indicative are:

   _____

   piaccio
   piaci
   piace
   piacciamo
   piacete
   piacciono

   _____

   The person who *likes* appears as the indirect object of the verb; that which is *liked* is the subject and usually follows the verb.

   — A Giovanni piace il caffè?   — Sì, gli piace il caffè.
   — *Does John like coffee?*   — *Yes, he likes coffee.*

   — A Giovanni piacciono i biscotti? — Sì, gli piacciono i biscotti.
   — *Does John like cookies?*   — *Yes, he likes cookies.*

   Note that if what is *liked* is singular, **piacere** is used in the third person singular; if what is *liked* is plural, **piacere** is used in the third person plural.

---

1. The other persons of **piacere** are occasionally used:

Tu mi piaci così come sei.   Noi conservatori non piacciamo ai giovani.
I like you as you are.   *Young people don't like us conservatives.*

2. When what is *liked* is expressed by an infinitive *(he likes to read)*, **piacere** is used in the third person singular even if the infinitive has a plural object.

Ci piace leggere.   Ci piace leggere i fumetti.
We like to read.   *We like to read comic strips.*

3. Other tenses of **piacere** in the third person singular and plural are:

	Singular	Plural
IMPERFETTO:	piaceva	piacevano
PASSATO PROSSIMO:	è piaciuto/piaciuta	sono piaciuti/piaciute

Gli **piaceva** correre.   Mi è **piaciuta** Roma.   Ti **sono piaciute** altre città?
He used to like to run.   *I liked Rome.*   *Did you like other cities?*

Note that **piacere** is conjugated with **essere** in compound tenses and thus its past participle agrees in gender and number with the subject (that which is *liked*).

Ho mangiato l'antipasto, ma non mi è **piaciuto.**   Le tagliatelle, invece, mi **sono piaciute.**
I ate the antipasto but I didn't like it.   *I liked the noodles, though.*

4. Note the following expressions:

Mi piace molto.   Mi piace di più.   Ti piacciono?
I like it a lot.   *I like it better.*   *Do you like them?*

In these expressions there is no equivalent for the English *it* and *them.*

5. *To dislike* is **non piacere. Dispiacere** means *to be sorry, to mind,* and is used in the same way as **piacere.**

Non posso venire, **mi dispiace.**   **Le dispiace** chiudere la porta?
I can't come, I'm sorry.   *Do you mind closing the door?*

Ci è **dispiaciuto** sapere della tua malattia.
We were sorry to hear about your illness.

When **dispiacere** is followed by a verb, use the *infinitive* or **di** + *infinitive.*

Non mi dispiace **aspettare (di aspettare).**
I don't mind waiting.

— **Ti dispiace se è ben cotta?**

ESERCIZIO

Tradurre:

1. Is it true that Italians like to sing?
2. She does not like to live in the country: there is too much silence.
3. Do you like Italian ice-cream?
4. Sir, how did you like your (the) chicken?
5. Nobody likes to catch cold.
6. We are sorry but we cannot come.
7. Do you mind closing the window?

OTHER VERBS LIKE *PIACERE*

Certain other verbs use the same construction as **piacere**. With these verbs the subject also usually follows the verb.

1. mancare *(not to have, to lack, to be short, to miss)*

Gli manca la fantasia.
He has no imagination.

Mi mancano due dollari.
I am short two dollars.

2. occorrere *(to need)*

Le occorre una giacca.
She needs a jacket.

Le occorrono soldi.
She needs money.

3. restare *(to have . . . left)*

Ci resta un mese.
We have one month left.

Ci restano pochi giorni.
We have a few days left.

ESERCIZIO

Rispondere o completare.

1. Le piace di più il sabato o la domenica?
2. Le piace cucinare? Sa cucinare piatti italiani? Quali?
3. Ha mai visto il film «Via col vento» (*"Gone with the Wind"*)? Al cinema o alla televisione? Le è piaciuto?
4. Due cose che mi occorrono sono . . .
5. Gli hobby che mi piacciono sono . . .

REFLEXIVE VERBS

A. A reflexive verb is one in which the action reverts back to the subject.

I see myself in the mirror.
He considers himself intelligent.
They amuse themselves playing ball.

The reflexive meaning is often understood in English but not expressed.

I washed (myself) this morning.
He shaved (himself) last night.

B. Italian reflexive verbs are always conjugated with reflexive pronouns. The forms for the reflexive pronouns are the same as those for the direct object pronouns except for the third person singular and plural.

Reflexive pronouns: **mi, ti, si, ci, vi, si**

1. The infinitive of a reflexive verb ends in **-si.** The final **-e** of the infinitive is omitted.

   lavarsi   radersi   vestirsi

2. The reflexive pronouns precede the conjugated verb forms but are attached to the infinitive. Below is the present indicative of reflexive verbs for the regular conjugations.

lavarsi	radersi	vestirsi
to wash	*to shave*	*to dress*
mi lavo	mi rado	mi vesto
ti lavi	ti radi	ti vesti
si lava	si rade	si veste
ci laviamo	ci radiamo	ci vestiamo
vi lavate	vi radete	vi vestite
si lavano	si radono	si vestono

Si lavano col sapone.	Il bambino non ha voglia di lavar**si.**
They wash with soap.	*The child doesn't feel like washing.*

3. In compound tenses all reflexive verbs are conjugated with **essere,** and the past participle agrees in gender and number with the subject.

Cristina **si è vestita** in fretta.	Perchè **vi siete arrabbiati?**
Cristina got dressed in a hurry.	*Why did you get angry?*

4. When a reflexive infinitive is used with a form of **volere, dovere,** or **potere,** the reflexive pronoun can be attached to the infinitive or placed before the other verb.

   Il bambino non vuole lavar**si.**
   Il bambino non **si** vuole lavare.
   The child doesn't want to wash.

Use of Reflexive Verbs

A. Remember that the meaning of *reflexive* is that an action reverts to the subject of the verb.

The baby fell down and *hurt himself.*

Generally, when a verb is reflexive in English it is also reflexive in Italian.

lavarsi *to wash*	uccidersi *to kill oneself*
radersi *to shave*	coprirsi *to cover oneself*
vestirsi *to dress*	farsi male *to hurt oneself*
voltarsi *to turn*	

B. In Italian, however, many verbs are reflexive in form where there is scarcely any real reflexive meaning. In English, the equivalent verb is not reflexive.

accorgersi di *to notice*	lamentarsi (di) *to complain about*
addormentarsi *to fall asleep*	laurearsi *to graduate*
alzarsi[1] *to get up*	pentirsi[2] (di) *to repent about (of)*
arrabbiarsi[1] *to get angry*	sedersi *to sit down*
fermarsi *to stop*	sentirsi *to feel*
fidanzarsi (con)[1] *to get engaged to*	sposarsi (con)[1] *to get married to*
innamorarsi (di) *to fall in love with*	svegliarsi *to wake up*

C. The reflexive form in Italian is used to express other meanings besides the literal one.

1. Many verbs can be used reflexively or not, depending on whether the speaker wishes to stress his own involvement (reflexive) or to emphasize the object of the action (non-reflexive). Compare:

Abbiamo bevuto una bottiglia di vino.	Ci siamo bevuti una bottiglia di vino!
We drank a bottle of wine.	*We drank ourselves a bottle of wine!*
Ho comprato una bicicletta.	Mi sono comprato/a una bicicletta!
I bought a bicycle.	*I bought myself a bicycle!*

2. Non-reflexive verbs can be used reflexively (in the plural forms) to express a reciprocal action: *(to) each other, (to) one another.*

Lorenzo ed io ci amiamo.	Ci siamo visti ieri sera.
Lorenzo and I love each other.	*We saw each other last night.*

Si sono conosciuti all'università.
They met at the university.

---

1. Note that Italian often uses the reflexive form of a verb where English uses *to get* + another word.
2. **Pentirsi** is conjugated like **partire**.

3. To clarify that a sentence is to be understood as a reciprocal rather than a reflexive, one of the following phrases may be used:

fra loro   l'un l'altro (l'altra)   a vicenda, reciprocamente, vicendevolmente
among themselves *one another*   *each other, mutually*

Si aiutano a vicenda.
They help each other.

Si aiutano can mean either *they help each other* or *they help themselves*.

D. Reflexive meaning is often expressed in English by a possessive adjective rather than a reflexive verb: *I washed my face; They put on their coats.* In Italian sentences, a reflexive verb is used *without* a possessive adjective.

Mi sono lavato la faccia.   Si sono messi il cappotto.
I washed my face.   *They put on their coats.*

Note that the article is used in Italian where English has the possessive adjective.

ESERCIZI

a. *Volgere le seguenti frasi al passato prossimo.*

1. Si laureano alla fine di maggio.
2. Ci aiutiamo quando possiamo.
3. L'autobus si ferma qui.
4. Mi trovo bene dai Rossi.
5. Il bambino non vuole lavarsi le mani.
6. Paolo e Francesca si vogliono bene.
7. Valeria si sente male.
8. Non ti arrabbi quando lui dice di no?
9. Possono riposarsi a casa mia.
10. Vi fate un po' di compagnia.

— Appena finiscono i programmi, si sveglia e va a letto.

— Non possiamo continuare a incontrarci così: i vicini parlano troppo...

b. *Rispondere.*

1. Lei è di buon umore quando si sveglia?
2. Quante volte al giorno si lava i denti?
3. Si trova bene coi vecchi Lei?
4. Si è sposata giovane Sua madre?
5. Come si sono conosciuti i Suoi genitori?
6. Si è comprato qualcosa recentemente?
7. Lei si ferma spesso davanti ai negozi?
8. Di chi o di che cosa si lamentano più spesso gli studenti americani?

SPECIAL NOUN AND ADJECTIVE SUFFIXES

Various special shades of meaning can be given to Italian nouns (including proper names) and adjectives by a number of different suffixes. English also uses suffixes in this way (bird*ie*, green*ish*), but less often; the more usual pattern in English is to use a descriptive adjective or adverb: *little house, rather fat.* In Italian, the preferred way to indicate size, quality, and speaker's attitude is to use a suffix rather than a separate qualifying word: cas**etta** *little house;* libr**one** *big book;* vent**accio** *bad wind.* When suffixes are added to a word its final vowel is dropped.

A. The following suffixes indicate smallness or express affection or endearment. All are given in the masculine singular form: **-ino, -etto, -ello, -icino, -olo,** and **-uccio.**

uccello *bird:* uccell**ino** *little, cute bird*
paese *village:* paes**ello** *little (quaint) village*
bocca *mouth:* bocc**uccia** *cute, little mouth*
Carlo Carl**etto** *Charlie*

Note that words which end in **-one** or **-ona** add a **-c-** before adding a suffix.

bastone *stick:* baston**cino**
passione *passion:* passion**cella**

1. Some words change from feminine to masculine gender when a suffix is added. Compare:

la villa	il vill**ino**
la finestra	il finestr**ino**
la stanza	lo stanz**ino**

2. More than one suffix can be attached to the same word.

   libr-ett-ino   signor-in-ella

B. -one/-ona (for the singular), **-oni/-one** (for the plural) indicate largeness.

naso *nose:*   nasone *big nose*
parola *word:*   parolona *big (long) word*
libri *books:*   libroni *big, heavy books*
Beppe *Joe:*   Beppone *big Joe*

Some words change from feminine to masculine gender when **-one** is added. Compare:

la donna	*woman*	il donnone	*big woman*
la febbre	*fever*	il febbrone	*high fever*
la nebbia	*fog*	il nebbione	*dense fog*
la palla	*ball*	il pallone	*soccer ball*
la stanza	*room*	lo stanzone	*large room*
la porta	*door*	il portone	*street door*

C. -accio, -astro and **-iciattolo** indicate the idea of bad quality and ugliness. They can express either a material or moral sense.

tempo *weather:* tempaccio *awful weather*
parola *word:* parolaccia *dirty word, obscenity*
poeta *poet:* poetastro *really bad poet*
verme *worm:* vermiciattolo *nasty worm*
Lorenzo: Lorenzaccio

D. Many of the above suffixes may also be added to adjectives.

bello *beautiful:* bellino *pretty, cute*
pigro *lazy:* pigrone *lazy bones*
dolce *sweet:* dolciastro *sickeningly sweet*

E. It is very difficult for a non-native speaker of Italian to know which suffix to pick, especially to express smallness or endearment, and fully understand the different shades of meaning suffixes add to a word (e.g. **cosa: cosina, cosetta, cosuccia, coserella**). It is advisable, therefore, not to attempt to be creative and to use only the forms found in Italian authors or heard from native speakers.

F. There are a number of nouns in Italian which appear to end in one of the preceding suffixes. In fact, however, they have a meaning which is in no way influenced by the suffix. These must be learned simply as new words. Here are some examples:

posto *place*	postino *postman*
cavallo *horse*	cavalletto *easel*
matto *crazy person*	mattone *brick*
tacco *heel*	tacchino *turkey*
burro *butter*	burrone *ravine*
foca *seal*	focaccia *flat bread-cake*
botte *barrel*	bottone *button*

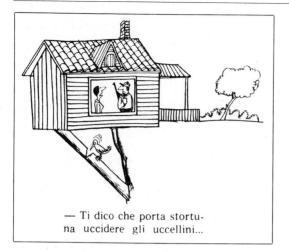

— Ti dico che porta stortu-
na uccidere gli uccellini...

ESERCIZIO

Sostituire una parola sola alle parole in corsivo.

1. Il mio compagno è un *ragazzo grande e grosso.*
2. Non mi piacciono le persone che usano *parole brutte.*
3. A Natale gli abbiamo regalato un *piccolo treno.*
4. Ti mando un *grosso bacio.*
5. È un *vino leggero* che non fa male. (use **ello**)
6. Una *fitta nebbia* è scesa sulla città. (Rewrite the whole sentence after you've found your word)

INDEFINITE ADJECTIVES AND PRONOUNS

Indefinite adjectives and pronouns indicate quantity and quality, without referring to any particular person or thing.

A. Following is a list of the most common indefinite adjectives. They are used for both people and things. They are invariable.

INDEFINITE ADJECTIVES

ogni *every*	qualunque *any, any sort of*
qualche *some*	qualsiasi *any, any sort of*

Ogni inverno andiamo in montagna.
Every winter we go to the mountains.

Qualunque ragazza risponderebbe così.
Any girl would answer that way.

Qualche negozio è già chiuso.
Some businesses are already closed.

Qualsiasi libro va bene.
Any book would be fine.

Qualunque and **qualsiasi** have the same meaning. Both can either precede or follow the noun.

Cerchiamo una ragione qualunque.
We are looking for any reason.

— Quale rivista vuole? — Oh, una qualsiasi.
— Which magazine do you want? — Oh, any.

B. Following is a list of the most common indefinite pronouns used for *people*.

INDEFINITE PRONOUNS	
uno/una *one*	un tale/una tale *a person*
ciascuno/ciascuna *each one*	qualcuno/qualcuna *someone, some, anyone*
ognuno/ognuna *everyone*	nessuno/nessuna *no one, none*
tutti/tutte *everyone*	alcuni/alcune *some, a few*
chiunque *anyone*	

Uno non sa mai cosa dire.
One never knows what to say.

C'è **un tale** che vuole parlarti.
There's a person who wants to talk to you.

Qualcuno ha preso la mia penna.
Someone took my pen.

Ognuno ha i propri difetti.
Everyone has his/her own faults.

Nessuno ha ricevuto una lettera.
No one received a letter.

La porta è aperta a **chiunque.**
The door is open to anybody.

Tutti amano le vacanze.
Everyone likes vacations.

Alcuni sono vegetariani.
A few people are vegetarians.

Uno has a plural form: gli uni e gli altri, le une e le altre

C. Following is a list of the most common indefinite pronouns used for *things*.

INDEFINITE PRONOUNS	
altro *something else*	qualcosa/qualche cosa *something, anything*
niente, nulla *nothing*	tutto/ogni cosa *everything*
altrettanto *the same thing*	

Ho **altro** da dirti.
I have something else to say to you.

C'è **qualcosa** che non va.
There's something wrong.

Non voglio **niente.**
I don't want anything.

Tutto è pronto.
Everything is ready.

Tu devi fare **altrettanto.**
You must do the same thing.

1. **Qualcosa** and **niente** are considered masculine for agreement purposes.

   Niente è perduto.
   Nothing has been lost.

   È successo **qualcosa**?
   Has anything happened?

2. If **qualcosa** or **niente** is followed by an adjective or a verb the following constructions are used:

   qualcosa + **di** + adjective *(masculine)* + **da** + infinitive

   niente + **di** + adjective *(masculine)* + **da** + infinitive

   Abbiamo visto qualcosa di bello.
   We saw something pretty.

   Non ho niente da vendere.
   I have nothing to sell.

— È possibile che tu alzi le mani
ogni volta che entra qualcuno?...

ESERCIZIO

Scegliere la parola corretta:

1. _____ (Qualunque, chiunque) può venire con noi.
2. _____ (Nessuna, nulla) persona è venuta a piedi.
3. _____ (Ogni, ognuno) uomo ha i suoi problemi.
4. Posso fare _____ (qualcuno, qualcosa) per lui?
5. Solo _____ (qualche, qualcuno) prigioniero è riuscito a fuggire.
6. Per ammobiliare la stanza, bastano _____ (alcuni, ogni) mobili.
7. _____ (Chiunque, qualunque) letto è buono per dormire quando abbiamo sonno.

Indefinite Words Which Are Either Adjectives or Pronouns

The following forms can be used with or without a noun. If used with a noun, they
function as adjectives and agree with the noun in gender and number. Compare:

altro *other*	Ci sono **altre** ragioni. *There are other reasons.*
	Dove sono andati gli **altri?** *Where have the others gone?*
certo *certain*	Quella ragazza ha un **certo** fascino. *That girl has a certain charm.*
	Certi non capiscono. *Certain (people) don't understand.*
molto *much, many*	Mangiamo **molto** formaggio e **molta** frutta. *We eat a lot of cheese and a lot of fruit.*
	Molte non sono venute. *Many (girls) didn't come.*

parecchio *a lot of, several*	È arrivato **parecchio** tempo fa. *He arrived a long time ago.*
	Parecchi dicono che non è vero. *A lot of people say it isn't true.*
poco *little, few*	C'erano **poche** persone. *There were few people there.*
	Pochi lo sanno. *Few people know it.*
quanto *how much, how many*	**Quante** parole inutili! *How many useless words!*
	Quanti hanno capito? *How many have understood?*
tanto *so much, so many*	Hanno fatto **tanti** errori. *They have made so many mistakes.*
	Tanti non capiscono perchè. *So many don't understand why.*
troppo *too much, too many*	C'è **troppo** sale nella minestra. *There's too much salt in the soup.*
	Io bevo poco vino e tu **troppo**. *I drink little wine; you, too much.*
alcuno *some, any, a few*	Ci sono **alcuni** errori. *There are a few mistakes.*
	Non tutte le ragazze hanno capito; **alcune** sono confuse. *Not all the girls have understood; some are confused.*

1. In the singular, **alcuno** is often replaced by **qualche** in positive statements or questions, by **nessuno** in negative statements.

Ti manca **qualche** cosa? *Are you missing something?*	Non ho **alcuna** voglia di lavorare. Non ho **nessuna** voglia di lavorare. *I don't have any desire to work.*

2. **Tutto** can mean *all, whole, every* or *everyone*.

Abbiamo lavorato tutta la settimana. *We have worked all (the whole) week.*	Tutti vogliono avere amici simpatici. *Everyone wants to have nice friends.*

Tutto is also used in the following expressions:

Tutt'e due entrambi/entrambe *both*	Tutt'e tre (ecc.) *all three*

The definite article is used after the above expressions when a noun follows.

tutt'e due **i** ragazzi entrambi **i** ragazzi *both boys*	tutt'e tre **le** riviste *all three magazines*

3. **Alcuni/alcune** or **qualcuno/qualcuna** express the meaning *some* or *a few*. **Un po'** expresses *a little*.

— Ci sono italiani qui? — Sì, **alcuni**.
—*Are there any Italians here? — Yes, some.*

— Hai qualche amico a Milano?
    — Sì, **qualcuno**.
—*Do you have any friends in Milan?*
    — *Yes, some.*

— Vuoi zucchero? — Sì, **un po'**!
—*Do you want some sugar? — Yes, a little.*

4. **Senza nessun (nessuna, nessun', nessuno)** or **senza alcuno (alcuna,** etc.) express *without any*.

senza nessuna difficoltà
without any difficulty

senza alcun errore
without mistakes

Adverbs Formed from Indefinite Adjectives and Pronouns

The following words are adverbs when they have these meanings:

molto   *very, quite, awfully*
poco   *not so, not very, hardly*
quanto   *how* (the same as **come**)

tanto   *so* (the same as **così**)
troppo   *too*

Siamo molto stanchi.
We are very tired.

Siena è poco lontana.
Siena is not very far.

Quanto sono intelligenti!
How intelligent they are!

Erano tanto felici.
They were so happy.

Sei troppo egoista.
You are too selfish.

ESERCIZI

a. *Scegliere la parola corretta:*

1. Quella signora ha _____ (tanto; tanti) soldi.
2. Abitano _____ (poche; poco) distante da casa mia.
3. Siamo _____ (troppo; troppi) isolati in questo posto.
4. C'era _____ (molto; molta) neve in montagna.
5. Avete _____ (poco; poche) idee.
6. _____ (Quanti; quanto) sono i tuoi cugini? Sette o diciassette?
7. _____ (Quanto; quanta) è bella la giovinezza!

b. *Mettere un pronome indefinito al posto della parola in corsivo:*

1. *Ogni persona* è responsabile delle sue azioni.
2. Ha bisogno di *altre cose*?
3. *Nessuna persona* lo sa.
4. *Nessuna cosa* sembra facile all'inizio.
5. Tu sai *troppe cose*!
6. *Ogni cosa* era sul tavolo.
7. *Qualche persona* ha detto di no.

— Tutti dicono che ti somiglia moltissimo!

c. *Tradurre:*

1. Somebody is waiting for him in front of the door.
2. Some other time, not now!
3. Today I feel like doing nothing.
4. Everyone thanked them for the gift.
5. Every day of the week brings something new.
6. Is there anything good on TV tonight?
7. Anyone can learn a foreign language.
8. We have been waiting for such a long time!
9. — Have you ever been to Rome? — Several times.
10. There have been some excellent programs on the radio this week.

THE PARTITIVE

A. The partitive is expressed in English by *some, any, a few.* This idea can be conveyed in Italian in several ways:

1. by a contraction of **di** + *the definite article:* del, dello, della, dell', dei, degli, delle.

   Ho mangiato **del** formaggio.   Conosciamo **degli** italiani.
   I ate some cheese.   *We know some Italians.*

2. by **qualche** + *singular noun* or **alcuni/e** + *plural noun* to mean *a few.*

   Invitano **qualche** amico.
   Invitano **alcuni** amici.
   They invite some friends.

3. by **un poco di, un po' di** to mean *a bit of* .

   Volete **un po' di** latte?   Abbiamo bisogno di **un po' di** tempo.
   Do you want some milk?   *We need some time.*

B. The partitive is often left unexpressed in Italian. Note the following:

1. In an affirmative sentence the partitive is optional but is often expressed:

   Ha parenti in America.
   Ha **dei** parenti in America.
   He has some relatives in America.

2. In an interrogative sentence the partitive is optional and is usually left out:

   Ci sono lettere per me?
   Ci sono **delle** lettere per me?
   Are there any letters for me?

3. In a negative sentence the partitive is normally left out:

   Non abbiamo soldi.   Non voglio fiori.
   We don't have any money.   *I don't want any flowers.*

— Ora ti lascio, cara: ci sono delle persone **stanche** di aspettare...

ESERCIZI

a. *Inserire la forma corretta:* **del, dello,** *ecc.*

1. Ha ordinato acqua minerale.
2. Ci sono italiane alte e snelle.
3. Compriamo insalata e frutta.
4. Conoscono avvocati e ingegneri.
5. Cerchi giornali e riviste italiane.
6. Sono bei ragazzi.
7. Stasera prendo pesce.

b. *Inserire* **qualche** *o* **alcuni/alcune:**

1. Hanno avuto _____ guaio.
2. C'erano _____ parole difficili nell'esercizio.
3. Ho bisogno di _____ cosa.
4. Abbiamo passato _____ ore insieme.
5. Si sono sposati _____ anni fa.
6. Avete letto _____ bel racconto in classe?
7. L'ho già visto in _____ altro luogo.

Per questa volta

In un paese di campagna un contadino va in chiesa per confessarsi. A un certo punto il prete gli domanda: «Hai forse rubato delle galline°?» «Mai!» «Delle uova?» «Assolutamente no!» «Neppure una?» «Parola d'onore.»   *hens*

5   Il confessore gli dà l'assoluzione e il contadino se ne ritorna a casa soddisfatto e dice fra sè: «Per fortuna che non mi ha chiesto se ho mai rubato delle pecore° . . . ».   *sheep*

Lettura

La serva[1]

Suona un campanello. Tosca apre. Sulla porta c'è Barbara, con una valigia. Ha una giacca di cuoio nero, calzoni blu-jeans.

BARBARA: Buongiorno.

TOSCA: Non comperiamo niente.

BARBARA: Ma io non ho niente da vendere. Vorrei parlare con l'avvocato.

5 TOSCA: L'avvocato non c'è. È via. E la signora è andata in paese a fare la spesa. Chi sarebbe lei?

BARBARA: Una cugina.

TOSCA: Ah una cugina? S'accomodi. La signora non tarderà. Come s'è bagnata!

10 BARBARA: Sì. Nevica.

TOSCA: Nevica. Un tempo orribile. Ma lei è venuta dalla stazione a piedi?

BARBARA: Sì.

TOSCA: A piedi? con la valigia? Non poteva pigliare° un'au-   *take (same as **prendere**)*

15   topubblica?

BARBARA: Non sapevo che c'era tanta strada°.   *it was so far away*

TOSCA: Non lo sapeva? Allora non è mai venuta qua? È cugina, però non è mai venuta qua?

BARBARA: Mai.

20 TOSCA: Strano. Aspetti pure, la signora non tarderà.

BARBARA: *(tirando fuori una sigaretta)* Mi darebbe un fiammifero, signora?

1. There are various terms used to indicate domestic help: **serva, domestica, donna di servizio, cameriera.** In recent years the terms **collaboratrice domestica** or **collaboratrice familiare** (abbreviated to "**colf**") have been proposed as a substitute.

TOSCA: Non sono una signora. Sono una serva. È tutta la vita che faccio la serva. Ecco i fiammiferi. Sono qui solo da otto giorni, ma non ci resto. Gliel'ho già detto alla signora che non ci resto, che me ne vado via. Non mi trovo.

5

BARBARA: Non si trova?

TOSCA: No. Non mi trovo. Gliel'ho già detto anche alla signora, che io non mi trovo, che si cerchi un'altra. Mi fermo, finchè non ne hanno un'altra. La Ersilia, quella che c'era prima, la conosceva?

10

BARBARA: No.

TOSCA: No? eppure quella c'è rimasta otto mesi. È andata via perchè aveva le vene varicose°. Non ce la faceva. È una casa troppo grande, due piani, un mucchio di stanze. Ma io non è per il lavoro che me ne vado. Me ne vado perchè siamo troppo isolati. Oggi che nevica, qui sembra d'essere in una tomba. C'è un silenzio, come essere in una tomba. A me non mi piace² la campagna, mi piace la città. Il rumore. Mi rincresce° di andarmene, perchè non sarebbero cattivi. Però non danno grande soddisfazione. Mangiano, e non dicono è buono, è cattivo, niente. Non ti dicono mai niente. Così una non può mai sapere, se sono contenti o no. E poi questo silenzio! L'avvocato, io l'ho visto un momento il giorno che sono arrivata, gli ho stirato° due camicie, e è partito subito. La signora, la signora non parla. Non parla con me. Tutto il giorno legge, o suona il piano. Ma non è una musica che diverte. Io sono là in

15

20

25

varicose veins

I am sorry (same as **mi dispiace**)

I ironed

2. **A me non mi piace** is a colloquial form to be avoided.

cucina, col gatto, e a sentire quei suoni mi viene son- *I become sleepy/he is such good*
no°. Per fortuna c'è il gatto. È tanto di compagnia°. *company*
Parlo col gatto, se voglio parlare a qualcuno. Viene
qualche volta la signora Letizia, la sorella della signora.

5   Abita poco distante. La conoscerà, no?

BARBARA: No.

TOSCA: Lei è cugina dell'avvocato o della signora?

BARBARA: Dell'avvocato.

TOSCA: Per fortuna, dicevo, viene qualche volta la signora

10   Letizia. Con la signora Letizia, oppure con la Ortensia,
la donna che viene a stirare, scambio qualche parola.
Con la signora invece, non si può. Un po' non si sente
bene, un po' dorme, un po' suona il piano. Abbiamo la
televisione, ma la signora non l'accende mai. Mi ha ben

15   detto se voglio accenderla io ma la sera lei se ne va a
letto, e non vorrà che mi sieda° qui nel salotto, da sola, *you can't expect me to sit*
con la televisione? Non è il mio posto, il salotto. O-
gnuno deve stare al suo posto°. Nell'altra casa dov'ero, *each person must stay in his*
avevamo la televisione in cucina. Si stava tutti insieme, *proper place*

20   la sera, in cucina a guardare la televisione, e venivano
anche i vicini, facevamo arrostire due castagne°, si pas- *we roasted chestnuts*
sava il tempo allegramente. Ho sbagliato, quando sono
andata via da quell'altra casa. Sono andata via perchè
mi davano poco. Ma ho sbagliato. Qui la signora mi ha

25   regalato anche un golf di cachemire. Però non mi
trovo. Non è il lavoro. Le dico, non è il lavoro. Io è tutta
la vita che lavoro, faccio la serva da quando avevo
undici anni. No, è il posto. Quando sono uscita domenica, sono andata al cinema in paese, davano un

30   giallo°, e sono venuta via che erano le nove, quasi *they were showing a thriller*
volevo prendere un'autopubblica, perchè dal paese a
qui è un bel pezzo di strada°. Ma chiedevano mille lire. *it's quite a way*
Sono venuta a piedi, e c'era un buio°, non passava *it was very dark*
un'anima, e non le dico che paura che avevo, un po'

35   che il film era tutto di morti, un po' che si deve anche
passare lungo il muro del cimitero°, e sono arrivata qui *cemetery wall*
che ero tutta coperta di un sudore gelato°, e ho trovato *a cold sweat*
la signora in salotto che suonava il piano, e le ho detto:
«Non dovessi finire morta assassinata, quando torno a

40   casa». Lei mi ha detto: «Se ha paura del buio, può
prendere la pila elettrica°, un'altra volta». Io ho detto: *the flashlight*
«Non so se ci sarà un'altra volta. Non so se mi fermo
fino a un'altra domenica, perchè non mi trovo». Lei ha
detto: «Si fermi almeno finchè non ho un'altra donna.

45   Non mi lasci, che mio marito parte così spesso, e io
come faccio qui sola?» Mi ha fatto pena°. Però dica la *I felt sorry for her*

verità, ci starebbe lei qui? In campagna, fra tutti questi
alberi? Ci starebbe lei?

BARBARA: Io starei dappertutto. Salvo che° a casa mia.   *except for*
TOSCA: Lo dice. Lo dice, ma non è vero, non ci starebbe.

Natalia Ginzburg

Parole da ricordare

bagnarsi	to get wet, soaked; **bagnato** wet (the opposite is **asciutto** dry)
fare + definite article + noun	to be a . . . (profession)
	faccio il dottore, faccio l'infermiera
farcela	to make it. manage
non farcela	not to cope, not to be able to go on
regalare qualcosa a qualcuno	to give (a gift) to someone; **regalo** gift
sbagliare (also: sbagliarsi)	to make a mistake, to be mistaken; **sbaglio** mistake
tardare	to be late
trovarsi (bene)	to like it
a piedi	on foot; **andare (venire) a piedi** to walk
l'autopubblica (also: il tassì or taxi)	taxi
il fiammifero	match; **cerino** waxed match
finchè non	until
il giallo	a thriller (movie); a detective story
il golf, i golf	sweater
il mucchio	heap; **un mucchio di** a lot of
per fortuna	fortunately

Studio di parole

to play

suonare
to play an instrument, to ring
Suono il piano e la chitarra.
I play the piano and the guitar.

recitare
to act on the stage or in movies.
Quell'attore recita bene.
That actor acts well.

giocare a + noun
to play a game/a sport
Io gioco a tennis; tu giochi a carte.
I play tennis; you play cards.

to work

lavorare
to work

Lavorano in una fabbrica di biciclette.
They work in a bicycle factory.

funzionare
to work (machines, systems, etc.)

Il televisore non funziona.
The TV is not working.

to spend

passare
to spend time

Passavamo il tempo allegramente.
We spent the time happily.

Dove hai passato le vacanze?
Where did you spend your vacation?

spendere
to spend money

Hai pagato duemila lire? Hai speso troppo.
Did you pay two thousand lire? You spent too much.

CONVERSAZIONE SULLA LETTURA

1. Perchè Tosca non vuole essere chiamata "signora"?
2. Perchè Tosca non si trova bene in questa casa?
3. Come mai le donne di servizio stanno poco in questa casa?
4. Come passa le serate Tosca? Come le passava prima?
5. Che sbaglio ha fatto Tosca?
6. Le piacerebbe lavorare in casa dell'avvocato?
7. Che cosa convince Tosca ad andarsene?
8. Lei ha paura dopo che vede un giallo al cinema?
9. Ha notato qualcosa di strano in Barbara?
10. Secondo Lei, Barbara è veramente "una cugina"?

TEMI PER COMPONIMENTO O DISCUSSIONE

1. Fare un ritratto della "signora".
2. Tosca dice: "Ciascuno deve stare al suo posto". Lei è d'accordo o no con questa affermazione? Spiegare.
3. Vivere in campagna o vivere in città? Vantaggi e svantaggi rispettivi.

UNIT 6

- The *passato remoto*
- Two Past Perfect Tenses: *trapassato prossimo* and *trapassato remoto*
- *Ci (vi)*
- *Ne*
- *Pensare a / pensare di*
- Combined Forms of Object Pronouns
- Lettura: *Amore*

Grammatica

IL PASSATO REMOTO

Regular verbs

The **passato remoto** (past absolute, *I loved, I did love*) is formed by adding to the infinitive stem the characteristic vowel of the verb (except for the third person singular of **-are** verbs) and the appropriate endings.

PASSATO REMOTO OF REGULAR VERBS

amare	credere	finire
amai	credei (credetti)	finii
amasti	credesti	finisti
amò	credè (credette)	finì
amammo	credemmo	finimmo
amaste	credeste	finiste
amarono	crederono (credettero)	finirono

1. Note the placement of stress in the third person plural.

2. Most **-ere** verbs have an alternate set of endings for the first and third persons singular and the third person plural.

   Carlo andò in cucina e si sedette al tavolo.
   Carlo went into the kitchen and sat at the table.

Irregular Verbs

Following are the **passato remoto** forms of some common irregular verbs:

avere	essere	dare	stare
ebbi	fui	diedi (detti)	stetti
avesti	fosti	desti	stesti
ebbe	fu	diede (dette)	stette
avemmo	fummo	demmo	stemmo
aveste	foste	deste	steste
ebbero	furono	diedero (dettero)	stettero

1. The majority of the verbs which have an irregular **passato remoto** (most of which are -ere verbs) follow a "1-3-3" pattern. The irregularity only occurs in the first person singular and the third persons singular and plural.

chiedere
chiesi
chiedesti
chiese
chiedemmo
chiedeste
chiesero

2. The most common verbs following the "1-3-3" pattern are:

chiudere	chiusi	piacere	piacqui	scrivere	scrissi
conoscere	conobbi	prendere	presi	succedere	successi
decidere	decisi	rimanere	rimasi	tenere	tenni
leggere	lessi	rispondere	risposi	vedere	vidi
mettere	misi	rompere	ruppi	venire	venni
nascere	nacqui	sapere	seppi	volere	volli

3. **Dire, fare** and **tradurre** use the original Latin infinitives (**dicere, facere** and **traducere**) to form the regular persons.

dire	fare	tradurre
dissi	feci	tradussi
dicesti	facesti	traducesti
disse	fece	tradusse
dicemmo	facemmo	traducemmo
diceste	faceste	traduceste
dissero	fecero	tradussero

Uses of the *passato remoto* and the *passato prossimo*

A. The **passato remoto,** like the **passato prossimo,** expresses an action which was completed in the past. The formal rules are:

   1. If the action took place in a period of time which is not yet over (today, this month, this year), or if the effects of the action are continuing in the present, the **passato prossimo** is used.

In questo mese **ho letto** molto.	Tu **hai ereditato** molti soldi.
This month I've read a lot.	*You have inherited a lot of money.*

   2. If the action occurred during a period of time which is over (two months ago, last year, the other day) and the action is considered completely finished and without continuing effect, the **passato remoto** is used.

L'altro giorno **incontrai** tuo fratello.	L'anno scorso **andammo** al mare.
The other day I met your brother.	*Last year we went to the beach.*

   3. Today many Italians (especially in the North) never use the **passato remoto** in speaking or writing unless it is formal writing. Some people use both tenses. Others (especially in the South) tend to use the **passato remoto** every time they write or talk about the past, no matter how recent it may be. Students of Italian are advised to use the **passato prossimo** in everyday conversation and to learn the forms of the **passato remoto** in order to understand them, to write them and above all to recognize them when they are used in literary texts.

B. The **imperfetto** is used with both the **passato prossimo** and the **passato remoto** for descriptions (on-going actions, outward conditions or inner states of mind) or habitual actions.

Dato che non **avevano** molto tempo, **partirono** (sono partiti) subito.	**Arrivai** (sono arrivato) alla stazione proprio mentre il treno **partiva.**
Since they didn't have much time, they left right away.	*I got to the station just as the train was leaving.*

— ...e immaginatevi il ribrezzo che provò il ranocchio **ad essere trasformato** in principe...

ESERCIZI

a. *Sostituire il passato remoto al passato prossimo:*

1. Lo abbiamo conosciuto in casa di amici e poi l'abbiamo rivisto al cinema.
2. Paolo è uscito senza cappotto e ha preso freddo.
3. Sono passato in biblioteca e sono riuscito a trovare il libro che cercavo.
4. Le ho chiesto come stava ma lei non ha risposto.
5. Tu li hai invitati ad entrare ma loro hanno preferito aspettare fuori.
6. L'incidente è avvenuto sull'autostrada: non ci sono stati morti.
7. — Chi ha detto: "Venni, vidi, vinsi"? — È stato Cesare.

b. *Riscrivere le seguenti frasi al passato usando correttamente l'imperfetto e il passato remoto:*

1. Me ne vado perchè ho fretta.
2. Non riusciamo a sapere che età hanno.
3. Dice che non può venire.
4. Smetto di lavorare perchè non mi sento bene.
5. Noleggiamo una macchina perchè c'è lo sciopero degli autobus.
6. Vedete la signora in salotto che suona il piano?
7. Ti chiedono se vuoi guardare la televisione.
8. Ci domandano come stiamo.

c. *Dare la forma corretta dell'imperfetto o del passato remoto dei verbi fra parentesi.*

Molto tempo fa _____ (vivere) nella città di Verona un ricco signore che _____ (avere) un novelliere *(story-teller)* al quale, per passatempo, _____ (fare) raccontare delle favole durante le lunghe serate d'inverno. Una notte che il novelliere _____ (avere) gran voglia di dormire, il suo signore gli _____ (dire), come al solito, di raccontare qualche bella storia. Allora egli _____ (raccontare) la seguente novella: "Ci _____ (essere) una volta un contadino che era andato alla fiera con cento monete *(coins)* e aveva comprato due pecore *(sheep)* per ogni moneta. Tornato con le sue pecore a un fiume che aveva passato pochi giorni prima, _____ (trovare) che il fiume era molto cresciuto per una gran pioggia. Mentre il contadino _____ (stare) alla riva e _____ (aspettare) aiuto, _____ (vedere) venir giù per il fiume un pescatore *(fisherman)* con una barchetta, ma tanto piccola che _____ (contenere) soltanto il contadino e una pecora per volta. Il contadino _____ (cominciare) a passare con una pecora; il fiume _____ (essere) largo; egli _____ (remare *to row*) e _____ (passare)." Qui il novelliere _____ (smettere) di raccontare. "Continua" _____ (dire) il signore. Ed egli _____ (rispondere): "Lasciate passare le pecore, poi racconterò il fatto". E _____ (mettersi) comodamente a dormire.

(adapted from *Il Novellino*)

d. *Sostituire il passato prossimo al passato remoto:*

1. Si sedettero vicino alla finestra.
2. La pagò poco.
3. Vidi un giallo.
4. Gli telefonammo molte volte.
5. Lei non potè fermarsi.
6. Mi regalarono un golf di cachemire.
7. Il film durò due ore.
8. Ti vestisti in fretta.

TWO PAST PERFECT TENSES

Trapassato prossimo

The **trapassato prossimo** (past perfect or pluperfect, *I had loved*) is formed with the **imperfetto** of **avere** or **essere** plus the past participle of the verb. The agreement of the past participle follows the same rules as the **passato prossimo.**

Verbs conjugated with **avere**	Verbs conjugated with **essere**
avevo	ero
avevi	eri
aveva } amato	era } partito/a
avevamo	eravamo
avevate	eravate } partiti/e
avevano	erano

The **trapassato prossimo** corresponds to the English past perfect (*had* + past participle: *I had worked, he had gone, she had fallen*), or to the simple past *(I worked, he went, she fell)* in which *had* is implied. It can be used in both independent and subordinate clauses.

Erano andati tutti al cinema quella sera.
They had all gone to the movies that evening.

Non ti ho detto che **era venuta** sola?
Didn't I tell you she had come (she came) alone?

Ero stanco perchè **avevo lavorato** troppo.
I was tired because I had worked too much.

Scusi. Signora, non L'ho salutata. perchè non L'**avevo riconosciuta.**
Excuse me, Madam, I didn't greet you because I hadn't recognized (I didn't recognize) you.

Trapassato remoto

The **trapassato remoto** *(I had loved)* is formed with the **passato remoto** of **avere** or **essere** plus the past participle of the verb.

Verbs conjugated with **avere**	Verbs conjugated with **essere**
ebbi	fui
avesti	fosti } partito/a
ebbe } amato	fu
avemmo	fummo
aveste	foste } partiti/e
ebbero	furono

The **trapassato remoto,** which also corresponds to the English past perfect, is used only in subordinate clauses which are introduced by conjunctions of time, such as **quando, dopo che,** [**non**] **appena, come, finchè non,** and only if the verb in the independent clause is in the **passato remoto.** Its use is thus very limited and is confined mostly to formal narrative.

Appena **ebbe detto** quelle parole, si pentì.
As soon as he had said those words, he was sorry.

Quando egli **fu uscito,** tutti rimasero fermi in silenzio.
When he had left, everybody kept still and silent.

— **Ti avevo avvertita di lasciar lavorare in pace il pittore!**

ESERCIZI

a. *Sostituire ai verbi fra parentesi la forma corretta del trapassato prossimo o remoto.*

1. Quando siamo usciti, _____ (smettere) di piovere.
2. Gli ho raccontato la barzelletta che mi _____ (raccontare) tu.
3. Professore, Le ho portato il libro che mi _____ (chiedere).
4. Appena mi _____ (riconoscere), mi salutarono cordialmente.
5. Trovammo un ragazzo che _____ (addormentarsi) su una panchina.
6. Hai detto che _____ (capire), ma in realtà non hai capito un bel niente!
7. Visitammo la città dopo che _____ (riposarsi) un po'.

b. *Tradurre:*

1. Had you already left the store when it began to snow?
2. Did he ask you where you had found his pipe?
3. We had already heard the news when Teresa called us.
4. She refused to tell me where she had been.
5. They usually came in after we had left.
6. He got angry because his daughter had returned home late.
7. Did he pay you after you had done the work?

CI (VI)

A. Ci (and less commonly **vi**) is used to refer to a previously mentioned place or to replace a phrase introduced by **a**, **in** or **su**. Ci refers most often to things and not to people. Ci replaces:

1. **a** (**in, su, da**) + *a place*

—Sei stato **a Roma?** — No, non **ci** sono mai stato.
—*Have you ever been to Rome?* — *No, I've never been there.*
—Sono saliti **sull'albero?** — Sì, **ci** sono saliti.
—*Did they go up the tree?* — *Yes, they went up there.*

Tosca abita **in campagna**, ma non **ci** sta volentieri.
Tosca lives in the country, but she doesn't stay there willingly.
— Non siete andati **dal dottore?** — Sì, **ci** siamo andati.
—*Didn't you go to the doctor?* — *Yes, we went there.*

2. **a** (**su**) + *noun* (indicating things)

— Tu credi **ai sogni?** — No, non **ci** credo.
—*Do you believe in dreams?* — *No, I don't believe in them.*

—Posso contare **sul tuo silenzio?** — Sì, **ci** puoi contare.
— *May I count on your silence?* — *Yes, you may count on it.*

3. **a** + *an entire clause*

— Sono riusciti **a finirlo?** — Sì, **ci** sono riusciti.
—*Did they succeed in finishing it?* — *Yes, they succeeded in that.*

Hai pensato **a quello che può succedere?** Non **ci** hai pensato?
Have you thought of what may happen? You haven't thought of it?

Note that the placement of **ci** is the same as that of object pronouns. Ci is used with verbs requiring **a/in/su**. For a list of these verbs see pp. 326–328 of the Appendix.

B. Following are some uses and constructions with **ci:**

1. In colloquial Italian, **ci** is frequently expressed with the verb **avere**. Here **ci** has a purely idiomatic role and does not add to the meaning of the sentence.

Tu **ci** hai la ragazza?
Have you got a girl-friend?

Ci avete la televisione a colori in Italia?
Do you have color TV in Italy?

2. Often **ci** is used redundantly, in addition to **a** or **in** + *phrase*.

Io **ci** ho provato a lavorare.
I did try to work.

In quella strada non **ci** passava mai nessuno.
Nobody ever went down that street.

3. Some verbs, when used with **ci,** have different meanings.

entrarci
to have something to do with

Tu non ti devi occupare di questo: tu non **c'entri.**
You must not concern yourself with that: you have nothing to do with it.

vederci *to be able to see*	Ho acceso la luce perchè non **ci vedevo.** *I turned on the light because I couldn't see.*
sentirci *to be able to hear*	Dovete parlare più forte: non **ci sento.** *You must speak louder: I can't hear.*
rimaner(ci) male *to be disappointed*	**(Ci) sono rimasto male** quando non mi ha salutato. *I was disappointed when he didn't greet me.*
metterci[1] *to take*	Quanto tempo **ci hai messo** per finire la tesi? *How long did it take you to finish your dissertation?* La lettera **ci ha messo** più di un mese per arrivare. *The letter took more than a month to arrive.*
volerci[1] *to take*	**Ci vuole** molto tempo per imparare bene una lingua. *It takes a long time to learn a language well.* **Ci vogliono** molti soldi per vivere in Italia oggi. *It takes a lot of money to live in Italy today.*

Volerci is used in the third person singular or plural depending upon the number of the noun it precedes. It is conjugated with **essere** in compound tenses.

Ci vuole + *singular*	C'è voluto/a + *singular*
Ci vogliono + *plural*	Ci sono voluti/e + *plural*
It takes, one needs	*It took, one needed*

If another verb follows **volerci** or **metterci,** it is expressed by **per (a)** + *infinitive*

Ci vuole un'ora **per (a)** finire tutto. *It takes an hour to finish everything.*	Quanto **ci avete messo a (per)** venire? *How long did it take you to get here?*

4. Notice the position of **ci** when it is used with a reflexive verb:

Abito		mi	ci		trovo
Abiti		ti	ci		trovi
Abita	a Roma e		ci	si	trova
Abitiamo			vi	ci	troviamo
Abitate		vi	ci		trovate
Abitano			ci	si	trovano

bene.

---

1. **Volerci** and **metterci** both mean *to take (time)*. **Volerci** is used when the subject is not indicated *(it takes)*. **Metterci** is used when the subject (person or thing) is expressed *(I take)*.

— **Adesso che ci penso, credo di aver dimenticato il cane chiuso nel bagno...**

ESERCIZIO

Completare le seguenti frasi con la forma corretta di **volerci** *o* **metterci.**

1. Tu hai letto il romanzo in un'ora? Io _____ tre ore!
2. Quanto tempo _____ per costruire una casa in America?
3. Quando non c'erano i jet, _____ molte più ore per traversare l'Atlantico; oggi, da New York a Milano, _____ solo sette ore e quindici minuti!
4. Io scrivo sempre in Italia; una lettera _____ cinque o sei giorni in condizioni normali.
5. Ha detto di sì, ma _____ molto per convincerlo.
6. Quando c'è molto traffico, i miei cugini _____ un'ora per traversare la città.

NE

A. **Ne** is used to express the pronouns *some, any.* With numbers and expressions of quantity **ne** means *of it, of them* (even though *of it* and *of them* may not be expressed in English). **Ne** replaces:

   1. the partitive

      — Vuoi **del formaggio?** — Sì, **ne** voglio.
      — *Do you want some cheese?* — *Yes, I want some.*

   2. a noun preceded by a number or an expression of quantity

      — **Quante sorelle** avete? — **Ne** abbiamo due.
      — *How many sisters do you have?* — *We have two.*

3. **di** + *noun* (indicating things or people)

Parla sempre **di** Anna; **ne** parla sempre.
He always talks about Anna; he always talks about her.

— Hanno paura **degli esami?** — Sì, **ne** hanno paura.
— Are they afraid of exams? — Yes, they are afraid of them.

4. **di** + *an entire clause*

— Avete voglia **di uscire?** — No, non **ne** abbiamo voglia.
— *Do you feel like going out?* — *No, we don't feel like it.*

5. **da** + *place*

— È già uscito **dal portone?** — Sì, **ne** è uscito in questo momento.
— *Did he already go out the door?* — *Yes, he just this minute went out (of it).*

Note that when **ne** refers to a previously mentioned place, the meaning is *from there*. In this usage **ne** is the opposite of **ci** *(to) there*. The position of **ne** is the same as that of object pronouns.

B. Following are some uses and constructions with **ne**.

1. Note the position of **ne** when it is used with a reflexive verb.

Mi	lamento		me	ne	lamento.
Ti	lamenti		te	ne	lamenti.
Si	lamenta	del freddo;	se	ne	lamenta.
Ci	lamentiamo		ce	ne	lamentiamo.
Vi	lamentate		ve	ne	lamentate.
Si	lamentano		se	ne	lamentano.

2. **Ne** is used with verbs which require **di** (like **accorgersi di**).

Quando non dite la verità, **ce ne accorgiamo** subito.
When you don't tell the truth, we notice it right away.

For a list of verbs requiring **di**, see pp. 327–328 of the Appendix.

3. When **ne** is added to the verbs **stare, partire, ritornare** and **rimanere**, they become reflexive to form **starsene, partirsene, ritornarsene** and **rimanersene** but do not change in meaning. **Andarsene** means the same as **andare via** *to go away (from a place)*.

Qui si annoiano; per questo **se ne vanno.**
They get bored here; that's why they take off.

Voi **ve ne andate?** Noi **ce ne rimaniamo** ancora un po'.
Are you leaving? We'll stay a little while longer.

Piano piano **se ne è ritornato** a casa.
Slowly he returned home.

4. Often **ne** is used redundantly in addition to **di** + *phrase:*

Che **ne** dici **di questo quadro?**
What do you think of this painting?

Del romanzo era meglio non parlar**ne**.
It was better not to talk about the novel.

5. When **ne** is used with the verb **esserci (c'è, ci sono, c'era,** etc.**), ci** changes to **ce (ce n'è, ce ne sono, ce n'era,** etc.**).**

— C'è del vino? — Sì, **ce n'è.**   C'era molta gente; **ce n'era** molta davvero.
—*Is there any wine?* — *Yes, there is*   *There were a lot of people; there were really a*
some.   *lot.*

— Ci sono ristoranti italiani? — No, non **ce ne sono.**
—*Are there any Italian restaurants? — No, there aren't any.*

6. When **ne** is used in a compound tense, the past participle must agree in gender and number with the noun **ne** replaces only when **ne** replaces a partitive:

— Ha comprato **dei romanzi?**   — Sì, **ne ha comprati.**
— *Did he buy any novels?*   — *Yes, he bought some.*

If **ne** replaces the non-partitive **di** + *noun* or accompanies numbers and expressions of quantity, there is normally no agreement in the past participle:

— Ha parlato **dell'economia italiana?**   — Sì, **ne** ha parlato.
— *Did he talk about Italian economy?*   — *Yes, he talked about it.*

— Quanti quadri hanno rubato?   — **Ne** hanno rubato **tre.**
— *How many paintings did they steal?*   — *They stole three.*

7. With **tutto** the direct object pronouns are used instead of **ne.** In English we can say *I ate all of them,* in Italian one must say **Le ho mangiate tutte** *(I ate them all).*

Non ho più arance; le ho mangiate tutte.
I don't have any more oranges; I ate them all.

— Ce n'è uno uguale al Louvre? È sicuramente falso.

ESERCIZIO

Completare le seguenti frasi usando **ci** *o* **ne.**

1. — Voi credete agli UFO? — No, non _____ crediamo.
2. — Hanno bisogno di carta? — No, non _____ hanno bisogno.

3. — È vero che si lamentano sempre dei loro superiori? — Sì, se _____ lamentano sempre.
4. — Avevate paura del buio quando eravate bambini? — Sì, _____ avevamo paura.
5. — Allora, posso contare sul tuo aiuto? — Sì, _____ puoi contare senz'altro!
6. Io ho partecipato alle loro riunioni: _____ vuole partecipare anche Lei?
7. Tre bicchieri non bastano: bisogna prender _____ almeno sei.
8. Arrivarono a Genova la mattina e _____ ripartirono la sera.
9. È un'università famosa: _____ hanno studiato molti grandi scrittori.
10. — Ragazzi, siete passati in biblioteca? — Sì, _____ siamo passati.

PENSARE A/PENSARE DI

A. Pensare a means *to think of* or *about.*

Pensate agli esami?
Are you thinking about the exams?

1. **Pensare a** can also mean *to take care* or *look after someone or something.*

   La mamma **pensa a** tutto: **alla** casa, **al** negozio, **alla** famiglia.
   Mother takes care of everything: the house, the shop, the family.

2. It can also mean *to see to something.*

   Avete pensato ai rinfreschi?
   Did you see to the refreshments?

3. **Ci** is used with **pensare a.**

   Penso all'Italia; **ci** penso sempre.
   I think of Italy; I think of it all the time.

B. Pensare di means to *have an opinion about.*

Che cosa **pensate degli** esami?
What do you think of the exams?

Ne is used with **pensare di.**

Che cosa **penso dell'**Italia? Che cosa **ne** penso?
What do I think about Italy? What do I think about it?

C. Following are more special uses of **pensare:**

1. **Pensarci su** and **ripensarci** both mean *to think it over.*

   Ci hanno **pensato su** prima di dare una risposta.
   They thought it over before giving an answer.

2. **Pensare di** + *infinitive* is used to convey the meaning *intend to, plan to, consider doing something;* **pensare a** + *infinitive* conveys the general meaning of *to think of.*

Pensiamo di andare in Italia quest'estate.
We are planning to go to Italy this summer.

Non **pensa** mica **a studiare** lui: **pensa** solo **a divertirsi!**
He doesn't think at all about studying: he only thinks about having a good time!

3. **Credere** is generally used to convey *to think* meaning *to believe.*

Credo di avere ragione.
I think I am right.

Perchè **credete** che abbiamo fretta?
Why do you think we're in a hurry?

— Ma insomma, Napoleone, chi ti credi di essere?

ESERCIZIO

Scegliere la forma corretta fra parentesi.

1. — Pensa _____ (al, del) futuro dei bambini? — Sì, _____ (ci, ne) pensa.
2. — Che cosa pensate _____ (a, di) questo libro? — Be', veramente non sappiamo cosa pensar _____ (ci, ne).
3. Hai pensato _____ (alle, delle) conseguenze dello sciopero? Bisogna pensar _____ (ci, ne) a queste cose!
4. Avevano pensato _____ (a, di) partire alla fine di maggio, ma poi hanno dovuto aspettare fino a luglio.

COMBINED FORMS OF OBJECT PRONOUNS

Indirect object pronouns + direct object pronouns
Indirect object pronouns + *ne*

Following is a chart showing the order used when direct object pronouns and indirect object pronouns are used in the same sentence, and also when indirect object pronouns and **ne** are used in the same sentence.

INDIRECT + DIRECT FORMS
INDIRECT FORMS + **ne**

INDIRECT OBJECT PRONOUNS	Direct Object Pronouns				
	lo	**la**	**li**	**le**	**ne**
mi	me lo	me la	me li	me le	me ne
ti	te lo	te la	te li	te le	te ne
gli, le, Le	glielo	gliela	glieli	gliele	gliene
ci	ce lo	ce la	ce li	ce le	ce ne
vi	ve lo	ve la	ve li	ve le	ve ne
. . . **loro**	lo . . .	la . . .	li . . .	le . . .	ne . . . loro

Note the change from -i to -e when the indirect forms combine with **lo, la, li, le, ne,** as in **me lo, te ne,** etc. **Gli** *(to him)* and **le** *(to her, to you)* become **glie-** and form one word (**glielo, gliela, glieli, gliele, gliene**). In the combined forms there is no distinction between *to him, to her, to you*.

In present-day Italian the forms **glielo, gliela, glieli, gliele, gliene** tend to replace **lo, la, li, le** or **ne** + **loro** *(it, them, some + to them)*.

1. The combined forms occupy the same position in a sentence as the single forms. They precede a conjugated verb and follow an infinitive. They can either precede or follow an infinitive governed by **dovere, potere** or **volere.**

   Vuole il conto? **Glielo** porto subito.
   Do you want the check? I'll bring it to you immediately.

   Se vi chiedono dove abito, non dovete dir**glielo** (dir**lo** loro).
   If they ask you where I live, you must not tell them.

   Paolo chiede l'indirizzo? Allora bisogna dar**glielo**!
   Is Paolo asking for the address? Then you'd better give it to him!

   —Le avete mandato i fiori? — Sì, **glieli** abbiamo mandati.
   — You sent her flowers? — Yes, we sent them to her.

   Note that the past participle still agrees in gender and number with the preceding direct object pronoun, even when the direct object pronoun is combined with another pronoun.

2. In colloquial Italian **ci** is frequently used with the verb **avere** + *direct object pronouns* or **avere** + **ne: ce lo, ce la, ce li, ce le, ce ne** + **avere.**

   — (Ci) avevate già la televisione in Italia nel 1960?
   — *Did you already have TV in Italy in 1960?*
   — Sì, **ce** l'avevamo già.
   — *Yes, we already had it.*

   — Scusi, ha detto che non ha più pane?
   — *Excuse me, did you say that you don't have any bread left?*
   — È vero, non **ce** n'ho più.
   — *That's right, I don't have any left.*

3. Note the position of the pronouns with reflexive verbs.

Mi	metto			me	li	metto.
Ti	metti			te	li	metti
Si	mette		gli occhiali;	se	li	mette.
Ci	mettiamo			ce	li	mettiamo.
Vi	mettete			ve	li	mettete.
Si	mettono			se	li	mettono.

When **ci** is used with direct object pronouns, its position and form vary:

Mi			mi	ci
Ti			ti	ci
Ci[1]			——	——[1]
Vi	manda in montagna;		vi	ci	manda.
Lo			ce	lo
La			ce	la
Li			ce	li
Le			ce	le

Idioms with Pronouns

Following are some idiomatic expressions which include a form of a personal pronoun (single or combined form), usually the feminine **la,** which refers to an unexpressed noun such as **cosa, vita, causa,** etc.

avercela con qualcuno *to have a grudge against someone*	Io non ti ho fatto niente: perchè **ce l'hai** con me? *I didn't do anything to you: why do you have a grudge against me?*
farcela *to manage, to cope*	Aveva studiato poco ma è riuscito a **farcela** agli esami. *He hadn't studied very much but he managed to do well on his exams.*
finirla, smetterla *to stop it*	È ora di **finirla** con questo chiasso. *It's time this uproar stopped.*
godersela *to enjoy life*	Michele non fa nulla tutto il giorno e **se la gode.** *Michele does nothing all day and just enjoys life.*
prendersela *to take offense*	Mi ha rimproverato e io **me la sono presa.** *He reprimanded me and I took offense.*

---

1. **Ci,** *us,* does not combine with **ci,** *there.* To avoid **ci ci,** use **ci manda là.**

— Cerchi tua madre? Puoi descrivermela?

ESERCIZI

a. *Sostituire alle parole in corsivo la forma corretta dei pronomi corrispondenti e riscrivere le frasi.*

1. — Ha già raccontato questa favola ai bambini? — Sì, ho già raccontato *questa favola ai bambini.*
2. — Non vuoi chiedere l'indirizzo alla ragazza? — No, non voglio chiedere *l'indirizzo alla ragazza.*
3. — Offri sempre il caffè al dottore? — Sì, offro sempre *il caffè al dottore.*
4. — Chi ha portato le rose alla signora? — È Carlo che ha portato *le rose alla signora.*
5. — Ha messo il sale nella minestra? — No, non ho ancora messo *il sale nella minestra.*
6. — Qualcuno ha indicato la strada ai turisti? — No, nessuno ha indicato *la strada ai turisti.*
7. — Hai aperto la porta al professore? — Sì, io apro sempre *la porta al professore.*

b. *Completare le seguenti frasi con i pronomi adatti:*

1. È vero che non gli vuoi restituire le lettere? È vero: non _____ voglio restituire.
2. Mi puoi spiegare la situazione? Mi dispiace, ma non posso spiegar _____.
3. Ti ha descritto la casa? No, non _____ ha descritta.
4. Quand'è che ci mostri le foto? _____ mostro dopo cena, va bene?
5. Perchè non si mette gli occhiali? Non _____ mette perchè ci vede.
6. Ve ne andate già? Sì, _____ andiamo perchè è tardi.
7. Mamma, mi racconti una favola? _____ racconto anche due se fai la brava.
8. Si ricorda il nome di quel cantante? No, non _____ ricordo.
9. Ti sei abituata al suo modo di parlare? Sì, _____ sono abituata, ma con fatica.
10. Avete detto il prezzo alla mamma? No, non vogliamo dir _____.

c. *Riscrivere le seguenti frasi sostituendo alle parole in corsivo i pronomi adatti e facendo i cambiamenti necessari:*

1. Mi racconti *la trama?*
2. Ci volete parlare *dello sciopero?*
3. Voi non andate *a sciare?*
4. Non ti hanno presentato *la signora?*
5. Le hai portato *gli appunti?*
6. Vi hanno promesso *l'aumento?*
7. Lei dà importanza *alle convenzioni sociali?*
8. Gli hai regalato *i piatti?*
9. Gli hai regalato dodici *piatti?*
10. Vi siete abituati *all'espresso?*

d. *Tradurre:*

1. He asked me why I hadn't told him before.
2. The sweater? I gave it to her because I had promised it to her.
3. You have three cars: why don't you lend me one?
4. They had gone away, and we didn't know anything about it!
5. — Girls, do you feel like eating? — No, we don't feel like it.
6. The thief **(ladro)** had already fled when the police arrived. *(Remember that* **polizia** *is a singular noun and that the verb therefore should be in the singular.)*

e. *Un po' di conversazione . . . Rispondere alle seguenti domande:*

1. Lei se la prende quando qualcuno La rimprovera? Se la risposta è no, quand'è che Lei se la prende?
2. Ha molta pazienza Lei? Conosce qualcuno che ne ha molta?
3. Secondo Lei, un Americano che va all'estero trova difficile abituarsi a che cosa?
4. Si è mai pentito/a di aver detto di no?
5. C'è una cosa che Lei si dimentica regolarmente di fare?

Lettura

Amore

(Fausto e Anna, i protagonisti del romanzo, si rivedono un anno dopo che si sono conosciuti.)

Si rividero l'estate seguente. L'incontro avvenne di mattina, sul viale: c'era poca gente, stante° il caldo e la giornata feriale.   **a causa di**
Fausto aveva scorto° Anna quando era ancora lontana; e proprio   *from* **scorgere: visto**
per questo, forse, gli sarebbe mancato il coraggio di fermarla; ma
5 fu lei che gli andò incontro sorridendo cordialmente:

     — Come sta?

     — Non c'è male, e lei?

     — Quando è arrivato?

     — Ieri.

10   — Già°, me l'avevano detto.   *Oh, yeah!*

     — Chi gliel'aveva detto?

     — Vittorina . . . la mia amica, — rispose Anna confondendosi. Fausto tacque per qualche istante; poi:

— Cos'è quella musica? — chiese indicando il fascicolo che Anna teneva sotto il braccio.

— Torno da lezione, — rispose Anna.

— Lei studia musica? Non lo sapevo.

5 — Sì . . . ho ripreso il piano. Tanto per far qualcosa. E lei? — chiese con insolita vivacità. — Ha sempre quelle strane idee?

— Più di prima, — rispose Fausto.

— Questo mi dispiace, — disse Anna.

10 — Perchè le dispiace?

Anna non rispose.

— Torniamo indietro? — propose Fausto.

Anna scosse° il capo:

from **scuotere**: *shook*

— È tardi per me. Tanto ci rivedremo, no?

15 — Quando? — le chiese Fausto.

— Mah . . . quando capita.

— Io . . . le devo parlare, — disse Fausto.

Anna capì di che si trattava.

— Venerdì nel pomeriggio ho ancora lezione, — disse — Sa

20 dove abita il maestro Galli? Sulla strada del seminario . . . mi aspetti per lì,° verso le cinque e mezzo, — e, salutatolo° in fretta, si allontanò.

around there/**avendolo salutato**

Nei giorni successivi Fausto incontrò ancora un paio di volte Anna, ma non tentò di fermarla: egli capiva che ormai, prima

25 dell'appuntamento e della dichiarazione che si proponeva di farle, non c'era altro da dire, nulla di cui parlare. Ma l'attesa lo snervava°, e ricercò la compagnia di Dino Rossi, perchè il tempo gli passasse prima.

made him nervous

— Ho solo dieci minuti di tempo, — disse per prima cosa

30 Anna.

— Perchè? — fece° Fausto.

disse

— Altrimenti mia mamma si accorge del ritardo.

Presero° lungo le vecchie mura etrusche, dirigendosi verso il seminario. La strada appariva deserta. Ma Anna non si sentiva

andarono

35 tranquilla: appunto perchè era una strada poco frequentata, era

compromettente farvisi vedere° con un giovanotto.   essere visti là

     Per cinquanta passi Fausto non ebbe la forza di aprir bocca.
Finalmente disse:

     — Tutto quest'anno ho pensato a lei.

5   Pronunciò bene le parole, perchè in questo modo gli riusciva°   gli era
più facile parlare: le parole scandite venivano a staccarsi l'una
dall'altra, e la frase era come se perdesse il significato. Ma per
Anna essa significò molto, sebbene se l'aspettasse.

     — Sono innamorato di lei, ecco tutto.

10   Anna taceva e guardava fissa davanti a sè.

     — Ebbene? — le chiese Fausto senza guardarla.

Carlo Cassola

Parole da ricordare

aspettarsi qualcosa	to expect something
confondersi (*past part.* confuso, *past abs.* confusi)	to become confused
fare dichiarazione a una ragazza	to propose to a girl
farsi vedere	to show one's face
proporre (*past part.* proposto, *past abs.* proposi)	to propose, suggest
proporsi di + *infinitive*	to plan, to intend to do something
scorgere (*past part.* scorto, *past abs.* scorsi)	to see, to discern
tacere (*past part.* taciuto, *past abs.* tacqui)	to be quiet, to keep silent
l'attesa (*from* attendere = aspettare)	wait
il capo (=la testa)	head; chief, boss
ecco tutto	that's all
la giornata feriale	week-day, working day; the opposite is giornata festiva
il muro (*two plurals:* muri, mura)	wall; the feminine plural form **mura** means city walls
il viale	avenue

Studio di parole

to happen

accadere   avvenire   capitare   succedere

The four verbs above all convey the meaning *to happen*. **Succedere** is used the most frequently. Do not confuse **succedere** with *to succeed* which is **riuscire**.

Che cosa è accaduto? Che cosa accadde?
Che cosa è avvenuto? Che cosa avvenne?
Che cosa è capitato? Che cosa capitò?
Che cosa è successo? Che cosa successe?
What happened?

to succeed

Riuscire di + *infinitive*   **riuscire a** + *infinitive*

Riuscire *(to succeed in)* is used in both personal and impersonal constructions.
1. **Riuscire di** + *infinitive* is used only in the third person singular, and the logical subject in such sentences is expressed by an indirect object form:

Non mi riesce di parlare.   A Tosca non è riuscito di farlo.
I cannot talk. (i.e. *For me it is not possible to talk.*)   *Tosca couldn't do it.*

2. **Riuscire a** + *infinitive* is used in all persons, and such sentences have active subjects, as in English.

Io non riesco a parlare.   Tosca non è riuscita a farlo.
I cannot talk.   *Tosca couldn't do it.*

3. Related expressions: **riuscita** *(issue, result)*, **buona riuscita/successo** *(success)*, **cattiva riuscita/insuccesso** *(failure)*.

L'iniziativa ha avuto buona riuscita (successo).
The enterprise was successful.

to return

tornare, ritornare, tornare indietro   **restituire** or **rendere**
to go back, come back   *to give back*

Gli operai sono tornati al lavoro.   Lui le ha restituito (reso) l'anello.
The workmen returned to work.   *He returned the ring to her.*

to try

cercare di ⎫   **provare**
tentare di ⎬ + *infinitive*   *to try* + noun; *try on; try out*
provare a ⎭
to try, attempt + verb

Ha cercato di convincermi ma non ci è riuscito.   Hai provato le fettuccine?
He tried to convince me but didn't succeed.   *Have you tried the fettuccine?*

Hai provato a dirglielo?   Ho comprato il vestito senza neppure provarlo.
Have you tried to tell him?   *I bought the dress without even trying it on.*

to deal with

trattare di   **trattarsi di**
to be about   *to be a question, matter of*
(subject is expressed)   (impersonal subject)

Il film tratta delle avventure di due giovani.   Si tratta di una cosa grave.
The film is about the adventures of two young   *It is a serious matter.*
  people.

because

perchè (+ conjugated verb)   **a causa di** (+ noun or pronoun)

Non sono uscito perchè pioveva.   Non sono uscito a causa della pioggia.
I didn't go out because it was raining.   *I didn't go out because of the rain.*

in a hurry

in fretta	**avere fretta** (di fare qualcosa)
verb + *in a hurry*	*to be in a hurry*
Molti Americani mangiano in fretta.	Non posso fermarmi: ho fretta.
Many Americans eat in a hurry (fast).	*I can't stop, I'm in a hurry.*
	Hanno fretta di partire perchè fa freddo.
	They are in a hurry to leave because it's cold.

ESERCIZI

a. *Riscrivere ogni frase usando la costruzione impersonale del verbo* **riuscire.**

1. Io non riesco mai a fare tutto!
2. Tu riesci a leggere quell'iscrizione?
3. Non so se la ragazza è riuscita a convincerli.
4. Riusciste a terminare il lavoro?
5. Non eravamo riusciti a provare la nostra innocenza.

b. *Riscrivere le seguenti frasi sostituendo alle parole in corsivo un'espressione con* **a causa di.**

1. L'aereo non è partito *perchè c'era la nebbia.*
2. Hanno dovuto rifare tutto *perchè si erano sbagliati.*
3. Non sono andato al cinema *perchè ero raffreddato.*
4. Non avevamo appetito *perchè faceva caldo.*
5. Sono contenti *perchè la missione è riuscita bene.*

CONVERSAZIONE SULLA LETTURA

1. Perchè c'erano poche persone sul viale quella mattina?
2. Anna sapeva che Fausto era arrivato?
3. Che cosa rivela che Fausto è una persona timida?
4. Perchè ha ripreso lo studio della musica Anna?
5. Anna dice: "Mi dispiace". A proposito di che?
6. Quali idee di un/una giovane possono definirsi "strane"?
7. Secondo Lei, che cosa capì Anna quando Fausto le disse: "Le devo parlare?"
8. Fausto e Anna ebbero occasione di riparlarsi nei giorni successivi all'incontro sul viale?
9. Quando si rividero il venerdì dopo perchè Anna non era tranquilla?
10. Per parlare più facilmente che cosa fece Fausto?

TEMI PER COMPONIMENTO O DISCUSSIONE

1. Immaginare la continuazione della storia. Che cosa risponde Anna? Che cosa succede ai due giovani?
2. I ragazzi d'oggi come rivelano i loro sentimenti alle ragazze?
3. Di solito è l'uomo che fa dichiarazione alla donna. Succede mai il contrario? Oggi chi prende l'iniziativa?

- **Present Subjunctive**
- **Past Subjunctive**
- **Uses of the Subjunctive**
- **Lettura:** *Gelosia*

Grammatica

THE PRESENT SUBJUNCTIVE

The subjunctive has four tenses: the present, past, imperfect and pluperfect. All four tenses are used a great deal in both written and spoken Italian.

Regular Verbs

A. The present subjunctive is formed by adding appropriate endings to the stem of the infinitive. However, verbs in **-ire** which insert **-isc-** in the present indicative also insert **-isc-** in the present subjunctive, except in the first and second persons plural.

	amare	**perdere**	**finire**	**partire**
che io	am**i**	perd**a**	fin**isca**	part**a**
che tu	am**i**	perd**a**	fin**isca**	part**a**
che lui (lei)	am**i**	perd**a**	fin**isca**	part**a**
che [noi]	am**iamo**	perd**iamo**	fin**iamo**	part**iamo**
che [voi]	am**iate**	perd**iate**	fin**iate**	part**iate**
che [loro]	am**ino**	perd**ano**	fin**iscano**	part**ano**

Note that the endings of the three singular persons are the same. For all three conjugations, the first person plural ending is **-iamo** and the second person plural ending is **-iate.** The third person plural ending adds **-no** to the singular ending.

B. Within the regular present subjunctives there are various minor spelling changes, which are made to keep the sound of the stem.

1. Verbs with infinitives ending in **-care** and **-gare** insert an **-h-** between the stem and the present subjunctive endings.

cercare	pagare
cerchi	paghi
cerchi	paghi
cerchi	paghi
cerchiamo	paghiamo
cerchiate	paghiate
cerchino	paghino

2. Verbs with infinitives ending in **-ciare, -giare, -sciare** drop the -i- from the stem before the present subjunctive endings.

incominciare	mangiare	lasciare
incominci	mangi	lasci
incominci	mangi	lasci
incominci	mangi	lasci
incominciamo	mangiamo	lasciamo
incominciate	mangiate	lasciate
incomincino	mangino	lascino

3. Verbs ending in **-iare** drop the **-i** from the end of the stem if the **-i-** is not stressed in the present indicative but retain it if it is stressed there.

arrabbiarsi	spiare
mi arrabbi	spii
ti arrabbi	spii
si arrabbi	spii
ci arrabbiamo	spiamo
vi arrabbiate	spiate
si arrabbino	spiino

4. Verbs ending in **-gliare** drop the **-i-** from the end of the stem before the present subjunctive endings.

sbagliare
sbagli
sbagli
sbagli
sbagliamo
sbagliate
sbaglino

Irregular Verbs

A. Generally those verbs which have irregular present subjunctive forms derive those forms from the first person singular of the present indicative.

fare→faccio	dire→dico	potere→posso	volere→voglio	bere→bevo
faccia	**dica**	**possa**	**voglia**	**beva**
faccia	dica	possa	voglia	beva
faccia	dica	possa	voglia	beva
facciamo	diciamo	possiamo	vogliamo	beviamo
facciate	diciate	possiate	vogliate	beviate
facciano	dicano	possano	vogliano	bevano

B. However, there are irregular subjunctive forms which, in the first and second persons plural, use the first person plural present indicative stem plus the subjunctive endings, but use the first person singular present indicative stem for the other persons.

andare→vado	dovere→devo	venire→vengo	uscire→esco	scegliere→scelgo
vada	**deva** (debba)	**venga**	**esca**	**scelga**
vada	deva	venga	esca	scelga
vada	deva	venga	esca	scelga
andiamo	**dobbiamo**	**veniamo**	**usciamo**	**scegliamo**
andiate	**dobbiate**	**veniate**	**usciate**	**scegliate**
vadano	devano (debbano)	vengano	escano	scelgano

C. Some very common irregular verbs have a completely irregular stem in the present subjunctive.

avere	essere	dare	stare	sapere
abbia	**sia**	**dia**	**stia**	**sappia**
abbia	sia	dia	stia	sappia
abbia	sia	dia	stia	sappia
abbiamo	siamo	diamo	stiamo	sappiamo
abbiate	siate	diate	stiate	sappiate
abbiano	siano	diano	stiano	sappiano

THE PAST SUBJUNCTIVE

The past subjunctive is formed from the present subjunctive of **avere** or **essere** plus the past participle of the verb.

Verbs conjugated with **avere**			Verbs conjugated with **essere**		
che io	abbia		che io	sia	
che tu	abbia		che tu	sia	partito/a
che lui (lei)	abbia	amato	che lui (lei)	sia	
che [noi]	abbiamo		che [noi]	siamo	
che [voi]	abbiate		che [voi]	siate	partiti/e
che [loro]	abbiano		che [loro]	siano	

Speriamo che lui abbia capito.
We hope he understood.

Mi sembra che non abbiano studiato abbastanza.
It seems to me they didn't study enough.

Credi che sia arrivata?
Do you think she has arrived?

Sono contenta che vi siate divertiti.
I am glad you had a good time.

— Una che cucini, rammendi, cucia i bottoni alla camicia? Perchè non rimane con sua madre?

ESERCIZI

a. *Dare la forma corretta del congiuntivo* (subjunctive) *presente dei verbi fra parentesi.*

1. È necessario che voi _____ (venire).
2. Non credo che Lorenzo _____ (essere) in ritardo.
3. Vogliono che io _____ (lasciare) tutto in ordine.
4. Pensate che noi non _____ (dire) mai la verità?

5. Speriamo che _____ (volerci) solo dieci minuti.
6. Temi che lui _____ (andarsene)?
7. Sono contenta che tu _____ (capire) o che almeno _____ (cercare) di capire.
8. Bisogna che voi _____ (scegliere) il regalo.
9. È incredibile che Teresa _____ (avere) paura del buio.
10. Ci dispiace che Elena non _____ (trovarsi) bene.
11. È strano che loro _____ (dovere) aspettare tanto.

b. *Formare nuove frasi cominciando con le espressioni date fra parentesi.*

1. Tutti mi vogliono bene. (Ho bisogno . . .)
2. Tu ce l'hai con me. (Sembra . . .)
3. Vuol piovere. (Non credi . . . ?)
4. Avete tanta fretta. (Mi dispiace . . .)
5. Glielo chiedete. (Occorre . . .)
6. Ci vanno ora. (È inutile . . .)
7. Non lo sanno. (Può darsi . . .)
8. La collana le piace. (Siete contenti . . .)

c. *Formare nuove frasi al congiuntivo passato* (past subjunctive) *cominciando con le espressioni date fra parentesi.*

1. Mario ha pensato a tutto. (Siamo contenti . . .)
2. Non sono arrivati in tempo. (Abbiamo paura . . .)
3. Avete avuto un incidente. (Mi dispiace . . .)
4. Non è successo niente. (Spero . . .)
5. Ha ricevuto il premio Nobel. (Dubito . . .)
6. Hai perso di vista le tue amiche. (È un peccato . . .)
7. Sei andato a trovare gli zii. (È giusto . . .)
8. Ha nevicato tutta la notte. (Pare . . .)
9. Non avete avuto il coraggio di fermarla. (È incredibile . . .)
10. Si sono rivisti un paio di volte. (È probabile . . .)
11. Ci hanno messo più di un'ora. (Temo . . .)

d. *Rispondere alle seguenti domande usando il verbo della domanda:*

1. — Fa bel tempo in Italia ora? — No, pare che _____ freddo.
2. — Si danno del tu? — No, credo che si _____ ancora del Lei.
3. — Sta meglio oggi la zia Teresa? — No, ho l'impressione che _____ peggio.
4. — S'intende di musica Tosca? — Be', veramente dubitiamo che _____ di musica!
5. — Riesce in matematica il bambino? — No, sembra che non _____ affatto!
6. — Papà se ne è accorto? — Sì, ed è un peccato che _____ . . . .
7. — È vero che Michele ce l'ha con me? — Suppongo che _____ con te, ma non so perchè.
8. — Ci vanno in autobus? — No, è meglio che ci _____ in treno.

USES OF THE SUBJUNCTIVE

A. The subjunctive is generally used in dependent clauses which are connected by **che** to an independent clause. (The *that* which connects a dependent to an independent clause is often omitted in English but must be expressed in Italian by **che**).

INDEPENDENT CLAUSE — INDICATIVE		DEPENDENT CLAUSE — SUBJUNCTIVE
La mamma spera	che	tu venga subito.
Mother hopes	*that*	*you are coming right away.*
Preferiamo	che	prendiate un tassì.
We prefer	*that*	*you take a taxi.*
Sono contenta	che	non nevichi.
I am glad	*that*	*it isn't snowing.*

1. The verb in the independent clause determines whether the indicative or the subjunctive is used in the dependent clause. Some verbs take the indicative in a dependent clause, some take the subjunctive, and some may take either one, depending on the meaning to be expressed.

2. The indicative states facts and conveys both certainty and objectivity. The subjunctive, on the other hand, expresses not facts but attitudes, assumptions, possibilities, conditions to be desired or deplored. Compare:

	INDICATIVE		SUBJUNCTIVE
Dicono	che avete torto.	Credono	che abbiate torto.
They say	*that you are wrong.*	*They believe*	*that you are wrong.*
Sappiamo	che è partito.	Temiamo	che sia partito.
We know	*that he has left.*	*We are afraid*	*that he has left.*
Riconosco	che fa freddo.	Mi dispiace	che faccia freddo.
I am aware	*that it is cold.*	*I am sorry*	*that it is cold.*
È certo	che ha rubato.	È probabile	che abbia rubato.
It is certain	*that he has stolen.*	*It is likely*	*that he has stolen.*

Note that while the English dependent clause is the same in the two cases, the main verb in the indicative column refers to a fact, whereas the verb in the subjunctive column presents a thought, a feeling or an attitude.

Verbs and Expressions Requiring the Subjunctive

A. The following verbs and expressions require the subjunctive in a dependent clause:

1. verbs or phrases expressing emotion (fear, sorrow, joy, hope, etc.);

Siamo contenti che **piova.**   Ho paura che non **capiate.**
We're glad it's raining.   *I'm afraid you don't understand.*

2. verbs expressing a command or a wish;

Esige che tutti **ascoltino.**
He demands that everyone listen.

Propongo che **tornino** a casa.
I propose that they go home.

Note that the verb **volere** requires the subjunctive in a dependent clause whereas English uses an infinitive construction. Compare:

Voglio **che tu lavori.**
I want you to work. (Lit. *I want that you work*)

3. verbs expressing an opinion;

Credi che Luigi **abbia** ragione?
Do you think Louis is right?

Nego che mi **abbiano** aiutato.
I deny that they helped me.

4. verbs expressing doubt or uncertainty;

Dubito[1] che **siano** ricchi.
I doubt that they are rich.

Non sei sicuro che lui **capisca.**
You are not sure he understands.

5. verbs expressing expectations.

Aspetto che lui mi **telefoni.**
I'm waiting for him to call me.

Lui si aspetta che lei **dica** di sì.
He expects her to say yes.

B. Remember that the subjunctive is not used in dependent clauses if the verb of the independent clause denotes certainty.

So che non **sono** venuti.
I know they didn't come.

Vediamo che **piove.**
We see it's raining.

For a list of verbs and expressions which require the subjunctive in a dependent clause, see the Appendix, p. 329.

C. Verbs which express advising, ordering, permitting or forbidding such as **dire, suggerire, proporre, ordinare, comandare, lasciare, permettere, impedire, proibire, vietare, raccomandare** can be followed by either of two constructions:

che + subjunctive

Permettono **che io fumi?**
Do they allow me to smoke?

di + infinitive[2]

Il rumore le impedisce **di studiare.**
The noise prevents her from studying.

Di + infinitive is preferable when a personal pronoun is the object of the main verb.

Ti proibisco di parlarmi così!
I forbid you to talk to me like that!

Perchè non **le** chiedi di venire?
Why don't you ask her to come?

---

1. Do not confuse **dubito** (first person singular of **dubitare** *to doubt*) with the noun **dubbio** *doubt.*
2. The verb **lasciare** is followed by the infinitive alone.
   I genitori non la lasciano uscire.
   Her parents don't let her go out.

— Caro, sei sicuro che siamo in una colonia di nudisti?

ESERCIZI

a. *Completare con la forma corretta di* **essere** *(indicativo o congiuntivo).*

1. Ho letto che il 6 gennaio non _____ più giorno di vacanza.
2. Ti ricordo che sia tu sia Paolo _____ ancora minorenni.
3. Sei sicuro che quel signore _____ muto?
4. Giuro che la ragazza _____ innocente.
5. Immagino che lo spettacolo non ti _____ piaciuto.
6. Ma no, al contrario! Ti assicuro che mi _____ piaciuto moltissimo.
7. Ho l'impressione che non vi _____ accorti di nulla.
8. Ti informiamo che gli zii _____ già tornati.
9. Tutti sanno che Milano _____ una città industriale.
10. Ci dispiace che tu non ti _____ fermato per aiutarli.

b. *Tradurre:*

1. They want me to wait.
2. I don't want her to get angry.
3. You don't want me to sit in the living-room, do you?
4. He wants you fellows to listen to him.
5. Anna wants Fausto to propose to her.

c. *Sostituire all'infinito la costruzione* **che** + *congiuntivo.*

Esempio: Non gli permettono d'uscire. **Non permettono che esca.**

1. Ordiniamo ai bambini di *star* zitti.
2. Preghiamo le signore di non *farci* caso.
3. Mi proibiscono d'*andare* al cinema da sola.
4. Voi lasciate *entrare* i cani in casa?
5. Raccomando agli studenti di *leggere* ad alta voce.

The Subjunctive vs. the Infinitive in Dependent Clauses

If the subject of the dependent clause is different from that of the independent clause, the subjunctive is used. When the subject of both clauses is the same, **di** + *infinitive* (the infinitive alone after verbs of wishing) is used instead of the subjunctive. Compare:

Siete contenti che **capiscano.**
You are glad they understand.

Siete contenti **di capire.**
You are glad you understand.

Spero che **tu riceva** una lettera oggi.
I hope you get a letter today.

Spero **di ricevere** una lettera oggi.
I hope I get a letter today.

Credono che **io ricordi** tutto.
They think I remember everything.

Credono **di ricordare** tutto.
They think they remember everything.

Non vediamo l'ora che **lui venga** qui.
We are looking forward to his coming here.

Non vediamo l'ora **di andare** a Firenze.
We are looking forward to going to Florence.

Vuole che **io smetta** di fumare.
She wants me to stop smoking.

Vuole **smettere** di fumare.
She wants to stop smoking.

ESERCIZIO

Scrivere ogni frase due volte cominciando coi verbi indicati. Fare i cambiamenti necessari.

Esempio: Hai poca pazienza. a. credi b. credo **Credi di avere poca pazienza.**
Credo che tu abbia poca pazienza.

1. Ho mille lire in tasca. a. spero b. sperano
2. Finisco questo lavoro stasera. a. preferiscono b. preferisco
3. L'abbiamo rivista a Torino. a. siamo contenti b. sei contento
4. Ci avete messo troppo tempo. a. avete l'impressione b. hanno l'impressione
5. Ci ripensa prima di decidere. a. vuole b. voglio

The Subjunctive in Past, Present and Future Time

1. There is no future tense in the subjunctive. To express the future, use either the present subjunctive or the future indicative (reviewed in Unit 10).

   Credo che **arrivino** domani.
   Credo che **arriveranno** domani.
   I think they will arrive tomorrow.

2. The future indicative is not used with verbs expressing wish.

   Voglio (desidero, esigo) che **arrivino** domani.
   I want them to arrive tomorrow.

3. The present subjunctive is used if the action of the dependent clause takes place at the same time or after that of the independent clause.

Credete che **prendano** un tassì?
Do you think they take a cab?
Do you think they will take a cab?

4. The past subjunctive is used if the action of the dependent clause occurred before that of the independent clause.

Credete che **abbiano preso** un tassì?
Do you think they took a cab?

5. In today's spoken or written Italian, the indicative replaces the subjunctive with increasing frequency (even when the subjunctive should be used).

Mi dispiace che il treno **è arrivato** in ritardo.   Speriamo che **hanno capito.**
I am sorry the train arrived late.   *We hope that they have understood.*

Impersonal Expressions Requiring the Subjunctive

A. The subjunctive is used in dependent clauses introduced by **che** after impersonal expressions.

È importante che tu **sia** puntuale.   **È probabile che** non **abbiano capito.**
It's important that you be punctual.   *It is probable they didn't understand.*

Può darsi che piova.
It may rain.

1. The subjunctive is not used in dependent clauses if the impersonal expression denotes certainty.

È vero che tu **sei** puntuale.   **È chiaro che** non **hanno capito.**
It's true you're punctual.   *It's clear they didn't understand.*

See the Appendix p. 329 for a list of impersonal expressions which require the subjunctive in the dependent clause.

2. When using impersonal expressions which take the subjunctive, if the verb of the dependent clause has an expressed subject, the subjunctive is used. But if no subject is expressed, the infinitive is used. Compare the following:

È importante che **tu capisca.**   È importante **capire.**
It is important for you to understand.   *It is important to understand.*

Non è possibile che **io vada** avanti così.   Non è possibile **andare** avanti così.
It's not possible for me to go on like this.   *It's not possible to go on like this.*

B. **(Il fatto) che** + *subjunctive* corresponds to the English construction *possessive* + *-ing* form of the verb. This construction can be the subject or the direct object of the main verb.

Mi dà fastidio **che** i miei colleghi **fumino.**   **Il fatto che abbiano detto** questo non significa nulla.
My colleagues' smoking (That my colleagues smoke) bothers me.   *Their having said this (The fact that they have said this) means nothing.*

— Sì, è molto romantico, ma credo che sia meglio pagare la bolletta della luce...

— Sono proprio stufo di questa televisione... è ora che inventino qualcosa di nuovo!...

ESERCIZI

a. *Riscrivere le seguenti frasi usando il soggetto fra parentesi.*

Esempio: È bene invitare anche gli zii. (tu). **È bene che tu inviti anche gli zii.**

1. È meglio pensarci ora. (io)
2. È importante studiare le lingue straniere. (voi)
3. Non occorre mettersi il cappotto. (lui)
4. Bisogna sapere queste cose. (loro)
5. Basta chiedere a un vigile. (noi)
6. È ora di finirla! (Lei)

b. *Formare nuove frasi usando il verbo fra parentesi. Fare i cambiamenti necessari.*

Esempio: Vediamo che il sole Le dà fastidio. (Temiamo) **Temiamo che il sole Le dia fastidio.**

1. Riconosco che hanno ragione. (Dubito)
2. Voi affermate che è una macchina italiana. (Negate)
3. Ti assicuro che le cose stanno così. (Mi auguro)
4. È vero che ha dimenticato il mio compleanno. (È strano)
5. Scommetto che volete rimanere. (Può darsi)
6. Dicono che mangiano di più. (Occorre)
7. Hanno scritto che vengono quest'estate. (Non vedo l'ora)
8. Trovo che questo vestito ti sta bene. (Credo)

c. *Oggi tutti parlano di cose da mangiare o da evitare, di cose che fanno bene, di cose che fanno male. Nell'esercizio che segue vi invitiamo ad esprimere un'opinione: usare* **è bene che** *o* **è male che gli Italiani** *con il verbo al congiuntivo.*

Esempio: bere latte scremato *(skim milk)*   **È bene che gli Italiani bevano latte scremato.**
È male che gli Italiani bevano latte scremato.

1. mettere zucchero nel caffè
2. mangiare pane con gli spaghetti
3. bere acqua minerale
4. usare margarina invece del burro
5. fare il pane in casa
6. variare la dieta

d. *È giusto o no? . . .   Gli studenti di tutto il mondo devono fare molte cose: molte sembrano utili e necessarie, altre un po' meno . . .*
Esprimere un giudizio cominciando con **è giusto che** *o* **non è giusto che** *e usando il congiuntivo presente alla terza persona plurale.*

Esempio: dare esami tre volte all'anno   **È giusto che diano esami tre volte all'anno.**
Non è giusto che diano esami tre volte all'anno.

1. studiare durante il week-end
2. pagare le tasse
3. non fare troppe assenze
4. imparare una lingua straniera
5. avere un mese di vacanza a Natale
6. interessarsi di politica

e. *Punti di vista . . .   Esprimere un punto di vista cominciando con le espressioni* **so che, credo che, non credo che, dubito che, è vero che, è possibile che,** *ecc. Usare o l'indicativo o il congiuntivo.*

1. L'italiano è una lingua importante.
2. Gli Italiani sanno vivere.
3. Gli Italiani guidano come matti.
4. I giovani Italiani ammirano l'America.
5. Le relazioni italo-americane sono buone.
6. I film italiani sono popolari in America.

f. *Completare le frasi o rispondere alle domande usando il congiuntivo.*

1. Non credo che gli Italiani . . .
2. Sono contento/contenta che i miei genitori . . . .
3. È impossibile che . . . .
4. È normale che un uomo aiuti la moglie nelle faccende di casa?
5. È giusto che le persone fumino al cinema o nei locali pubblici?

g. *Completare le seguenti frasi usando l'infinito.*

1. Sono contento/contenta di . . . .
2. Mi dispiace di . . . .
3. Ho paura di . . . .
4. Credo di . . . .

The Subjunctive after Conjunctions

Certain conjunctions require the subjunctive:

benchè, sebbene, quantunque *although*	**Benchè siano** stanchi, continuano a leggere. *Although they are tired, they go on reading.*
affinchè, perchè, in modo che *in order that, so that*	Ve lo ripeto **affinchè** lo **ricordiate.** *I'll repeat it to you so that you remember it.*
	Apriamo la finestra **perchè entri** un po' d'aria. *We'll open the window so that a little air comes in.*
	Dovete fare **in modo che** non vi **vedano.** *You have to do it in such a way that they don't see you.*
purchè, a patto che, a condizione che *provided that*	Ti do il libro **purchè** tu me lo **restituisca** presto. *I'll give you the book provided (that) you return it to me quickly.*
	Vengono anche loro **a patto che** io li **accompagni** a casa. *They'll come provided that I take them home.*
	Esco **a condizione che** non **faccia** freddo. *I'm going out provided that it's not cold.*
a meno che non[1] *unless*	Non possono pagare **a meno che non arrivi** l'assegno. *They can't pay unless the check arrives.*
finchè (non)[2] *until*	Aspettiamo **finchè non tornino** tutti. *We'll wait until they all come back.*
prima che[3] *before*	Perchè non mi telefoni **prima che** io **parta?** *Why don't you call me before I leave?*
	Perchè non mi telefoni prima di partire? *Why don't you call me before leaving?*
senza che[3] *without*	Entrano ed escono **senza che** voi li **vediate.** *They go in and out without your seeing them.*
	Entrano ed escono senza far rumore. *They go in and out without making any noise.*

1. The **non** has no negative meaning here.
2. **Finchè non** (the non is optional) requires the subjunctive only when referring to a future time:

   Devi aspettarlo **finchè non esca** da quella porta.   L'abbiamo aspettato **finchè non è uscito** da quella porta.
   You must wait for him until he comes out of that door.   *We waited for him until he came out of that door.*
3. **Che** + *subjunctive* is used after **prima** and **senza** only if the subjects of the dependent and independent clauses are different. If the subjects are the same, use **prima di** + *infinitive* or **senza** + *infinitive*.

— Adesso ti lascio: devo andare in banca prima che apra!

Ogni giorno « casa-ufficio » e « ufficio-casa » senza che succeda mai niente di nuovo.

ESERCIZI

a. *Tradurre:*

1. He went to bed without eating.
2. You must do it before it's too late.
3. She forgets to turn off the light before going to sleep.
4. I'll give you the key provided you don't lose it.
5. We can go to the movies, unless you prefer to stay home.

b. *Riscrivere le seguenti frasi usando* **benchè, purchè,** *o* **perchè** + congiuntivo (presente o passato).

Esempi: È ricco ma non è felice. **Benchè sia ricco, non è felice.**
Vi aspettiamo se ritornate presto. **Vi aspettiamo purchè ritorniate presto.**
Gli do il libro da leggere. **Gli do il libro perchè lo legga.**

1. Nevica e fa freddo ma lui esce senza cappotto.
2. T'impresto gli appunti se me li restituisci prima di sabato.
3. Tu ce lo dici sempre, ma noi non ci crediamo.
4. Hanno mangiato molto ma hanno ancora fame.
5. Le do le cartoline da imbucare.
6. Stanno attenti in classe ma non imparano.
7. Mi piace anche il tè ma preferisco bere caffè.
8. Il dottore è contento se ve ne state a letto due o tre giorni.
9. — Gianni, vuoi venire al cinema? — Sì, ci vengo se pagate voi!
10. Gli date gli assegni da depositare.
11. Puoi uscire se hai finito di studiare.
12. L'ho vista molte volte ma non me la ricordo.
13. Mi danno le camicie da stirare.
14. Potete andare se non c'è nessun pericolo.
15. Ti dà gli esami da correggere.
16. Vi do i dischi da ascoltare.
17. Le date una mela da mangiare.

c. *Formare una sola frase secondo l'esempio dato usando* **senza che.**

Esempio: Qualcuno entra in casa. La signora non se ne accorge.
Qualcuno entra in casa senza che la signora se ne accorga.

1. Lui va in camera da letto. Lei non lo vede.
2. Apre i cassetti. Lei non lo sente.
3. Prende i gioielli. Lei non lo sa.
4. Esce di casa. Lei non se ne rende conto.
5. Ritorna indietro. Lei non sospetta niente.

The Subjunctive after Indefinites

The subjunctive is used in dependent clauses introduced by indefinite words and expressions (pronouns, adjectives, adverbs, etc.):

chiunque *whoever*	**Chiunque dica** ciò sbaglia. *Whoever says that is wrong.*
qualunque *whatever* (adjective)	**Qualunque** decisione **prendiate,** non importa. *Whatever decision you make, it doesn't matter.*
qualunque cosa *whatever* (pronoun)	**Qualunque cosa facciano,** la fanno bene. *Whatever they do, they do well.*
comunque, in qualunque modo *however, no matter how*	**Comunque (in qualunque modo) risponda,** prende sempre un bel voto. *No matter how he answers, he always gets a good grade.*
per + *adjective* + che per quanto *however* + adjective	**Per** famoso **che sia (per quanto sia** famoso), non mi piace. *No matter how famous he is, I don't like him.*
per quanto *no matter how much, how many*	**Per quanto studi,** non imparo. *No matter how much I study, I don't learn.* **Per quanti** soldi **abbiano,** ne vogliono ancora. *No matter how much money they have, they always want more.*
dovunque *wherever*	**Dovunque vadano,** trovano Italiani. *Wherever they go, they find Italians.*

Additional Uses of the Subjunctive

A. The subjunctive is often found in a relative clause introduced by:

1. a relative superlative *(the tallest building, the most beautiful girl)*

il più *the most*	Sei **la** ragazza **più simpatica** che ci **sia.** *You are the nicest girl there is.*
il meno *the least*	Sono **le** scarpe **meno care** che **vendano.** *They are the cheapest shoes they sell.*

2. a word carrying a restrictive meaning:

il solo, l'unico *the only*	È **il solo** che **sia** arrivato in ritardo. *He is the only one who arrived late.*
	È **l'unica** amica che io **abbia**. *She is the only friend I have.*
il primo *the first*	Sono **i primi** che **l'abbiano** detto. *They were the first to say it.*
l'ultimo *the last*	È **l'ultima** persona che io **voglia** vedere. *He's the last person I want to see.*

3. a negative antecedent:

Non conosco **nessuno** che **abbia** tanta pazienza.
I know no one who has so much patience.

Non c'è **niente** che **possiate** fare.
There's nothing you can do.

Non c'è giorno in cui non **succedano** incidenti in questa strada.
No day goes by without accidents on this street.

4. an indefinite expression (someone or something that is indefinite or unspecified, someone or something that may not exist).

un (uno, una) *a*	Cerchiamo **una** stanza che **sia** centrale. *We're looking for a room which is central.*
qualcuno *someone*	Hanno bisogno di **qualcuno** che le **aiuti**. *They need someone to help them.*
qualcosa *something*	Voglio **qualcosa** che mi **tolga** la sete. *I want something which will quench my thirst.*

B. The subjunctive can also be used in indirect interrogative clauses which are introduced by verbs such as **non capire, non sapere, chiedere, domandare, chiedersi, domandarsi** and are connected to the main clause by interrogatives such as **chi, che cosa, quanto, se, perchè, dove, come:**

Non so chi **sia** o che cosa **faccia**, ma so che è scapolo!
I don't know who he is or what he does, but I know he is a bachelor!

Non capiamo come **possiate** dire queste cose.
We don't understand how you can say these things.

Mi chiedo se **sia** una buon'idea.
I wonder whether it's a good idea.

Non sappiamo dove **sia** andato.
We don't know where he might have gone.

ESERCIZIO

Completare le seguenti frasi usando il congiuntivo.

1. Conosco un professore che parla sette lingue.
   Non conosco nessun professore che . . .
2. C'è qualcosa che potete fare.
   Non c'è niente che . . .

3. Dicono che io capisco tutto.
   Non è detto che . . .
4. È il dottore che conosco.
   È il più bel dottore che . . .
5. Che cosa ti succede?
   Non capisco che cosa . . .
6. È lo studente che ha avuto l'influenza.
   È il solo studente che . . .
7. Quelli che vogliono possono vedere gli esami.
   Chiunque . . .
8. Che ora è?
   Non so che . . .
9. Dove sono andati?
   Mi domando dove . . .
10. Hanno un collega che non fuma.
    Preferiscono un collega che . . .
11. Ci piacciono gli insegnanti che hanno molta pazienza.
    Cerchiamo insegnanti che . . .
12. Mario trova un libro che gli piace.
    Mario cerca un libro che . . .
13. Ecco un romanzo che è facile e divertente.
    Vuole un romanzo che . . .
14. Ho comprato un cappotto che mi tiene caldo.
    Ho bisogno di un cappotto che . . .
15. Hanno una segretaria che sa il tedesco e il francese.
    Cercano una segretaria che . . .

Gabbiani°

Seagulls

Non so dove i gabbiani abbiano il nido°,   *nest*
ove trovino pace.
Io son come loro,
in perpetuo volo.
La vita la sfioro°   *I skim*
com'essi l'acqua ad acciuffare° il cibo.   *to clutch*
E come forse anch'essi amo la quiete,
la gran quiete marina,
ma il mio destino è vivere
balenando in burrasca.°   *flashing through tempest*

Vincenzo Cardarelli

Lettura

Gelosia

(Alcuni mesi dopo la dichiarazione di Fausto a Anna.)

Cara Anna, tu mi chiedi delle frasi affettuose, ma sarei il più gran bugiardo di questa terra se te ne scrivessi. Come posso scriverti che ti voglio bene, che sei tutta la mia vita, che il tuo amore mi rende felice, quando invece è tutto il contrario? Da
5 molto tempo, ormai, soffro atrocemente per causa tua. Intendiamoci°; tu non ne hai colpa. È colpa delle circostanze, del destino, chiamalo come vuoi: e nè tu, nè io possiamo farci niente.

    È inutile che tu mi scriva che mi ami, che pensi a me, che sono tutta la tua vita, ecc.: io non ci credo. Ed è ugualmente inutile
10 che, per rassicurarmi, tu mi scriva che Ilio ti è indifferente e il ricordo di quel dottore ti è odioso. Io non ci credo.

    Non ci credo perchè è impossibile che tu, così bella, così intelligente, così piena di vita, sia innamorata di un mostriciattolo° come me. Perchè questa è la verità: io non sono affatto un *essere*
15 superiore, ma l'essere più insignificante, meschino°, stupido, ridicolo che esista sulla faccia della terra.

    In simili condizioni, come posso non essere geloso?

    Tanti baci (ce li metto per formalità, perchè è così che si chiudono le lettere d'amore). Fausto.

let's make no mistake about it

ugly little creature

lowly

Caro Fausto, la tua lettera mi ha gettato nella disperazione. Com'è possibile andare avanti così? Che cosa devo dire, che cosa devo fare per convincerti che ti amo, che non penso che a te, che tutti i tuoi sospetti sono infondati? Io non so che cosa ti succeda,
5 certo stai passando una crisi di scoraggiamento; ma perchè avvilirti° così? Ti dico la verità, quest'estate mi preoccupavi con le tue arie di uomo superiore; ma quello che mi dici ora mi spaventa addirittura.

belittle yourself

Senti, caro, perchè non vieni quassù? Sia pure° per un giorno
10 solo? A voce, forse, riuscirò a convincerti che i tuoi timori sono infondati. Basta un'occhiata°, a volte, perchè possiamo renderci conto dei sentimenti di una persona.

even if it is

one glance suffices

In tutte le tue lettere mi metti sempre davanti quei due nomi, Ilio e il dottore. E io ti ripeto per la centesima volta che nè l'uno nè
15 l'altro contano niente per me. Io Ilio lo considero un buon ragazzo e basta: non posso nemmeno pensare di aver con lui rapporti diversi da quelli di una semplice amicizia. E quanto al dottore, mi è semplicemente odioso. È un bell'uomo ma, come sai, gli uomini belli io li detesto; e con quel bacio a tradimento° poi mi ha offeso
20 in modo tale che io non posso pensare a lui senza sentirmi avvampare dall'ira°.

that treacherous stolen kiss

without a rush of burning anger

Ma basta scrivere: vieni. Parleremo di tutto a voce.

Tanti baci affettuosi (ce li metto non per formalità, ma perchè ti amo). Anna.

Carlo Cassola

Parole da ricordare

gettare	*to throw*
offendere *(past part.* offeso, *past abs.* offesi)	*to offend;* **offendersi** *to take offense;* **l'offesa** *offense;* **essere offeso con** *to be annoyed with*
preoccupare	*to worry;* **preoccuparsi** *to be worried, fret*
spaventare	*to scare, frighten;* **spaventarsi** *to become scared;* **lo spavento** *scare;* **spaventoso** *frightful*
affettuoso	*affectionate;* **saluti affettuosi** *a closing for letters and cards;* **l'affetto** *affection*
l'amicizia	*friendship;* **fare amicizia con** *to make friends with*

il bugiardo	*liar*
	dire una bugia *to tell a lie*
odioso	*hideous*
	odiare *to hate*
	l'odio *hate*
il timore	*fear*

> *«Patti chiari,*
> *amicizia lunga!»*
>
> Per rimanere amici ed evitare recriminazioni e occasioni di litigare,
> è bene parlar chiaro fin dall'inizio.

Studio di parole

to make

When the verb *to make* is followed by an adjective *(You make me happy)*, **rendere** is used instead of **fare:**

Il tuo amore mi rende felice
Your love makes me happy.

When the object of the verb is a noun or proper name rather than a pronoun *(You make the children happy)* it is placed either immediately after the verb or after the adjective:

Rendi felici i bambini.   Ciò rende la cosa impossibile.
You make the children happy.   *This makes it impossible.*

Le abbondanti nevicate degli ultimi giorni hanno reso difficile la circolazione.
The heavy snowfall of the last few days has made driving difficult.

Remember that the past participle of **rendere** is **reso** and the past absolute is **resi.**

ESERCIZIO

Trasformare le frasi usando il verbo **rendere** *al tempo corretto e facendo i cambiamenti necessari. Il soggetto delle nuove frasi è l'ultima parola di ciascuna frase.*
Esempio: La serata è stata piacevole a causa della tua presenza.
          La tua presenza ha reso piacevole la serata.

1. Erano pigri a causa del caldo.
2. I bambini sono nervosi a causa del vento.
3. Diventò famoso a causa di quel romanzo.
4. Le strade erano pericolose a causa della neve.
5. È possibile che tu sia diventata triste a causa di quella canzone?

CONVERSAZIONE SULLA LETTURA

1. Quali sono le frasi affettuose che farebbero piacere ad Anna?
2. A che cosa non crede Fausto?
3. Ha un'alta opinione di sè Fausto? Come si considera?
4. Quali qualità riconosce ad Anna Fausto?
5. Che effetto ha su Anna la lettera di Fausto?
6. Anna, prima, era preoccupata; ora, è spaventata. Perchè?
7. Di chi è geloso Fausto?
8. Perchè Anna è offesa col dottore? Che cosa pensa di lui?
9. Anna vuol convincere Fausto di che?
10. Fausto e Anna finiscono la lettera nello stesso modo? Che cosa scrivono?

TEMI PER COMPONIMENTO O DISCUSSIONE

1. Lei è d'accordo con chi dice che amore e gelosia sono sinonimi? Quali romanzi, commedie o film conosce che hanno per tema amore e gelosia?
2. Lei pensa che la nostra società dia eccessiva importanza alla bellezza fisica e alla gioventù?
3. Le persone belle sono sempre simpatiche? In Italia dicono che è meglio essere un brutto simpatico che un bello antipatico. Lei è d'accordo?

- The Imperative
- Exclamations
- Disjunctive Pronouns
- Lettura: *Il professore*

Grammatica

THE IMPERATIVE

Regular Verbs, *avere* and *essere*

A. Commands, exhortations and wishes are expressed by using the imperative. There are five forms of the imperative, corresponding to **tu, Lei, noi, voi** and **Loro.** The forms of the imperative for the three regular conjugations, **avere** and **essere** are:

	amare	perdere	finire	partire	avere	essere
(tu)	**ama**	perdi	finisci	parti	**abbi**	**sii**
(Lei)	ami	perda	finisca	parta	abbia	sia
(noi)	amiamo	perdiamo	finiamo	partiamo	abbiamo	siamo
(voi)	amate	perdete	finite	partite	abbiate	siate
(Loro)	amino	perdano	finiscano	partano	abbiano	siano

1. Note that only the second persons singular of **-are** verbs, **avere** and **essere** have a separate imperative form. All other persons use for the imperative either the present indicative or the present subjunctive forms for that person.
2. The chart below compares the imperative, present indicative, and present subjunctive forms of **-are, -ere,** and **-ire** verbs.

amare			perdere			finire		
INDICATIVE	SUBJUNCTIVE	IMPERATIVE	INDICATIVE	SUBJUNCTIVE	IMPERATIVE	INDICATIVE	SUBJUNCTIVE	IMPERATIVE
amo	ami	——	perdo	perda	——	finisco	finisca	——
ami	ami	ama	perdi	perda	perdi	finisci	finisca	finisci
ama	ami	ami	perde	perda	perda	finisce	finisca	finisca
amiamo	amiamo	amiamo	perdiamo	perdiamo	perdiamo	finiamo	finiamo	finiamo
amate	amiate	amate	perdete	perdiate	perdete	finite	finiate	finite
amano	amino	amino	perdono	perdano	perdano	finiscono	finiscano	finiscano

B. The imperative may be accompanied by the subject pronouns (before or after the verbs) for emphasis:

Risponda Lei!   Lei mi dica cosa vuole!
You answer!   *You tell me what you want!*

C. For all the forms of *Excuse me* the verb alone, without the pronoun, is generally used.

Scusa, Mamma!   Scusate, ragazzi!
Scusi, Professore!   Scusino, Signori!

Scusi is a very useful way of attracting attention. The following imperatives can also be used:

guarda, guardi, guardate, guardino! *Look!*
senti,   senta,   sentite,   sentano!   *Listen!*
vedi,   veda,   vedete,   vedano!   *See!*

D. The first person plural of the imperative, the **noi** form, is used to make suggestions and corresponds to the English *Let's* . . . .

Andiamo a casa!   Accendiamo la luce!   Facciamo una passeggiata!
Let's go home!   *Let's turn on the light!*   *Let's go for a walk!*

Un imperativo famoso . . .

Lasciate ogni speranza, voi ch'entrate!
Abandon all hope, ye who enter here.

Sono le parole scritte sulla porta dell'Inferno nel poema di Dante.

Irregular Verbs

The imperative forms of some common irregular verbs are:

	tu	Lei	noi	voi	Loro
andare	va' (vai)	vada	andiamo	andate	vadano
dare	da' (dai)	dia	diamo	date	diano
dire	di'	dica	diciamo	dite	dicano
fare	fa' (fai)	faccia	facciamo	fate	facciano
stare	sta' (stai)	stia	stiamo	state	stiano
sapere	sappi	sappia	sappiamo	sappiate	sappiano
tenere	tieni	tenga	teniamo	tenete	tengano
uscire	esci	esca	usciamo	uscite	escano
venire	vieni	venga	veniamo	venite	vengano
volere	——	voglia	vogliamo	vogliate	vogliano

Note the shortened **tu** forms of the first five verbs. Often the present indicative forms **vai, dai, fai, stai** are used instead:

Vai ad aprire la porta!
Go and open the door!

Fai presto! Abbiamo poco tempo.
Hurry up! We have little time.

Stai tranquilla! Non c'è nessun pericolo.
Relax! There's no danger.

1. The imperative of **sapere** means *you must know:*

    Sappiate che non scherzo!
    I want you to (you should) know I am not joking.

2. The imperative of **volere** (**voglia** + *infinitive*) is frequently used to close formal letters:

    Voglia gradire i miei migliori saluti.
    Please accept my best greetings, or simply *Yours truly.*

    It is also used in formal speech to express *Be so good as to . . .* or *Would you be so kind as to . . .*

    Voglia chiudere la porta, per favore!
    Kindly shut the door, please!

The Negative Imperative

To form the negative imperative, place **non** before the affirmative form. In the negative of the **tu** form the infinitive is used instead of the imperative:

	Affirmative	Negative
(tu)	lavora!	non **lavorare!**
(Lei)	lavori!	non lavori!
(noi)	lavoriamo!	non lavoriamo!
(voi)	lavorate!	non lavorate!
(Loro)	lavorino!	non lavorino!

Sii puntuale!
Be on time!

Non essere in ritardo!
Don't be late!

Parla dello sciopero!
Talk about the strike!

Non parlare dello sciopero!
Don't talk about the strike!

Prendi il giornale!
Take the newspaper!

Non prendere il giornale!
Don't take the newspaper!

Va' a casa!
Go home!

Non andare a casa!
Don't go home!

Vedi Napoli, e poi muori!

Avete mai sentito quest'espressione? Con essa gli Italiani vogliono esprimere la loro ammirazione per Napoli e il suo magnifico golfo. Bisogna vedere Napoli almeno una volta nella vita, poi si può anche morire!

— Non aspettare, passa col rosso!

ESERCIZI

a. *Cosa dice un professore italiano in classe? Dice di studiare la lezione:*

Studi la lezione!   (quando parla a uno studente)
Studiate la lezione!   (quando parla a tutti gli studenti)

Nell'esercizio che segue dare tutt'e due le forme:

1. Il professore dice di fare attenzione.
2. Di finire l'esercizio.
3. Di andare alla lavagna.
4. Di tradurre le frasi.
5. Di non dimenticare le eccezioni.
6. Di ripetere, per favore.
7. Di parlare più forte.
8. Di leggere il brano ad alta voce.
9. Di stare più attenti.
10. Di non avere fretta.
11. Di cominciare a leggere.
12. Di aprire il libro a pagina novanta.

b. *Il Bastian contrario . . .   Bastiano (abbreviazione di Sebastiano) non è mai d'accordo con quello che dicono gli altri: contraddice per il gusto di contraddire. "Fare il Bastian contrario" significa, appunto, contraddire, opporre. Oggi Bastiano dice di no a tutto quello che i suoi compagni propongono. Loro vogliono andare al cinema? Lui dice:* « **No, non andiamo al cinema!** »

1. Loro vogliono telefonare a Marcello. Lui dice: "No, non . . ."
2. Prendere un caffè.
3. Passare in biblioteca.
4. Organizzare una festa.
5. Invitare tutti.

c. *Ora Bastiano chiede alla sorella Orietta di fare l'opposto di quello che fa:*

Orietta guarda la TV?   Bastiano dice: **Non guardare la TV!**
Orietta non esce?   Bastiano dice: **Esci!**

1. Orietta non va in cucina. Bastiano dice . . .
2. Non chiude la porta.
3. Beve Coca-Cola.
4. Non sta zitta.
5. Racconta barzellette.
6. Fa il compito.
7. Non spegne la luce.

The Imperative with Pronouns

A. When object pronouns (direct or indirect object pronouns, combined forms, **ci** or **ne**) are used with the affirmative imperative, they follow the verb and are attached to it, forming one word. No matter how long the word becomes, the stress is unaffected by the addition.

tu
Parlami d'amore, Mariù!
Talk to me of love, Mariù!

Pensaci, Giacomino!
Think about it, Giacomino!

noi
Prendiamone un po'!
Let's take a little!

Portiamoglieli!
Let's take them to him!

voi
Ditelo coi fiori!
Say it with flowers!

Lasciatela passare!
Let her pass!

When the imperative forms of **dare, dire, fare, stare** and **andare** are used with a pronoun, the initial consonant of the pronoun is doubled (except for **gli**).

dare   da'   **Dalle (dagli)** un bacione!
Give her (give him) a big kiss!
Dacci oggi il nostro pane quotidiano.
Give us this day our daily bread.

dire   di'   Anna, **dimmi** di sì.
Anna, tell me yes.
Digli quando vieni.
Tell him when you're coming.

fare   fa'   **Fallo** ora!
Do it now!
Falle dichiarazione.
Propose to her.

stare   sta'   Va' in Italia e **stacci** almeno un mese.
Go to Italy and stay at least one month.

andare   va'   **Vacci** nel mese di maggio.
Go there in the month of May.

B. If the imperative is negative, the pronouns may be placed either before or after the verb.

Regalale / Regaliamole / Regalatele } un disco.   Non { le regalare / le regaliamo / le regalate } *or* Non { regalarle / regaliamole / regalatele } un disco.

Non **mi parlare** d'amore!
Non **parlarmi** d'amore!
Don't talk to me about love!

Non **glielo dire**!
Non **dirglielo**!
Don't tell him!

Non **la invitate** a cena!
Non **invitatela** a cena!
Don't invite her for dinner!

Non **ci andate** stasera!
Non **andateci** stasera!
Don't go there this evening!

C. Object pronouns always precede the **Lei** and **Loro** forms of both the affirmative and negative imperative.

Mi dica qualcosa.
Tell me something.

Lo facciano adesso.
Do it now.

Non **mi dica** niente.
Don't tell me anything.

Non **lo facciano** adesso.
Don't do it now.

D. The preceding rules concerning the position of pronouns also apply to the imperative of reflexive verbs.

lavarsi	alzarsi		
to wash	to get up		
lavati!	non ti alzare!	or	non alzarti!
si lavi!	non si alzi!		—
laviamoci!	non ci alziamo!	or	non alziamoci!
lavatevi!	non vi alzate!	or	non alzatevi!
si lavino!	non si alzino!		—

1. Remember the expression **s'accomodi! (s'accomodino)** *make yourself (yourselves) comfortable* which becomes **accomodati! (accomodatevi)** in the familiar forms.

2. The imperative of **andarsene** *to leave, take off* is:

andarsene
vattene!
se ne vada!
andiamocene!
andatevene!
se ne vadano!

E. The imperative is often accompanied by words such as **pure** and **un po'**. These words soften the intensity of the imperative commands.

Va' pure, ma torna presto!
Go ahead, but come back soon!

Mi dica un po' una cosa, Signorina!
Just tell me something, Miss!

Indovina un po'!
Guess what!

Use of the Indicative Instead of the Imperative

To tone down an order or a request, the indicative may be used instead of the imperative. A question format is used. Compare:

Mi **porti** un caffè!
Bring me a cup of coffee!

Mi **porta** un caffè?
Will you bring me a cup of coffee?

Vuol portarmi un caffè?
Would you like to bring me a cup of coffee?

Può portarmi un caffè?
Can you bring me a cup of coffee?

Use of the Infinitive Instead of the Imperative

The infinitive often replaces the imperative in directions, public notices, recipes, etc. (See the exercise directions throughout this book!)

Non fumare.
No smoking.
Andare avanti.
Move to the front.

Rallentare.
Slow down.
Cuocere un'ora a fuoco lento.
Cook one hour on low heat.

Che cos'è Dio?

Nell'ora che pel° bruno firmamento°   **per il**/*sky*
Comincia un tremolio°   *twinkling*
Di punti d'oro, d'atomi d'argento,
Guardo e dimando°: "Dite, o luci belle,   *domando*
5 Ditemi: cosa è Dio?".
"Ordine!" mi rispondono le stelle.

Quando all'april la valle, il monte, il prato,
I margini° del rio°,   *banks*/**ruscello** *brook*
Ogni campo dai fiori è festeggiato,
10 Guardo e dimando: "Dite, o bei colori,
Ditemi: cosa è Dio?".
"Bellezza!" mi rispondono quei fiori.

Quando il tuo sguardo innanzi a me scintilla°   *your eyes before me sparkle*
Amabilmente pio,
15 Io chiedo al lume della tua pupilla:
"Dimmi, se 'l sai°, bel messagger del core°,   **se lo sai**/**cuore**
Dimmi: che cosa è Dio?".
E la pupilla mi risponde: "Amore!"

Aleardo Aleardi

I dieci comandamenti

1. Io sono il Signore Iddio tuo; non avrai altro Dio fuori che me.
2. Non nominare il nome di Dio invano.
3. Ricordati di santificare le feste.
4. Onora il padre e la madre.
5. Non ammazzare.
6. Non commettere atti impuri.
7. Non rubare.
8. Non dire falsa testimonianza.
9. Non desiderare la donna d'altri.
10. Non desiderare la roba d'altri.

— Svegliati, papà. Oggi cominciano le tue ferie!

— Eccola!... Se la prenda e ci lasci dormire!

ESERCIZI

a. *Ferdinando e Isabella si sposano a maggio. Oggi devono decidere chi invitare al matrimonio e chi escludere. Hanno moltissimi parenti in Italia, in Spagna e in America. Non possono invitarli tutti! Isabella chiede consiglio a Ferdinando, e Ferdinando risponde.*

Esempio: Isabella: Invitiamo lo zio Cristoforo?
              Ferdinando: **(Sì) Sì, invitiamolo!   (No) No, non lo invitiamo!**

1. Invitiamo la zia Elisabetta? (sì)
2. Il mio nonno materno? (sì)
3. Tuo zio Pasquale? (no)
4. I cugini di Filadelfia? (sì)
5. Le tue zie di Milano? (no)
6. La professoressa d'italiano? (no)

b. *Riscrivere le seguenti frasi cambiando dal Lei al tu e dal Loro al voi.*

1. Sappia che non tollero più i Suoi scherzi!
2. S'accomodi in salotto!
3. Dia retta a me, torni al paese!
4. Mi passi il sale!
5. Abbiano pazienza! Non se la prendano!
6. Stia fermo, non si muova!
7. Non si disturbino! *(Don't inconvenience yourselves!)*
8. Volti a destra e poi vada sempre dritto!
9. Si guardino nello specchio!
10. Faccia così! Non faccia così!
11. Se ne vadano e non tornino mai più!

c. *Mi piace dare dei suggerimenti . . .*

Esempio: Quando voglio proporre agli amici di fare una passeggiata, dico:
Facciamo una passeggiata!

1. Voglio proporre di andare al cinema. Dico: . . .
2. di giocare a carte
3. di prendere lezioni di judo
4. di bere qualcosa
5. di mangiare al ristorante
6. di non dirlo a nessuno
7. di dare del tu a tutti
8. di non parlarne più

d. *Usiamo il Loro.*

Esempio: Diciamo agli invitati di entrare. — **Entrino!**

1. Di venire verso le otto.
2. Di accomodarsi.
3. Di non stare in piedi.
4. Di non preoccuparsi.
5. Di scusare il disordine.
6. Di aspettare un momento.
7. Di avere la bontà d'ascoltarci.
8. Di voler chiudere la porta.

e. *È così facile andare d'accordo quando l'altra persona dice sempre di sì!*

Esempio: — Allora, ci andiamo? — **Sì, andiamoci!**

1. Allora, ci sediamo?
2. Allora, lo facciamo?
3. Allora, ce ne andiamo?
4. Allora, le portiamo due fiori?
5. Allora, ci scommettiamo?
6. Allora, glielo diciamo?
7. Allora, li compriamo?
8. Allora, ce ne infischiamo?

f. *Sostituire al nome la forma corretta del pronome. Fare i cambiamenti necessari.*

Esempio: Dicci la verità!   **Sì, diccela!**

1. Parlale dei bambini! Sì, . . .
2. Mettici il sale!
3. Indicagli la strada!
4. Restituiscigli l'anello!
5. Mandale due cartoline!
6. Dagli il passaporto!
7. Falle un regalo!
8. Falle molti regali!
9. Sta' a casa!
10. Vendile il mobile!

g. *Buoni consigli . . .   Cosa possiamo dire a un ragazzo o una ragazza che mangia sempre gelati, cioccolato e caramelle (le cose sbagliate, insomma!), non compra mai frutta fresca, sta seduto/a tutto il giorno, non cammina mai, fuma un pacchetto di sigarette al giorno, non dorme abbastanza, non studia l'italiano?*

Esempi: **smetti di fumare, cammina,** ecc.

h. *Due amici parlano di quello che vogliono fare un sabato sera. Uno suggerisce una cosa, l'altro ne suggerisce un'altra. Parlano, discutono, s'arrabbiano, ma non riescono a mettersi d'accordo. Immaginare la loro conversazione.*

Tocca ferro . . .   Avete mai sentito quest'espressione?
Corrisponde all'inglese *Knock on wood* o *Cross your fingers* e la usiamo quando vogliamo allontanare la sfortuna. Bisogna toccare un oggetto di ferro, di solito le chiavi, per impedire che la sfortuna ci colpisca (ci credete voi?).

Indirect Commands

(Che) + *present subjunctive* is used to form indirect commands. An indirect command expresses what one person desires another person to do. *(Let Mario come! means I want Mario to come.)*

(Che) Venga Mario, se vuole!	**Che parli** lui al professore!	**Che** mi **lascino** in pace!
Let Mario come if he wants to!	*Let him talk to the professor!*	*I wish they'd leave me alone.*

Note that the subject often follows the verb for emphasis.

ESERCIZI

a. *Rispondere alle domande usando i nomi fra parentesi.*

Esempio: — Chi lo fa? Tu? (Carlo).   **— No, lo faccia Carlo!**

1. Chi paga? Tu? (l'avvocato)
2. Chi glielo dice? Tu? (la nonna)
3. Chi ci va? Tu? (Luigi)
4. Chi ne parla? Tu? (Silvia)
5. Chi le accompagna? Tu? (l'autista)
6. Chi gli telefona? Tu? (l'ingegnere)
7. Chi se ne occupa? Tu? (lo zio)

— Vada sempre dritto fino alla prima curva...

(*Danilo*)

b. *Tradurre:*

1. Mom, how do you like my dress? Please tell me what you think about it.
2. Waiter, please bring us two ice cream cones and one **cappuccino.** And don't forget to bring some water with ice!
3. Pierino, shake hands with **(dare la mano a)** the signora and ask her how she is.
4. Please return the books to me. I need them!
5. Go get my glasses, will you? I think I left them in the car.
6. She has so many dishes to wash. Let's give her a hand!
7. Why are mothers always telling their children, "Do this, don't do that"?
8. It's five o'clock. Let's have a cup of tea!
9. Take the umbrella. I don't want you to get soaked.

EXCLAMATIONS

Exclamations or interjections are common words or phrases used to express reactions such as *surprise, pain, joy, hesitation, encouragement.* They are usually followed by an exclamation mark.

1. Some common expressions of encouragement often used to reinforce the imperative are:

Dai! Su! Orsù! Via! Suvvia!	**Dai,** muoviti!	**Su,** alzati, è tardi!
Come on!	*Come on, move!*	*Let's go, get up, it's late!*
Avanti! Sotto! Andiamo!	**Avanti!** Smetti di ridere!	
Come on! Let's go!	*Come on! Stop laughing!*	

2. Some exclamations indicating enthusiasm are:

Viva! Evviva!   **Viva** la pace!
Hurrah! Long live!   *Long live peace!*

The above exclamation is indicated by the symbol **W**: W la pace! **Abbasso** *(down with)* is indicated by an upside down W: M

Abbasso lo smog! M lo smog!
Down with smog!

For a list of other common exclamations see pp. 330–331 of the Appendix.

Exclamations with *come, quanto, che*

1. Come and **quanto** mean *how* in introducing exclamatory sentences. They are invariable. **Come** can be elided if the verb following it begins with a vowel.

Come sono felice!   **Com'è** cara la carne!   **Quanto** sei buona, nonna!
How happily I am!   *How expensive meat is!*   *How kind you are, Grandma!*

Come cantano bene quei bambini!   **Quanto** è stato lungo il viaggio!
How well those children sing!   *How long the trip was!*

Note the different word order: in Italian the verb immediately follows **come** or **quanto.**

2. che + adjective is often used to express *how* + *adjective.*

Che bello!   **Che** strano!   **Che** buono!
How beautiful!   *How strange!*   *How good!*

Purists frown upon this construction and recommend **come** + verb + adjective instead.

Com'è bello!   **Com'era** strano!   **Com'è** buono!
How beautiful it is!   *How strange it was!*   *How good it is!*

— Al diavolo le tue cenette
intime a luce di candela!...

— Oro!

DISJUNCTIVE PRONOUNS

Disjunctive pronouns follow a verb or a preposition. Usually they occupy the same position in a sentence as their English equivalents.

Singular		Plural	
me	*me*	noi	*us*
te	*you*	voi	*you*
Lei	*you*	Loro	*you*
lui, lei	*him, her*	loro	*them* (people)
esso, essa	*it*	essi, esse	*them* (things)
sè	*yourself* *oneself* *himself* *herself* *itself*	sè	*yourselves* *themselves*

Secondo **me** hai torto.
According to me you are wrong.

Il bambino vuole **te!**
The child wants you!

Lui non pensa mai agli altri,
  pensa a **sè.**
*He doesn't think of the others,
  he thinks of himself!*

Non mi piace lavorare per **lui.**
I don't like to work for him.

Parla a **me?**
Are you speaking to me?

Hanno invitato **lui** e **lei.**
They invited him and her.

1. **Sè** is masculine or feminine, singular or plural and can refer to either people or things.

   Silvia non ama parlare di **sè.**
   Sylvia doesn't like to talk about herself.

   La cosa in **sè** ha poca importanza.
   The thing has little importance in itself.

   Silvia e Mirella non amano parlare di **sè.**
   Sylvia and Mirella don't like to talk about themselves.

2. **Sè** is used instead of **lui, lei, loro** when it refers to the subject of the sentence.

   La mamma vuole i bambini con **sè.**
   *Mother wants the children with
     her. (herself)*

   La mamma vuole che i bambini vadano con **lei.**
   Mother wants the children to go with her.

3. **Stesso** is often added to disjunctive pronouns for emphasis. **Stesso** agrees in gender and number with its disjunctive pronoun. The accent on **sè** is optional before **stesso.**

   Parlavo con **me stessa.**
   I was talking to myself.

   Conosci **te stesso!**
   Know thyself!

   Paolo è egoista: pensa solo a **sè (se) stesso.**
   Paul is selfish: he only thinks of himself.

Da + *disjunctive pronoun* can mean either **a (in) casa di** *at, to* or *in someone's home* or **da solo (sola, soli, sole)** *by oneself.*

— Dove andiamo? In casa di Luigi?   — Sì, andiamo **da lui.**
— *Where shall we go? To Luigi's?*   — *Yes, let's go to his house.*

L'ho capito **da me (da solo).**   Hanno riparato il televisore **da sè (da soli).**
I understood by myself.   *They fixed the TV themselves.*

Note that no article is used in the expression **a casa di (in casa di).** **In casa del diavolo** is an expression used to indicate *very far away.*

Uses of Disjunctive Pronouns

Disjunctive pronouns are used:

1. after a preposition:

La ragazza ha lasciato un messaggio **per te.**   Venga **da me** domani alle quattro.
The girl left a message for you.   *Come to my house tomorrow at four.*

Ecco la chiesa: **vicino ad essa** notiamo il famoso battistero.
There's the church: next to it we notice the famous baptistery.

Non gettar via quei libri: qualcuno **di essi** può esserti utile.
Don't throw away those books: some of them can be useful to you.

Many prepositions, when followed by a disjunctive pronoun, require **di:**

contro *against*	Ha combattuto contro gli Inglesi; sì, **contro di loro.** *He fought against the British; yes, against them.*
dentro *inside*	C'è qualcosa **dentro di te.** *There is something in you.*
dietro *behind*	Camminavano **dietro di me.** *They were walking behind me.*
dopo *after*	Arrivarono dopo gli zii; arrivarono **dopo di loro.** *They arrived after our aunt and uncle; they arrived after them.*
fuori *outside*	È fuori città; è **fuori di sè** dalla gioia. *He is out of town; he is beside himself with happiness.*
presso *at, near*	— Vive **presso** i nonni? — Sì, vivo **presso di loro.** — *Do you live at (your) grandparents'? — Yes, I live with them.*
senza *without*	Viene senza il marito; viene **senza di lui.** *She is coming without her husband; she is coming without him.*
sopra *above*	Volava **sopra** la città; volava **sopra di noi.** *It flew over the city; it flew over us.*
sotto *under*	**Sotto di me** abita una famiglia inglese. *An English family lives below me.*
su *on*	Contiamo sul tuo aiuto; sì, contiamo **su di te.** *We're counting on your help; yes, we're counting on you.*
verso *to, toward*	È stato buono **verso di voi.** *He has been kind to (toward) you.*

2. instead of the other object pronouns, after a verb, to emphasize a direct or indirect object (often with **anche** *also,* **proprio** *just,* **solamente** *only,* etc.) Compare:

EMPHATIC	UNEMPHATIC	EMPHATIC	UNEMPHATIC
Ho visto **lei**.	L'ho vista.	Dia retta **a me**.	Mi dia retta.
I saw her.	*I saw her.*	*Listen to me.*	*Listen to me.*

Aspettavamo proprio **te**.
We were waiting just for you.

Saluto solamente **lui**.
I only greet him.

3. to contrast an object with another object:

Noi abbiamo riconosciuto **te**, non gli altri.   A **me** piace il mare; a **lei** piace la montagna.
We recognized you, not the others.   *I like the ocean; she likes the mountains.*

4. when there are two or more direct or indirect objects in a sentence:

Hanno invitato **lui** e **lei**.   Ha scritto a **me** e a Maria.
They invited him and her.   *He wrote to me and Mary.*

5. in exclamations, after some adjectives.

Povero me! Cosa faccio ora?   Beata te! Hai già dato tutti gli esami!
Poor me! What will I do now?   *Lucky you! You've already taken all your exams!*

— È per me!

ESERCIZI

a. *Tradurre:*

1. Life in America is different but I got used to it right away.
2. Mary got the letter but she didn't answer.
3. When Prof. Belluzzi asked her that question, Silvia didn't answer him; she didn't know what to say.
4. Whom are you thinking about? Him or her?

5. I've got an awful lot to do and I'm thinking about my work.
6. Does anyone want to go to Italy with me?
7. — Please come home immediately! — What happened? — I can't tell you over the phone.
8. Watch out! Anything you say may be used against you.
9. Come on! Say yes!
10. I'm afraid they're tired of us.

b. *Tradurre la lettera che segue:*

November 7, 1979

Dear Mary,

Sorry I didn't write you sooner. I have been so busy!

How are you doing? How are your classes?

I have an idea: why don't you come to Rome for a weekend at the end of the month? Don't write to me (the postal service is lousy; a letter can take a whole week . . .). Call me and tell me what train you are taking. Guess what! I bought a small Fiat (they use less gas, you know) so I can come to pick you up at the station.

I hope you can come. You can stay with me. The apartment is really small but there's enough room for both of us.

I can't wait to see you!

Love,

Giovanna

P.S. You must see my boy-friend. He's American, he's tall and slender, he has blond hair and blue eyes . . . He's a doll!¹

Lettura

Il professore

Dopo la lezione di Guido Belluzzi, gli studenti lasciavano i banchi, s'affrettavano verso l'uscita; soltanto quelli che facevano la tesi con lui, se avevano qualcosa da dirgli, s'avvicinavano, alla cattedra. Silvia, seduta, raccoglieva le dispense,² gli appunti, li
5 chiudeva nella cartella. Guardava il professore, intenta, lo ascol-

---

1. The "in" word in Italy today seems to be **favoloso** *fabulous,* said of people, things, events. Its negative counterpart is **schifoso,** similar to our *lousy.* Its original meaning is *revolting* or *disgusting.*
2. **Dispense:** text of lectures made available by professors at Italian universities.

tava parlare con quella sua mite voce che sembrava monotona
dapprima e poi penetrava, proprio per quella sua lentezza ar-
moniosa. I capelli di lui, bianchi, brillavano sotto il chiarore della
lampada. Dietro le lenti, gli occhi turchini° guardavano con be-   *dark blue*
5 nevola fermezza.

La ragazza stava andandosene quando egli la chiamò:
« Custo . . . ».[1]

Silvia si volse, si guardò attorno: « Io? ». Si preparava alla tesi
con lui, ma soltanto poche volte gli aveva parlato.
10   « Sì, lei. Non ha da chiedermi nulla, stasera? »

« Grazie, no, niente, professore. »

« Io sì, invece, avrei qualche cosa da chiederle. »

« A me? »

« Proprio a lei. Potrebbe venire da me domani; domani . . .
15 facciamo alle quattro? »

« Oh! certo. »

« Non ha da fare, a quell'ora, da studiare? »

« No, no davvero, professore. »

« Bene. Allora ci vedremo domani. »
20   Il giorno dopo alle tre e mezzo, Silvia era già a casa di Belluzzi: Belluzzi abitava in una vecchia casa, al centro di Roma,
l'ingresso dell'appartamento era vastissimo, pieno di statue, di
pezzi di archeologia. Ella lo aveva percorso intimidita, dietro la
cameriera, cercando di fare il minimo rumore possibile. Entrò in

---

1. The normal way for an Italian university professor to address a student is to call
him/her by his/her last name and use the **Lei** form. The last name and the **tu**
form are used by teachers in elementary and secondary schools.

una grande biblioteca dall'alto soffitto dipinto, ove le pareti erano rivestite di° scaffali zeppi di° libri; vi stagnava un silenzio austero, come se vi pesasse la fatica di tutti coloro che avevano scritto quei libri. Vecchi libri, autori morti, sepolti: ma quelle loro ore di lavoro
5 restavano, non erano state inutili, come tante altre ore adesso inghiottite dal nulla.°

lined with/overflowing with

swallowed up in the void

La tepida luce pomeridiana sfiorava i dorsi° dei libri, ne ravvivava i fregi dorati°. Nel fondo c'era la porta chiusa dello studio del professore.

caressed the spines
illuminated their gold-leaf deco-
rations

10 Chi sa che cosa voleva da lei. Forse voleva dirle: "Lasci stare, Custo, dia retta a me, torni al paese". Che poteva ancora avere da dire, lei, di fronte a tutto quello che già era stato scritto? [. . .]

«Custo . . . »

Dalla porta Belluzzi l'invitava nel suo studio: ma non sedette
15 dietro la scrivania come quando Silvia era andata da lui la prima volta per parlargli della tesi; sedettero insieme sul divano, egli le offrì:

«Un caffè?»

«Oh, no, grazie.»

20 «Lo prenda, è buono a casa mia.» Parlava bonariamente e Silvia pensava che quell'uomo poteva senza difficoltà passare dall'austerità della cattedra all'ospitalità accogliente, paterna.

«L'ho fatta venire perchè vorrei proporle una cosa. Io l'ho notata da tempo, signorina Custo. Lei è molto intelligente, attenta
25 e tenace.»

«Grazie, oh, grazie.»

«Lei farà strada.»

Silvia taceva e il suo volto s'illuminava. I suoi occhi sempre gravati da cerchi bruni° ora, per la loro vivezza, parevano schiariti.
30 Un luminoso sorriso fluiva sul bruno della sua pelle, dei suoi capelli, del suo vestito.

dragged down by dark circles

« E io vorrei proporle di lavorare con me . . . ma segretaria non è la parola adatta, collaboratrice piuttosto. Ho sempre bisogno di fare nuove ricerche, di . . . insomma ho bisogno di una
35 persona che mi capisca.» Poi spiegò: « Che capisca » Soggiunse°, dopo una pausa: «Ho avuto per molti anni con me una signorina. S'è sposata, questa signorina, e pensavo che non avrei trovato da sostituirla. Poi ho visto lei, l'ho vista lavorare ». Guardava adesso oltre° i vetri della finestra le tetre° case di faccia, e giocava con le
40 dita come alle lezioni. «Lei vorrebbe, signorina Custo?»

*He added (**soggiungere**)*

beyond/gloomy

«Oh, certo. Non so che cosa dirle, professore.»

«Non mi dica nulla, allora, non mi dica nulla. E pensi al suo Natale; io m'auguro che lei passi un felice Natale.»

«Adesso sì, professore.»

45 «Bene, anche io sono soddisfatto. L'aspetto, dunque, dopo le feste. Il sette gennaio, va bene? Lei verrà qui alle tre. Le farò

conoscere mia moglie. » E sorridendo si alzò in piedi: «L'accom-
pagno, signorina . . . Per il suo compenso . . . »

    «Non me ne parli, professore, non me ne parli, la prego. »

    «Come vuole, ne parleremo poi. »

5   Traversarono la biblioteca, la grande sala d'ingresso. Silvia,
ansiosa di essere sola, salutò frettolosa e scomparve; quando la
porta fu chiusa, scese due scalini in fretta, poi, sfinita°, s'appoggiò   *exhausted*
al muro e così rimase, una mano premuta sul cuore, a pensare.

                    Alba de Céspedes, *Nessuno torna indietro*

Parole da ricordare

affrettarsi	to hurry (the same as **sbrigarsi**); **frettoloso** hasty, hurried
appoggiarsi a	to lean against; **l'appoggio** support (also used figuratively)
dar retta a (qualcuno)	to listen to, pay attention to
far strada (farsi strada)	to go far (in life), succeed
lasciar stare, perdere	to leave someone or something alone, give up **Lascia stare!** Forget it!
percorrere (*past part.* percorso, *past abs.* percorsi)	to walk or run through; **il percorso** route
pesare	to weigh; **il peso** weight
scomparire (*past part.* scomparso, *past abs.* scomparvi)	to disappear; **la scomparsa** disappearance
il banco, i banchi	student's desk(s)
la cartella	briefcase
la cattedra	teacher's rostrum; chair, professorship
lo scaffale	bookshelf
la scrivania	writing-desk
il soffitto	ceiling

Studio di parole

to ask

chiedere (qualcosa a qualcuno)
to ask for, make a request
Gli ho chiesto il conto.
I asked him for the check.
Mi chiedono sempre dei favori.
They're always asking me for favors.

domandare (qualcosa a qualcuno)
to ask (a question), inquire
Domandagli un po' quando viene.
Ask him when he's coming.
Ti ho domandato il prezzo.
I asked you the price.

chiedere (domandare) di qualcuno
to ask for, inquire about someone

fare una domanda
to ask a question

Mi hanno domandato di te.
They asked me about you.

Non farmi tante domande!
Don't ask me so many questions!

The distinction between **chiedere** (chiedere per avere) and **domandare** (interrogare per sapere) is not always maintained. **Chiedere** is used more and more frequently and seems to be supplanting **domandare**.

Gli ho chiesto l'ora.
I asked him for the time.

Mi hanno chiesto dove andavo.
They asked me where I was going.

Remember that **chiedersi** and **domandarsi** both mean *to wonder.*

Mi domando (mi chiedo) come sta Luisa.
I wonder how Louise is doing.

Far domanda means *to apply, make an application.*

Ho fatto domanda per ottenere la pensione.
I applied for a pension.

CONVERSAZIONE SULLA LETTURA

1. Come s'immagina il Prof. Belluzzi (aspetto fisico e carattere)?
2. Secondo Lei, quale materia insegnava?
3. Descriva l'appartamento del professore.
4. Era la prima volta che Silvia andava da lui?
5. Perchè il professore ha chiesto a Silvia di andare a casa sua?
6. Silvia quali parole si aspettava di sentire dal professore? Perchè?
7. Perchè il professore ha scelto Silvia fra tutte le studentesse?
8. Uno dei Suoi professori Le ha mai chiesto di collaborare con lui?

TEMI PER COMPONIMENTO O DISCUSSIONE

1. Le piacerebbe avere una biblioteca come quella del professore? Perchè sì o perchè no?
2. "Le ore di lavoro degli autori morti restano, non sono state inutili come tante altre ore inghiottite dal nulla". Commentare.

- Imperfect and Pluperfect Subjunctive
- Sequence of Tenses in the Subjunctive
- Demonstratives: *questo* and *quello*
- Relative Pronouns
- Lettura: *Due ali azzurre*

Grammatica

THE IMPERFECT AND PLUPERFECT SUBJUNCTIVE

The Imperfect Subjunctive

1. The imperfect subjunctive *(that I loved, that I was loving)* is formed by adding to the stem of the infinitive the characteristic vowel for the conjugation and the appropriate endings. The endings are the same for all three conjugations. All endings of the imperfect subjunctive begin with **-ss-** except the second person plural (**-ste**).

	amare	perdere	finire
che io	ama**ssi**	perde**ssi**	fini**ssi**
che tu	ama**ssi**	perde**ssi**	fini**ssi**
che (lui)	ama**sse**	perde**sse**	fini**sse**
che (noi)	ama**ssimo**	perde**ssimo**	fini**ssimo**
che (voi)	ama**ste**	perde**ste**	fini**ste**
che (loro)	ama**ssero**	perde**ssero**	fini**ssero**

2. The imperfect subjunctive of **avere** is formed regularly:

	avere
che io	avessi
che tu	avessi
che (lui)	avesse
che (noi)	avessimo
che (voi)	aveste
che (loro)	avessero

3. The following verbs have irregular stems in the imperfect subjunctive:

	essere	**dare**	**stare**
che io	fossi	dessi	stessi
che tu	fossi	dessi	stessi
che (lui)	fosse	desse	stesse
che (noi)	fossimo	dessimo	stessimo
che (voi)	foste	deste	steste
che (loro)	fossero	dessero	stessero

4. A few verbs have an irregular imperfect subjunctive formed from the same stem as the imperfect indicative.

	dire (dicevo)	**fare** (facevo)	**tradurre** (traducevo)
che io	dicessi	facessi	traducessi
che tu	dicessi	facessi	traducessi
che (lui)	dicesse	facesse	traducesse
che (noi)	dicessimo	facessimo	traducessimo
che (voi)	diceste	faceste	traduceste
che (loro)	dicessero	facessero	traducessero

The Pluperfect Subjunctive

The pluperfect subjunctive *(that I had loved)* is formed with the imperfect subjunctive of **avere** or **essere** plus the past participle of the verb.

Verbs conjugated with **avere**	Verbs conjugated with **essere**

	amare			**partire**	
che io	avessi			fossi	
che tu	avessi			fossi	partito/a
che (lui)	avesse	amato		fosse	
che (noi)	avessimo			fossimo	
che (voi)	aveste			foste	partiti/e
che (loro)	avessero			fossero	

Uses of the Imperfect and Pluperfect Subjunctive

A. The imperfect and pluperfect subjunctive, like the present and past subjunctive, are used:

1. after certain verbs and expressions (see pp. 146–7)

I medici erano contenti che io **mangiassi** molto.
The doctors were glad that I ate a lot.

Papà voleva che i bambini **stessero** a casa.
Daddy wanted the children to stay home.

2. after certain impersonal expressions (see p. 150)

Era impossibile che lo **capissimo.**
It was impossible for us to understand (it).

Era ora che tu te ne **andassi.**
It was time for you to leave.

3. after certain conjunctions (see p. 153)

Vi ho dato il libro perchè lo **leggeste.**
I gave you the book so that you would read it.

Sebbene non **avessero studiato,** hanno risposto bene.
Although they hadn't studied, they did well on their answers.

4. after indefinite words and expressions (see p. 155)

Qualunque cosa **facesse,** la faceva bene.
Whatever he did, he did well.

5. frequently in relative clauses introduced by superlatives, negative or indefinite expressions, or words with a restricted meaning (see pp. 155–156)

Era il più bel film che io **avessi visto.**
It was the most beautiful movie I had seen.

Non c'era niente che **potessero** fare.
There was nothing they could do.

Cercavamo qualcuno che **sapesse** due lingue.
We were looking for someone who might possibly know two languages.

6. frequently in indirect questions (see p. 156)

Non sapevamo chi **avesse** vinto.
We didn't know who had won.

Note that all the sample sentences above have main verbs in past tenses.

B. The present and past subjunctive are used in narration in the present. The imperfect and pluperfect subjunctive are used in narration in the past.
  1. The imperfect subjunctive is used if the action of the dependent clause takes place simultaneously with the action of the independent clause or later:

  Temevo che lui non **venisse.**
  I feared he wasn't coming.
  I feared he wouldn't come.

  2. The pluperfect subjunctive is used if the action of the dependent clause occurred before the action of the independent clause:

  Temevo che non **fosse venuto.**
  I feared he hadn't come.

The Subjunctive Used Alone

Although the subjunctive is almost always used in dependent clauses, it may also be used in clauses standing alone and functioning as independent clauses. All four subjunctive tenses can be used in this way.

1. Clauses of this type containing a present subjunctive always express a deeply felt wish

that something should come about. Examples in English are: *God bless America! Perish the thought! Confound it! God forbid!* Actually sentences of this kind are probably best understood as clauses which depend on an unexpressed verb which conveys the speaker's wish: *(I want) God (to) bless America.*

Che Dio ti **benedica!**
God bless you!

Sia maledetto il giorno, l'ora e l'anno!
Cursed be the day, the hour and the year!

Dio v'**accompagni!**
God be with you!

Così **sia!**
So be it!

Possiate guarire presto!
May you get well soon!

2. When the imperfect or the pluperfect subjunctive is used in clauses of this kind, they express a wish or a desire whose fulfillment seems unlikely or they express regret that something did not happen in the past. Such sentences are often introduced by expressions like **oh, almeno, magari, se, così**.

Se **fossi** più giovane!
If only I were younger!

Magari **facesse** bel tempo!
If only it were nice weather!

Così **fosse** vero!
I wish it were true!

Oh, **potessi** rivederli!
If only I could see them again!

Almeno lo **avessero** perdonato!
If only they had forgiven him!

Se ne **fosse andato** in tempo!
If only he'd left sooner!

3. The subjunctive may also be used (often introduced by **che**) to express a doubt or an assumption (*Is that possible that . . . ? Do you suppose that . . . ?*).

Che **dormano** tutti?
Do you suppose everyone is asleep?

Che l'**abbiano** già **saputo?**
Is it possible that they've already found out?

Che **sia arrivata** la mamma?
Do you suppose Mother has arrived?

Che **fosse** innamorato di me?
Could it have been that he was in love with me?

— Cercava una che si intendesse di musica e poesia, che stesse sempre in casa, non bevesse, non fumasse, tacesse quando voleva lui... Così, gli ho suggerito di comprarsi un televisore!

— Dio salvi il Re!

ESERCIZI

a. *Completare con la forma corretta dell'imperfetto del congiuntivo* (imperfect subjunctive).

1. Aspettiamo che smetta di nevicare.
   Aspettavamo che . . . .
2. È raro che succeda qualcosa di nuovo in questa città.
   Era raro che . . . .
3. Lui insiste perchè si siedano.
   Lui insisteva perchè . . . .
4. Speriamo che non ci capiti nulla di spiacevole.
   Speravamo che . . . .
5. Mi pare che vostro figlio stia male.
   Mi pareva che . . . .
6. Non mi piace che leggiate le mie lettere.
   Non mi piaceva che . . . .
7. Temo che tu mi dica tante bugie.
   Temevo che . . . .
8. Non so bene di che si tratti.
   Non sapevo bene di che . . . .

b. *Completare con la forma corretta del trapassato del congiuntivo* (pluperfect subjunctive).

1. Tu sei la prima che io abbia invitato.
   Tu eri la prima che . . . .
2. Non sappiamo che cosa sia successo a Carlo.
   Non sapevamo che cosa . . . .
3. Sembra che non abbiano capito niente.
   Sembrava che . . . .
4. Mi dispiace che siano usciti.
   Mi è dispiaciuto che . . . .
5. È probabile che non abbiano potuto aspettare.
   Era probabile che . . . .
6. Credono che lui si sia fermato al bar della stazione.
   Credevano che . . . .
7. Temiamo che il nostro caffè non gli sia piaciuto.
   Temevamo che . . . .
8. Dubito che lui ci abbia fatto caso.
   Dubitavo che . . . .

c. *Formare nuove frasi come nell'esempio utilizzando i soggetti suggeriti.*

Esempio: Temevano di essere in ritardo. (lui) **Temevano che lui fosse in ritardo.**

1. Gli dispiaceva di dover andare all'estero. (tu)
2. Preferivamo andare un po' più avanti. (lei)
3. Volevate preparare qualcosa da mangiare. (io)

4. Non volevo pensarci. (Lei)
5. Bisognava depositare l'assegno. (loro)
6. Era meglio dirglielo subito. (voi)
7. Pensava di regalarle dei gioielli. (lui)

d. *I sentimenti di Silvia e di Anna . . . Formare un'unica frase usando* di + infinito *o* che + congiuntivo.

Esempi: Silvia era contenta. Collaborava col Prof. Belluzzi.
   Silvia era contenta di collaborare col Prof. Belluzzi.

   Silvia era contenta. Il professore aveva scelto lei.
   Silvia era contenta che il professore avesse scelto lei.

1. Silvia era sorpresa. Il professore l'aveva chiamata.
2. Silvia era contenta. Il professore si ricordava il suo nome.
3. Silvia era contenta. Faceva la tesi col Prof. Belluzzi.
4. Silvia era sorpresa. Il professore viveva in una casa così grande.
5. Silvia aveva paura. Non era quella che il professore credeva.
6. Ad Anna dava fastidio. Fausto era geloso.
7. Anna era contenta. Fausto le scriveva tutti i giorni.
8. Ad Anna dispiaceva. Fausto non le diceva frasi affettuose.
8. Anna era furiosa. Il dottore l'aveva baciata a tradimento.
9. Anna era preoccupata. Non era abbastanza intelligente e istruita per Fausto.

SEQUENCE OF TENSES IN THE SUBJUNCTIVE

We have seen that the tense of the subjunctive in the dependent clause is determined (1) by the tense of the verb in the independent clause, (2) by whether the action of the subjunctive verb occurs before or at the same time as the action of the main verb.

1. The following table shows the sequence of tenses with the verb in the independent clause in the present or imperative:

Independent Clause	Dependent Clause	
Present indicative } Imperative	Concurrent action: Past action:	Present subjunctive Past subjunctive

Dubito che capiscano.
I doubt that they understand.

Dubito che abbiano capito.
I doubt that they (have) understood.

Sii contento che vengano.
Be glad that they are coming.

Sii contento che siano venuti.
Be glad that they have come (came).

When the verb in the independent clause is in the present indicative or imperative, and the action of the dependent clause occurs at the same time or later, the verb in the dependent clause is in the present subjunctive. When the action in the dependent clause is earlier in time than that in the independent clause, the verb in the dependent clause is in the past subjunctive.

2. The following table shows the sequence of tenses when the main verb is in the **imperfetto, passato remoto,** or **trapassato.**

Independent Clause	Dependent Clause	
Imperfetto **Passato remoto** **Trapassato**	Concurrent action:	Imperfect subjunctive
	Past action:	Pluperfect subjunctive

Dubitavo (dubitai) (avevo dubitato) che capissero.	Dubitavo (dubitai) (avevo dubitato) che avessero captio.
I doubted that they understood.	*I doubted that they had understood.*

When the verb in the independent clause is in the **imperfetto, passato remoto,** or **trapassato,** and the action of the dependent clause occurs at the same time or later, the verb in the dependent clause must be in the imperfect subjunctive. If the action of the dependent clause occurred before that of the main verb, the pluperfect subjunctive must be used.

3. When the verb in the independent clause is in the **passato prossimo,** any of the four tenses of the subjunctive may be used in the dependent clause, depending upon the meaning.

PRESENT SUBJUNCTIVE	Ho creduto che lui **abbia** ragione. *I thought he was, and is, right.*
IMPERFECT SUBJUNCTIVE	Ho creduto che lui **avesse** ragione. *I thought that he was right at the time.*
PAST SUBJUNCTIVE	Ho creduto che lui **abbia avuto** ragione. *I have thought he has been right on occasion.*
PLUPERFECT SUBJUNCTIVE	Ho creduto che lui **avesse avuto** ragione. *I thought he had been right on a specific occasion in the past.*

4. Sometimes an imperfect subjunctive is found in the dependent clause even when there is a present indicative in the independent clause. In such cases the action expressed in the dependent clause refers to a past that has no relationship to the present or it indicates a habitual, continuous, or descriptive action in the past.

Pare che gli antichi morissero giovani.	Può darsi che lui fosse stanco quel giorno.
It seems that the ancients died young.	*It's possible that he was tired that day.*

5. After **come se, quasi (che)** *as if* the imperfect and pluperfect subjunctive are used no matter what the tense in the main clause is.

Accomodati! Fai come se fossi a casa tua.   Gli volevamo bene come se fosse nostro figlio.
Come on in! Make yourself at home.   *We loved him as if he were our own son.*

Voi parlate come se non fosse successo niente.
You talk as if nothing had happened.

6. For the sequence of tenses in the subjunctive when the future or the conditional is used in the independent clause or to express a future idea in the dependent clause, see Unit 10.

— Mi aiuta molto in casa... Stamattina, ha staccato il foglietto del calendario senza che io lo sollecitassi!

ESERCIZI

a. *Completare le seguenti frasi con la forma corretta del congiuntivo:*

1. Ci aiuta senza che noi glielo chiediamo.
   Ci aiutò senza che . . .
2. Non sapevo che cosa fosse successo.
   Non so che cosa . . .
3. È inutile che voi mi scriviate.
   Era inutile che . . .
4. Mi auguro che Lei passi un felice Natale.
   Mi auguravo che . . .
5. Bastava un'occhiata perchè io potessi capire.
   Basta un'occhiata perchè . . .

6. Fece tutto senza che ce ne accorgessimo.
   Fa tutto senza che . . .
7. Lui insiste perchè lei gli dia un appuntamento.
   Lui aveva insistito perchè . . .
8. Lo mandarono in America per un anno perchè vedesse il mondo e imparasse l'inglese.
   Lo mandano in America per un anno perchè . . .

b. *Completare le seguenti frasi:*

1. Quand'ero bambino/bambina, avevo paura che . . .
2. Nessuno poteva immaginare che . . .
3. Sabato sera sono uscito/uscita benchè . . .
4. Ho finito l'esercizio senza che . . .
5. Il Prof. X era l'unico professore che . . .
6. La signorina Y è la sola professoressa che . . .
7. Io lo rispettavo qualunque cosa . . .
8. Gli voglio bene come se . . .

c. *Scrivere un dialogo originale, usando il seguente dialogo come guida:*

È difficile mettersi d'accordo . . .

(Lei) — Ma perchè mi dici queste cose?
(Lui) — Perchè credevo che ti potessero interessare.
(Lei) — Non m'interessano affatto e non ci capisco niente.
(Lui) — Allora dimmi che cosa t'interessa.
(Lei) — Non lo so.
(Lui) — Vuoi che andiamo al cinema?
(Lei) — No, non ne ho voglia.
(Lui) — Vuoi che facciamo una passeggiata con la macchina?
(Lei) — Neppure.
(Lui) — Vuoi che andiamo a prendere il gelato?
(Lei) — Per carità.
(Lui) — Vuoi che restiamo qui?
(Lei) — No, in fondo non vorrei neppure restare qui.
(Lui) — Di' tu quello che vuoi.

(adapted from Alberto Moravia)

d. *Quello che volevano loro e quello che ho voluto io . . . Non sempre i figli fanno quello che vogliono i genitori. Per esempio: studiare due lingue straniere. I miei genitori volevano che io studiassi due lingue straniere; ma io non ho voluto studiare due lingue straniere. Scrivere delle frasi complete secondo l'esempio.*

1. Fare Economia e Commercio/Fare Scienze Politiche.
   I miei genitori volevano che io . . . Io ho voluto . . .
2. Abitare al dormitorio/Affittare un appartamento.

3. Lavorare in un ufficio/Fare un viaggio.
4. Comprare una macchina usata/Comprare una motocicletta nuova.
5. Farmi tagliare i capelli/Farmi crescere i capelli.

e. Formare nuove frasi usando **che** *+ congiuntivo:*

Esempio: Gli ho detto: "Torna subito a casa!" **Gli ho detto che tornasse subito a casa.**

1. Le ho ordinato: "Fa' presto!"
2. Ti ho detto: "Svegliami alle sette!"
3. Ho detto loro: "Non lavorate troppo!"
4. Ho raccomandato ai clienti: "Abbiano pazienza, aspettino ancora un po'!"
5. Gli ho ordinato: "Chiudi la porta e seguimi!"

QUESTO AND QUELLO

Questo and *quello* as Demonstrative Adjectives

1. **Questo** *this, these* has four endings as all adjectives ending in **-o**. It can however be shortened to **quest'** in the singular when it is followed by a noun or adjective beginning with a vowel.

Guarda **questo** quadro!
Look at this painting!

Cosa fate **quest'**inverno?
What are you doing this winter?

Sono tuoi **questi** alberi?
Are these trees yours?

2. Note the following forms in which the demonstrative **questo** is contracted with the noun:

stamani *or* stamane		*this morning*
stamattina	(questa mattina)	*this morning*
stasera	(questa sera)	*this evening, tonight* (the earlier part of the night)
stanotte	(questa notte)	*tonight* (now or later), *last night*
stavolta	(questa volta)	*this time*

3. **Quello** *that, those* has several forms which follow the same pattern as the definite article combined with **di** (**del, dello, dell'**, etc.) and **bello**. For an explanation of the forms of **quello** and their uses see Unit 3, pp. 60–61. **Questo** and **quello** are often accompanied by **qui (qua)** and **lì (là)**.

questo libro qui
this book here

quel giornale là
that newspaper there

A third form, **codesto** (or **cotesto**) exists. It means *that* and indicates a person or a thing which is far from the speaker and close to the listener.

Dammi **codesto libro** che hai in mano!
Give me that book you've got in your hand!

Its use is literary and regional: outside Tuscany, **codesto** is seldom used.

Questo and *quello* as Demonstrative Pronouns

Questo and **quello** when used alone function as pronouns. They each have four forms:

questo	questi	quello	quelli
questa	queste	quella	quelle

Questo è il mio orologio.   **Quella** è mia moglie e **quelli** sono i miei bambini.
This is my watch.   *That's my wife and those are my children.*

Delle due riviste scelgo **questa**.
Of the two magazines I choose this one.

1. **Questo** can mean **questa cosa**; **quello** can mean **quella cosa**.

   Questo mi preoccupa davvero.   Tu pensi solo a **quello**!
   This (matter) really worries me.   *You think only of that (matter)!*

2. **Quello** and **questo** can be used together in the same sentence to mean *the former* and *the latter:*

   Milano e Genova sono due grandi città: **quella** è in Lombardia, **questa** è in Liguria.
   Milan and Genoa are two large cities; the former is in Lombardy, the latter is in Liguria.

Uses of *quello*

Quello alone means *that one* (or *those,* in the plural).

Anche questo colore è bello, ma io   — Mi dà delle mele? — Quali vuole,
preferisco **quello**.   signorina? — **Quelle.**
This color is pretty too, but I prefer that   *— Will you give me some apples?*
one.   *— Which do you want, Miss?   — Those.*

1. **Quello -a, -i, -e,** may be followed by **di** to mean *that (those) of, the one(s) by,* or to indicate possession.

   Il problema dell'inquinamento è   — Ti piacciono i racconti di Moravia?
   grave; **quello** della disoccupazione è   — *Do you like Moravia's short stories?*
   ancora più grave.
   The problem of pollution is serious,   — Preferisco **quelli** di Buzzati.
   but that of unemployment is even   — *I prefer those of Buzzati.*
   more serious.

   Ecco una foto; è **quella** di Mario.
   Here's a photo: it's Mario's.

2. **Quello** may be followed by a relative pronoun: **quello che** meaning *the one who, the one that.* **Che** is always expressed in Italian.

Ecco il giornale: è **quello** che cercavi?
Here's the newspaper. Is it the one (that) you were looking for?

More Demonstrative Pronouns

1. The following demonstrative pronouns are used only to refer to people, are only used as subject and are often replaced by **questo** and **quello.**

    questi *this one*   **quegli** *that one*

    Questi piange, **quegli** ride.
    This one cries, that one laughs.

    costui, costei, *this one*   **costoro** *these*

    Costei è una persona simpatica.
    This one is a nice person.

    colui, colei, coloro *the one(s) who* (almost always followed by **che**)

    Colui che sa parla.
    The one who knows, speaks.

    Colui che, quello che are often replaced by **chi**:

    Chi (colui che) cerca trova.
    He who seeks, finds.

2. Often, the demonstrative pronouns **quello, costui, colui** express a derogatory meaning or a detached and hostile attitude on the part of the speaker.

    Ascolta **quello** lì . . .   Carneade, chi era **costui?**   Che diavolo vogliono **costoro?**
    Listen to that one . . .   *Carneade, who was that?*   *What the devil do they want?*

3. The pronoun **ciò** is used only in reference to things. It means **questa cosa, quella cosa,** is always singular, invariable, and is considered masculine for agreement purposes.

    Ciò è strano.
    That's strange.

    When it is not a subject, **ciò** can be replaced by

    lo   Chi **lo** dice?
                              Who says so?

    ne (= di ciò)   Chi **ne** vuole parlare?
                              Who wants to talk about it?

                              Ne prendo ancora un po'!
                              I'll take a little more (of it).

    ci (= a ciò)   Un'altra volta pensa**ci** prima!
                              Next time think about it first.

    Note the idiom: **E con ciò?**
                    So what?

Venezia

C'è una città di questo mondo,
ma così bella, ma così strana,
che pare un gioco di fata morgana°   *mirage*
o una visione del cuore profondo.

Avviluppata° in un roseo velo,   *enveloped*
sta con sue chiese, palazzi, giardini,
tutta sospesa tra due turchini°,   *deep blues*
quello del mare, quello del cielo.

Così mutevole°! . . . A vederla   *changeable*
nelle mattine di sole bianco,
splende d'un riso pallido e stanco,
d'un chiuso lume come la perla;

ma nei tramonti rossi, affocati°,   *burning*
è un'arca d'oro, ardente, raggiante,
nave immensa veleggiante°   *sailing*
a lontani lidi incantati°.   *enchanted shores*

Diego Valeri

— Prendo questa.

ESERCIZI

a. *È questione di gusti . . . Rispondere alle domande usando le parole fra parentesi:*

Esempio: — Ti piace il vestito verde? (rosso)   — **No, preferisco quello rosso.**

1. Ti piace la camicetta a righe? (a pallini)
2. Ti piacciono gli stivali neri? (marrone)
3. Ti piace quella giacca elegante? (sportiva)
4. Ti piace il caffè americano? (italiano)
5. Ti piacciono i mobili antichi? (moderni)
6. Ti piacciono le cucine elettriche? (a gas)

b. *Marta e Maria hanno gusti opposti: indicare le preferenze di Marta e di Maria, prendendo l'esempio come guida:*

Esempio: Marta: — **A me piacciono i romanzi che parlano d'amore.**
            Maria: — **Io preferisco quelli che non parlano d'amore.**

1. le canzoni che parlano di Napoli
2. le persone che s'intendono di arte moderna
3. le storie che finiscono bene
4. gli uomini che hanno la barba
5. le automobili che hanno due sportelli

RELATIVE PRONOUNS

Italian relative pronouns correspond in meaning to the English *who, whom, that, which, whose.* They may never be omitted from a relative clause.

Il golf **che** ho comprato è rosso.
The sweater (that) I bought is red.

The relative pronouns are: **che   il quale   cui   chi**

A. Che and il quale

1. **Che** or **il (la) quale** corresponds to *who, whom, that, which.* There is no difference in meaning between **che** and **il quale,** but **che** is far more frequently used. **Che** is invariable and refers to both persons and things, either singular or plural. It can be either subject or direct object. **Che** cannot be used with a preposition.

   il ragazzo **che** ride   la ragazza **che** conosco
   the boy who laughs   *the girl whom I know*

   gli esami **che** devo dare   le case **che** costano poco
   the exams which I must take   *the houses that cost little*

2. **Che** can be elided to **ch'** before words beginning with a vowel.

   l'uomo **ch'**era con me   la frase **ch'**ogni giorno ripete
   the man who was with me   *the phrase which he repeats every day*

3. A form of **il quale** is used instead of **che** for emphasis or to avoid ambiguity.

   Ho parlato con la moglie di Paolo **la quale** è professoressa.
   I spoke with Paolo's wife who is a teacher.

   La quale makes it clear that it is Paolo's wife and not Paolo who is a teacher.

   la sorella di Mario, **la quale** arriva oggi   la sorella di Mario **il quale** arriva oggi
   Mario's sister who is arriving today   *the sister of Mario who is arriving today*

4. If a compound tense follows **che,** the agreement of the past participle in gender and number with the noun **che** refers to is optional.

   La signora **che** ho invitato (invitata) è inglese.
   The lady I invited is English.

B. Cui

1. **Cui** means *that, which, whom* and is used instead of **che** after a preposition: **a cui, di cui, da cui, in cui, con cui,** etc. **Cui,** like **che,** is invariable.

l'uomo **di cui** parli
the man (whom) you're talking about

i bambini **a cui** sorrideva
the children (that) you were smiling at

la signora **di cui** ci siamo lamentati
the lady (that) we complained about

il palazzo **in cui** abiti
the building (which) you live in

Note that in Italian the preposition never comes at the end of a sentence.

2. As with **che, cui** can be replaced by a form of **il quale.** The article is then contracted with the preceding preposition, as necessary: **al quale, della quale, nei quali, sulle quali,** etc.

Ecco i ragazzi **con cui (con i quali)** gioco a carte.
There are the boys with whom I play cards.

È una cosa **a cui (alla quale)** bisogna pensare.
It's something we have to think about.

3. **Cui** is sometimes used alone to mean **a cui.**

Il signore **cui (a cui)** raccontai il fatto fu molto sorpreso.
The gentleman to whom I told the story was very much surprised.

4. **In cui** and **che** are used after expressions of time where English may have *when* or nothing.

il giorno **in cui (che)** mi hai visto
the day (when) you saw me

l'anno **in cui (che)** ha nevicato
the year (when) it snowed.

5. **Per cui** is used after expressions of cause where English has *why.*

la ragione **per cui** non sono venuti
the reason why they didn't come

il motivo **per cui** piange
the reason why he is crying

6. **In cui** is used after **modo** or **maniera** to mean *the way (in which).*

il modo **in cui** Lei parla
the way (in which) you talk

7. **Dove** can replace **in cui** or **a cui** when referring to a place.

Genova è la città **dove** abitano i miei genitori.
Genoa is the city in which (where) my parents live.

8. **Cui** preceded by the definite article **(il cui, la cui, i cui, le cui)** means *whose, of which.* The article agrees with the noun which follows **cui.**

Ecco la signora **il cui marito** è avvocato.
There is the lady whose husband is a lawyer.

Il palazzo **le cui finestre** sono chiuse è in vendita.
The building whose windows are closed up is for sale.

An alternate construction is:

Ecco la signora, il marito **della quale** è avvocato.
There is the lady whose husband is a lawyer.

Il palazzo le finestre **del quale** sono chiuse è in vendita.
The building, the windows of which are closed, is for sale.

9. Remember that **di chi** translates the interrogative *whose?*

Di chi sono questi guanti? Sono tuoi?
Whose gloves are these? Are they yours?

C. 1. **Chi** or **colui che, colei che** + singular verb or **coloro che (quelli che)** + plural verb means *he (him) who, whoever, the one(s) who, those who.*

2. **Chi** has no antecedent, is always singular, and is followed by a verb in the third person singular. It refers to indefinite persons and is often found in proverbs and generalizations.

Ride bene **chi** ride ultimo.
He who laughs last laughs best.

Chi s'aiuta il ciel l'aiuta.
God helps those who help themselves.

Ammiro **chi** dice la verità.
I admire those who tell the truth.

3. The alternate forms have the same meaning but note that with **coloro che** the verb is plural.

Chi dice ciò sbaglia.
Colui che dice ciò sbaglia.
Coloro che dicono ciò sbagliano.
Whoever says this is mistaken.

Chi . . . chi means **gli uni . . . gli altri** *(some . . . others).*

Chi rideva, **chi** piangeva.
Some were laughing, others were crying.

D. Following are some constructions using relative pronouns:

1. **Quello che, quel che, ciò che, quanto** mean *that which, what.* These forms usually refer to things.

Non capisco **quello che** dice.
I don't understand what you're saying.

Non è **quel che** cerchiamo.
That's not what we're looking for.

Puoi ordinare **ciò che** vuoi.
You can order what you want.

Ho fatto **quanto** ho potuto.
I did what I could.

2. **Tutto quello che, tutto quel che, tutto ciò che, tutto quanto** mean *all (that), everything (that).*

È **tutto quel che** ricorda.
It's all that he remembers.

Facevano **tutto quanto** potevano.
They did all they could.

3. **Tutti quelli che, (tutti) quanti** mean *all that, everyone that.* These forms refer to people.

> **Tutti quelli che (tutti quanti) (quanti)** lo conoscono gli vogliono bene.
> *Everyone who knows him likes him.*

4. **Il che, la qual cosa** mean *which* when referring back to a whole idea, not a specific thing.

> Tu parli bene, **il che (la qual cosa)** mi piace.
> *You speak well, which pleases me.*

> Hai vinto la corsa, **del che** sono contento.
> *You won the race, which makes me happy.*

The same kind of idea is more frequently expressed by two independent clauses:

> Tu parli bene, e ciò mi piace.
> *You speak well, and that pleases me.*

— Quello che mi piace in voi è il sorriso...

ESERCIZI

a. *Inserire la forma corretta del pronome relativo:*

1. La stagione _____ quasi tutti preferiscono è la primavera.
2. Chi è la persona con _____ parlavi?
3. Non mi piace il tono con _____ mi hai risposto.
4. Volete sapere la ragione per _____ se n'è andata?
5. È una persona della _____ tutti parlano.
6. È quello il cameriere al _____ abbiamo chiesto il conto?

7. Il dottore da _____ andiamo è molto bravo.
8. Ricordo bene il giorno in _____ l'ho incontrata.
9. Gli operai _____ lavorano in quella fabbrica escono alle sei di sera.
10. Le hai restituito il libro _____ ti aveva imprestato?

b. *Completare ciascuna delle frasi del Gruppo A con la frase corretta del Gruppo B.*

A	B
1. Quello che non mi piace	1. quelli che se lo meritano.
2. Non riuscivamo a capire	2. che si occupi dei bambini durante la loro assenza.
3. Non c'era nessun ristorante	3. il motivo per cui parlavano in quel modo.
4. Aiutiamo volentieri	4. in cui non fossimo stati.
5. Cercano una signorina	5. è che si interessino degli affari miei.
6. È bene parlare di cose	6. di cui abbiamo un'esperienza diretta.

c. *Sostituire a* **che, chi** *e* **cui** *un altro pronome relativo.*

Esempio: Il romanzo di cui mi parli non mi è piaciuto affatto.
         Il romanzo del quale mi parli non mi è piaciuto affatto.

1. Chi non vuole venire resti a casa!
2. L'università in cui studiano i suoi figli è la stessa in cui ha studiato lui.
3. Vuoi sapere il motivo per cui ho preferito tacere?
4. Prendi solo i libri di cui hai bisogno.
5. Desidero ringraziarvi di ciò che avete fatto per me.
6. Non sono molti gli Americani a cui piacciono gli spinaci.
7. L'avvocato di cui domandate non abita più qui.
8. Fa' quello che vuoi!

d. *Formare un'unica frase usando* **che** *o una preposizione +* **cui.**

Esempio: Vada a prendere i libri. Sono sugli scaffali.
         Vada a prendere i libri che sono sugli scaffali.

1. Qual è la casa? La casa è in vendita.
2. Non ricordo lo studente. Gli ho imprestato il dizionario.
3. Come si chiama la ragazza? Le hai telefonato pochi minuti fa.
4. Ha un fratello. Non va d'accordo con lui.
5. Sono problemi attuali. Ne abbiamo già parlato ieri.
6. Questo è l'indirizzo. Non dovete dimenticarlo.
7. Quella è la professoressa. Le dà fastidio il fumo.
8. Ecco l'appartamento. Ci abitano da diversi anni.

e. *Tradurre:*

1. the room I need	5. the hotel I look for
2. the writer I talk about	6. the meal I pay for
3. the friend I think of	7. the wine I like
4. the photo I look at	8. the bed I sleep in

f. *Formare un'unica frase, secondo l'esempio, usando* **il (la, i, le) cui.**

> Esempio: Alberto Moravia è uno scrittore. Ho letto i suoi racconti.
> **Alberto Moravia è uno scrittore i cui racconti ho letto.**

1. Andiamo dallo zio. La sua casa è in montagna.
2. Aldo è un mio amico. I suoi genitori sono piemontesi.
3. Roma è una città. Abbiamo studiato i suoi monumenti.
4. C'è una via in città. Ho dimenticato il suo nome.
5. C'è una strada nel bosco. Conosco il suo nome.
6. Michelangelo è un artista. Le sue opere sono ammirate da tutti.

g. *Chissà chi lo sa . . .   Parliamo di donne famose (italiane e non italiane). Scrivere delle frasi come indicato nell'esempio.*

> Esempio: Sophia Loren (attrice italiana/ha vinto un Oscar)
> **Sophia Loren è un'attrice italiana che ha vinto un Oscar.**

1. Elena (principessa greca/fu la causa della guerra di Troia)
2. Madame Curie (scienziata polacca/scoprì il radio)
3. Giovanna d'Arco (eroina francese/combatté contro gli Inglesi e fu bruciata viva)
4. Caterina dei Medici (nobildonna fiorentina/sposò il re francese Enrico II e introdusse l'uso della forchetta in Francia)
5. Lucrezia Borgia (nobildonna italiana/avvelenava tutti i suoi nemici)

h. *Completare le seguenti frasi:*

1. Chi studia molto . . .
2. Ricordo ancora il giorno in cui . . .
3. Le cose di cui ho più bisogno sono . . .
4. Non mi piace il modo in cui . . .
5. Quello che conta nella vita è . . .
6. Ciò che Silvia voleva era che . . .
7. La ragione per cui studio l'italiano è che . . .

i. *Rispondere alle seguenti domande:*

1. Ci sono persone che Lei conosce i cui genitori o i cui nonni sono nati in Italia?
2. C'è un professore/una professoressa alla Sua università che è conosciuto/a in tutti gli Stati Uniti?
3. Conosce un regista italiano/una regista italiana i cui film sono popolari in America?
4. Conosce qualche scrittore americano le cui opere Lei considera importanti?
5. Lei sa il nome degli attori e delle attrici che hanno vinto l'Oscar l'anno scorso?
6. C'è qualche uomo politico moderno il cui nome, secondo Lei, sarà ricordato nella storia?

j. *Tradurre:*

1. This coffee is good, like the one the professor served yesterday at his house.
2. Is that the son of the lady you introduced me to?
3. Have you read the article which deals with our subject?
4. Do you remember the day when we saw each other for the first time?

5. The one who said these things is my daughter.
6. What you say is right, but I do what I want.
7. Tell us what makes you so sad!
8. They say she's written that letter, which is not true.
9. Have you found the book whose title you had forgotten?

Lettura

Due ali azzurre

Ecco quello che dice Sam, uomo sincero, e quindi bisogna credergli:

Io sono morto il 15 agosto 1931. Non so con precisione come avvenisse la cosa: il fatto è che un giorno mi trovai ai piedi
5 del mio letto sul quale stava sdraiato° un giovanotto con gli occhi   *stretched out*
chiusi e la barba lunga. Mi guardai compiaciuto: allora ero grasso
e figuravo bene°: ero davvero un bel cadavere. Mi guardai allo   *I looked nice*
specchio: ero in camicia e dietro le spalle mi erano spuntate due
graziose ali azzurre, il mio colore preferito. Gli altri non potevano
10 vedermi. C'era della gente nella stanza, intorno al mio letto; degli
amici, dei parenti, dei genitori. Uno stava piangendo: gli altri parlavano sottovoce. Entrò improvvisamente la mia fidanzata ufficiale[1] e, inginocchiatasi davanti al letto, cominciò a piangere
forte. Un signore le toccò discretamente una spalla. « Signorina »
15 le disse, « non dovete[2] piangere. Per non fare confusione abbiamo

1. Adding the term **ufficiale** to the word **fidanzata** conveys the meaning of a formal engagement.
2. Note the consistent use of **voi** instead of **Lei** throughout the passage. During the Fascist period (1922–1943) this use of **voi** was officially encouraged. This is an example of the glorification of the Roman past: **voi** comes directly from Latin; **Lei** is borrowed from Spanish. Many similar examples could be cited in language usage and the social customs of the time.

stabilito di piangere uno alla volta. Il vostro turno è dalle diciassette alle diciotto».

La mia fidanzata ufficiale si asciugò gli occhi e, per ingannare
l'attesa, cominciò a sfogliare una rivista.

5   Entrò un fattorino con un biglietto e lo porse al signore di-
gnitoso che, lettolo, si avvicinò a mio cugino che era di turno e
stava piangendo e gli disse: «Per cortesia, dovete piangere anche
per suo fratello: non può venire. Vuol dire che vi pagheremo lo
straordinario».

10   Mi sentivo leggero come una piuma: avevo una voglia di
provare le mie ali: mi affacciai quindi alla finestra e mi gettai
decisamente nel vuoto.

Caddi a picco° come un gatto di piombo°; non riuscivo a   *straight down/lead*
muoverle, le ali.

15   Venne a raccogliermi un signore molto bello, con una gran
barba, vestito di una lunghissima camicia e con due ali
grigioverdi.[1]

«Vi sta bene», disse. «Non sapete che prima di volare
bisogna fare il corso di guida?»

20   «Scusate», gli risposi. «È la prima volta che muoio e non
sono pratico».

---

1. **Grigioverde** *grayish green* was the color of the uniform of the Italian army until
   1945.

Cominciai subito il corso di guida, riuscivo benissimo. In poche ore sapevo già volare fino a un terzo piano: adesso erano rimasti in quattro attorno al mio letto, e giocavano a briscola.[1]

Dormii appollaiato° su un filo del telegrafo: i telegrammi mi *perched*
5 facevano un po' di solletico ai piedi, ma si stava bene.

La mattina dopo avevo appena cominciato le mie lezioni di guida, quando un signore in camicia e con le ali mi chiamò:

«Ehi, voi, Tal dei Tali°. Andate a versare° in magazzino la *What's-your-name/return* camicia e le ali. Dovete andar via!».

10 Rimasi malissimo: «Io non ho fatto niente», obiettai. «Perchè mi mandate via?».

«Perchè si tratta di morte apparente», rispose con una smorfia di disprezzo quello dalle ali.

Un vecchio vicino a me borbottò° che, ai suoi tempi, quelle *grumbled*
15 cose non accadevano.

Così mi ritrovai improvvisamente vivo, nel mio letto. La mia fidanzata ufficiale mi disse: «Com'eri bello, Sam, quando eri morto!».

Mio zio Filippo, con una smorfia di disgusto disse rivolto a
20 mio nipote:

«Te l'avevo detto? Il solito buono a nulla!° Neanche il morto è *good-for-nothing* stato capace di fare!°». *He wasn't even able to die right!*

Non ho mai dimenticato quelle parole; le ho ancora qui sullo stomaco°. *I am still troubled by them.*

25 Un giorno o l'altro gli farò vedere io, allo zio Filippo, se sono o no capace di fare il morto[2] anche meglio di lui!

Giovanni Guareschi

Parole da ricordare

affacciarsi	*to show one's face, appear*
asciugare	*to dry, to wipe;* **asciugamano** *towel*
fare il solletico a qualcuno	*to tickle someone;* **soffrire il solletico** *to be ticklish*
far vedere a qualcuno	*to show someone*
ingannare	*to cheat, deceive, swindle;* **ingannare l'attesa** *to pass the time while waiting*

1. A very popular Italian card game.
2. The expression **fare il morto** usually means *to pretend to be dead* or *to float on one's back* (when swimming). In the reading it is used ironically to imitate the idioms **fare il professore, l'avvocato**, etc. in order to present death as a skill.

inginocchiarsi	*to kneel down*
porgere *(past part.* porto, *past abs.* porsi)	*to hand, give to*
raccogliere	*to pick up, gather, harvest*
sdraiarsi	*to lie down;* **sdraiato** *lying*
sfogliare	*to leaf*
spuntare *(conj. with* **essere***)*	*to grow (hair); to sprout (trees, flowers, vegetables); to cut (teeth); to rise (sun, moon)*
toccare	*to touch*
il cadavere	*dead body, corpse*
capace	*capable*
compiaciuto	*pleased*
il disprezzo	*contempt*
il fattorino	*messenger-boy*
il fidanzato, la fidanzata	*fiancé, fiancée*
il filo	*wire; thread, yarn*
il magazzino	*warehouse*
pratico	*experienced*
lo straordinario	*overtime pay; overtime work;* **fare lo straordinario** *to work overtime*
il turno	*turn, shift;* **essere di turno** *to be on duty*

Studio di parole

to be well, look good, to be comfortable, etc.

1. **stare bene** (subject: people) means

   a. *to be well, in good health.*

   Lo zio è stato malato ma ora sta bene.
   My uncle was sick but now he's well.

   b. *to be well-off, in good financial condition*

   Non sono ricchissimi ma stanno bene.
   They are not very wealthy but they're well-to-do.

2. **figurare bene, fare bella figura** mean *to look good, look well, look nice.*

   Quel giorno figuravo bene.
   That day I looked good.

3. **stare bene a qualcuno** (subject: things) means *to look good on, to suit, to become, be becoming to.*

   Quel colore Le sta veramente bene!
   That color really suits you!

4. **stare bene a qualcuno** (in impersonal expressions) means *to serve someone right.*

   Gli hanno dato la multa? Gli sta bene!
   Did they give him a ticket? It serves him right!

5. **sta bene** + infinitive or + **che** + subjunctive means *it is convenient, fitting, becoming.*

   Non sta bene rispondere così.
   It's not nice to answer like that!

   Non sta bene che critichiate i nonni.
   It's unbecoming for you to criticize your grandparents.

6. **sta bene!** means the same as **d'accordo!**

CONVERSAZIONE SULLA LETTURA

1. Perchè gli amici e i parenti di Sam hanno deciso di piangere uno alla volta?
2. Che cosa è successo quando Sam ha voluto provare le sue ali?
3. Prima di volare che cosa bisogna fare?
4. Perchè, la mattina dopo, Sam ha dovuto restituire camicia e ali?
5. Come reagiscono la fidanzata e lo zio al ritorno in vita di Sam?
6. Sam che cosa spera di provare allo zio?
7. Quali particolari della storia trova più divertenti?

TEMI PER COMPONIMENTO O DISCUSSIONE

1. Raccontare un sogno che cominci così: "Una volta ho sognato che ero morto/morta. Ero sul letto e. . . ."
2. Lei sarebbe stato/stata capace di fare il morto meglio di Sam? In che modo?
3. In molte culture i morti sono idealizzati (come Sam nella nostra storia). Dare esempi.

UNIT 10

- **The Future and the Future Perfect**
- **The Conditional and the Conditional Perfect**
- **Sequence of Tenses (Continued)**
- **Uses of** *dovere, potere* **and** *volere*
- **Lettura:** *Un uomo domanda*
- **Lettura:** *Devo dirti una cosa*

Grammatica

THE FUTURE AND THE FUTURE PERFECT[1]

The Future

A. The future *(I will love, I am going to live)* is formed by dropping the final **-e** of the infinitive (**-are** verbs change the **-a-** of the infinitive ending to **-e-**) and adding the endings **-ò, -ai, -à, -emo, -ete, -anno.**

amare	perdere	finire
amerò	perderò	finirò
amerai	perderai	finirai
amerà	perderà	finirà
ameremo	perderemo	finiremo
amerete	perderete	finirete
ameranno	perderanno	finiranno

Amerò sempre i miei figli.
I will always love my children.

Gli zii arriveranno giovedì.
The uncles will arrive Thursday.

1. Verbs ending in **-care** and **-gare; -ciare, -giare** and **-sciare** have spelling changes in the future which are made to keep the sound of the stem.
   a. Verbs ending in **-care** and **-gare** insert an **-h-** following the **-c** and **-g** of the stem:

---

1. Italian makes the distinction between the **futuro semplice** *(I will work)* and the **futuro anteriore** *(I will have worked).* In this text we use the terms *future* and *future perfect.*

cercare	pagare
cercherò	pagherò
cercherai	pagherai
cercherà	pagherà
cercheremo	pagheremo
cercherete	pagherete
cercheranno	pagheranno

2. Verbs ending in **-ciare, giare** and **-sciare** drop the **-i-** of the stem:

cominciare	mangiare	lasciare
comincerò	mangerò	lascerò
comincerai	mangerai	lascerai
comincerà	mangerà	lascerà
cominceremo	mangeremo	lasceremo
comincerete	mangerete	lascerete
cominceranno	mangeranno	lasceranno

B. A number of verbs have special future stems. Their endings, however, are regular.

1. Some verbs, and the compounds derived from them, lose the characteristic vowel of the stem in the future.

INFINITIVE	FUTURE STEM	1ST PERSON
andare	andr-	andrò
avere	avr-	avrò
cadere	cadr-	cadrò
dovere	dovr-	dovrò
parere	parr-	parrò
potere	potr-	potrò
sapere	sapr-	saprò
vedere	vedr-	vedrò
vivere	vivr-	vivrò

2. Some verbs lose the characteristic vowel of the stem and undergo the following change: **lr, nr, vr → rr.**

INFINITIVE	FUTURE STEM	1ST PERSON
bere (bevere)	berr-	berrò
rimanere	rimarr-	rimarrò
tenere	terr-	terrò
valere	varr-	varrò
venire	verr-	verrò
volere	vorr-	vorrò

3. Some verbs in **-are** keep the characteristic vowel of the stem.

INFINITIVE	FUTURE STEM	1ST PERSON
dare	dar-	darò
fare	far-	farò
stare	star-	starò

4. The future of **essere** is:

essere

sarò
sarai
sarà
saremo
sarete
saranno

Sabato ci sarà una festa a casa nostra.   Non avranno voglia di venire.
Saturday there'll be a party at our house.   *They won't feel like coming.*

— Stai attento! Tu non sai chi sarò io.

ESERCIZI

a. *Non rimandare a domani quello che puoi fare oggi . . .* (Don't put off till tomorrow what you can do today.)

Esempio: — Vuole uscire oggi? — **No, uscirò domani.**

Rispondere alle domande usando il futuro con le seguenti espressioni: domani, dopo, più tardi, domenica prossima, il mese prossimo, tra un mese, *ecc.*

1. Vuole partire oggi?
2. Vuole andarci oggi?
3. Volete farlo oggi?
4. Vuoi cominciare oggi?

5. Vogliono dirglielo oggi?
6. Vuoi parlarne oggi?
7. Volete sceglierli oggi?

b. *Volere è potere . . . Tutte le persone nominate in quest'esercizio realizzano i loro desideri. Cambiare secondo l'esempio:*

Esempio: Silvia vuole *scrivere* un libro. **Silvia scriverà un libro.**

1. Fausto vuole laurearsi a luglio.
2. I ragazzi vogliono andare a ballare.
3. Noi vogliamo sapere chi ha rapito l'industriale.
4. Tu vuoi venire da me.
5. Io voglio stare a letto.
6. Voi volete finire la tesi in tre mesi.

c. *Non l'hanno fatto, ma lo faranno (prima o poi) . . . Completare le seguenti frasi usando il futuro.*

Esempio: Non l'ho assaggiato, ma . . .   **. . . ma lo assaggerò prima o poi.**

1. Non ho tradotto le frasi, ma . . .
2. Non l'hai lasciato entrare, ma . . .
3. Non è rimasta contenta, ma . . .
4. Non sono venuti da me, ma . . .
5. Non avete saputo rispondere, ma . . .
6. Non hanno visto *"Casablanca"*, ma . . .
7. Non te ne sei interessato, ma . . .
8. Non ha imparato l'italiano, ma . . .

The Future Perfect

The future perfect *(I will have loved)* is formed with the future of **avere** or **essere** plus the past participle of the main verb.

Verbs conjugated with **avere**		Verbs conjugated with **essere**	
avrò		sarò	
avrai		sarai	partito/a
avrà	amato	sarà	
avremo		saremo	
avrete		sarete	partiti/e
avranno		saranno	

Domani, a quest'ora, avrete già finito.
By this time tomorrow you will have finished.

Uses of the Future and Future Perfect

In addition to expressing an action which will take place in the future, the future tenses are also used in Italian:

1. to convey uncertainty or probability, to express a conjecture or a deduction. The **futuro semplice** expresses probability in the present; the **futuro anteriore** expresses probability in the past.

   Sarà vero (può essere vero, può darsi che sia vero, forse è vero), ma non ci credo.
   It may be true but I don't believe it.

   Non sono ancora arrivati? Avranno perso (forse hanno perso, può darsi che abbiano perso, devono aver perso) il treno.
   Haven't they arrived yet? They must have missed their train.

   Che cosa sarà successo?
   What could have happened?

2. frequently after **quando** and other conjunctions of time such as **appena, non appena, finchè** and **se**, to express a future action. The corresponding tenses in English are the present (**futuro semplice** in Italian) and the present perfect (**futuro anteriore** in Italian).

Quando **sarò** grande, farò l'ingegnere.
When I grow up, I'll be an engineer.

Se non **avrai** la febbre, ti alzerai.
If you don't have a fever, you'll get up.

Appena **arriveranno**, telefonaci!
As soon as they get there, call us!

Quando **avrò finito,** mi riposerò.
When I have finished, I'll rest.

Note that the main verb in such sentences is in either the future or the imperative.

— Quando avrò imparato a scrivere lo completerò.

ESERCIZI

a. *La prudenza non è mai troppa . . .   Carlo domanda qualcosa; Mario non è sicuro della risposta. Per non correre rischi, risponde con una supposizione. Rispondere alle domande usando il futuro come nell'esempio.*

Esempi: — Sono le due? — **Saranno le due.**
— Hanno studiato? —**Avranno studiato, che ne so io!**

1. Sono stati puntuali?
2. È rimasto senz'acqua?
3. Dormono già?
4. Non hanno voluto dire di no?
5. Ci vogliono due ore?
6. Ci ha pensato su?

b. *Supposizioni . . .   Formare nuove frasi usando il futuro.*

Esempio: Può darsi che preferisca aspettare. **Preferirà aspettare.**

1. Può darsi che mia madre lo sappia.
2. Forse si sentono soli.
3. Può darsi che gli piacciano i film Western.
4. Devi essere stanco.
5. Forse non ho capito.
6. Deve averlo sognato.

c. *Cerchiamo di indovinare . . .   Stamattina la segretaria non è venuta in ufficio. Quale sarà stata la ragione? I suoi colleghi (cioè voi) fanno cinque ipotesi plausibili.*

d. *Volgere al futuro:*

1. Escono se ne hanno voglia.
2. Veniamo appena possiamo.
3. Se sai bene l'inglese, puoi trovare un buon lavoro.

4. Se vogliono un tavolo, devono aspettare.
5. Appena ho finito, ti telefono.
6. Finchè stai con me, non paghi niente.
7. Lo salutiamo se lo riconosciamo.
8. Che cosa faccio dopo che mi sono laureato/a?

e. *Completare le seguenti frasi:*

1. Quando saprò l'italiano . . .
2. Appena arriverò a casa . . .
3. Se farà bel tempo sabato . . .
4. Non pranzerò finchè non . . .
5. Quando avrò finito gli studi . . .

f. *Predire il futuro . . .   Due ragazze che conosciamo bene, Anna e Silvia, vanno da una cartomante (fortune-teller), e la cartomante predice loro il futuro. Immaginare quello che dice. Immagini ora che sia Lei ad andare dalla cartomante. Che cosa Le piacerebbe sentire?*

THE CONDITIONAL AND THE CONDITIONAL PERFECT[1]

The Conditional

A. The conditional *(I would love)*, like the future, is formed by dropping the final **-e** of the infinitive (**-are** verbs change the **-a-** of the infinitive ending to **-e-**) and adding the endings **-ei, -esti, -ebbe, -emmo, -este, -ebbero.**

amare	perdere	finire
amerei	perderei	finirei
ameresti	perderesti	finiresti
amerebbe	perderebbe	finirebbe
ameremmo	perderemmo	finiremmo
amereste	perdereste	finireste
amerebbero	perderebbero	finirebbero

1. The same spelling changes that occur in the future for verbs ending in **-care** and **-gare, -ciare, -giare** and **-sciare** also occur in the conditional.

Al tuo posto io non **pagherei** niente.
In your place I wouldn't pay anything.

Incomincereste da capo voi?
Would you start again from the beginning?

---

1. Italian makes the distinction between the **condizionale presente** *(I would work)* and the **condizionale passato** *(I would have worked).* In this book we use the terms *conditional* and *conditional perfect.*

2. The verbs that are irregular in the future are also irregular in the conditional. The conditional stem is the same as the future stem (for irregular future stems, see p. 207).

Berremmo volentieri un caffè.
We'd be glad to have a cup of coffee.

Vorrei fermarmi ma non posso.
I would like to stay but I can't.

3. The conditional of **essere** is:

essere
sar**ei**
sar**esti**
sar**ebbe**
sar**emmo**
sar**este**
sar**ẹbbero**

The Conditional Perfect

The conditional perfect *(I would have loved)* is formed with the conditional of **avere** or **essere** plus the past participle of the main verb.

Verbs conjugated with **avere**		Verbs conjugated with **essere**	
avrei		sarei	
avresti		saresti	partito/a
avrebbe	amato	sarebbe	
avremmo		saremmo	
avreste		ṣareste	partiti/e
avrẹbbero		sarẹbbero	

Avrebbero mangiato tutti quei fichi.
They would have eaten all those figs.

Gli **sarebbe piaciuto** studiare medicina.
He would have liked to study medicine.

Sarei venuta prima.
I would have come earlier.

Uses of the Conditional and Conditional Perfect

A. The conditional corresponds to *would*[1] + verb; the conditional perfect corresponds to *would have* + verb.

1. Other Italian constructions that translate English *would* (where *would* does not have a conditional meaning) are:

imperfetto:	Ogni sabato andavamo al cinema.
	Every Saturday we would (used to) go to the movies.
passato prossimo:	Le ho chiesto di aprire la porta, ma lei non ha voluto aprirla.
	I asked her to open the door, but she wouldn't (refused to) open it.
passato remoto:	Le chiesi di aprire la porta, ma lei non volle aprirla.
	I asked her to open the door, but she wouldn't (refused to) open it.

Mangerei una bistecca.
I would eat a steak.

Avrei mangiato una bistecca.
I would have eaten a steak.

1. The conditional is used most frequently in conjunction with an *if*-clause (see Unit 11).

   Mangerei ora se avessi tempo.
   I would eat now if I had the time.

2. The conditional is used to express polite requests, wishes and preferences.

   Vorresti lavorare per me?
   Would you like to work for me?

   Preferirei un bicchiere di latte.
   I would prefer a glass of milk.

B. The conditional is also used:

1. to express a future action introduced by verbs of knowing, saying, telling, or informing in the past. In English the conditional is used in such cases; Italian uses the conditional perfect.

   Hai detto che **avresti pagato** tu.
   You said you'd pay.

   Non avevi promesso che **avresti scritto?**
   Hadn't you promised that you would write?

   Hanno detto che **sarebbero venuti,** ma io ero certo che non **sarebbero venuti.**
   They said they'd come, but I was certain they would not come.

2. to express a rumor, a hypothesis that has not been accepted or the opinion of others (this use is typical of the news media).

   Il papa **sarebbe** gravemente malato.
   The pope is supposedly seriously ill.

   I due attori si **sarebbero sposati** nel Messico.
   The two actors are presumed to have gotten married in Mexico.

— **Le interesserebbe una parte in un film?**

— Con un po' più di sale sarebbe stata perfetta...

ESERCIZI

a. *Cambiare il verbo dall'indicativo al condizionale:*

1. Voglio quel tavolo vicino alla finestra.
2. Può chiudere la porta, per favore?
3. Mi dà un fiammifero?
4. Preferisco carne.
5. Potete aiutarmi?
6. Mi fai un favore? Mi compri il giornale?
7. Mi piace sedermi in giardino.
8. Sanno dirmi perchè?

b. *Sostituire all'imperativo l'espressione* **ti (Le, vi) dispiacerebbe** + *infinito:*

Esempio: Compra il giornale!   **Ti dispiacerebbe comprare il giornale?**

1. Passa da me!
2. Portami gli appunti di storia!
3. Venite dopo le cinque!
4. Chiuda il finestrino!
5. Vacci solo!
6. Ci pensi ancora su!
7. Rispondete alla mia domanda!
8. Sii sincero!

c. *Rispondere alle domande o completare le frasi:*

1. Dove Le piacerebbe essere in questo momento?
2. Che cosa Le piacerebbe fare?
3. Mi dispiacerebbe . . .
4. Non mi stancherei mai di . . .
5. Mi piacerebbe assomigliare a . . .

d. *Io avrei fatto le cose diversamente . . .   Rispondere a ogni domanda cominciando con* **io non** *e usando il condizionale passato.*

Esempio: Hai comprato quell'automobile?   **Io non avrei comprato quell'automobile.**

1. Sei andato a quella festa?
2. Siete usciti con questo tempaccio?
3. Avete chiesto scusa?
4. Si sono offesi per quello scherzo?
5. Ti sei fidato di quell'uomo?

e. *I tipi che mantengono le promesse . . . Tutte le persone menzionate in quest'esercizio faranno le cose che hanno promesso di fare. Completare secondo l'esempio.*

Esempio: Ha detto che l'avrebbe fatto, e . . .   **e lo farà.**

1. Ha detto che avrebbe smesso di fumare, e . . .
2. Ha promesso che sarebbe passato in biblioteca, e . . .
3. Hanno assicurato che ci avrebbero aspettato, e . . .
4. Avete scritto che ci avreste pensato su, e . . .
5. Hai detto che le avresti chiesto scusa, e . . .
6. Abbiamo promesso che avremmo tolto i libri dagli scaffali, e . . .

f. *Promesse, promesse . . .   Completare come nell'esempio:*

Esempio: Lo farà?   **Ha promesso che l'avrebbe fatto.**

1. Verrà?
2. Ce lo porteranno?
3. La aiuterà?
4. Gliene parlerà?
5. Ci metteranno poco tempo?
6. Non litigheranno?

g. *Sarà vero quello che dicono? Volgere le frasi al condizionale:*

1. Il nome Italia deriva dal re Italo venuto dalla Sicilia.
2. Hanno rapito il presidente.
3. I Siciliani non mangiano la mattina.
4. Si sono incontrati a Roma.
5. Il dollaro è in crisi.

Fare meglio in the Conditional

The conditional of **fare meglio a** + infinitive expresses *had better.*

Faresti meglio a tacere.
You'd better be quiet.

Farebbero meglio a studiare una lingua straniera.
They'd better study a foreign language.

Fare bene a qualcuno means *to be good for someone;* the opposite is **fare male a qualcuno** *to be bad for someone.*

— Faresti meglio a comperarti un paio di occhiali!

ESERCIZIO

Farebbero meglio a . . .   Tutte le persone nominate in quest'esercizio fanno le cose sbagliate. Dite che farebbero meglio a non fare quello che fanno. Non cambiate la persona del verbo dato.

Esempio: Racconta barzellette sporche.   **Farebbe meglio a non raccontare barzellette sporche.**

1. Bevi tanta birra.
2. Mangia sempre gelati.
3. Fumano un pacchetto di sigarette al giorno.
4. Ridete sempre.
5. Interrompe gli altri.
6. Si arrabbiano così facilmente!

SEQUENCE OF TENSES *(continued)*

A. When the verb in the independent clause is in the future, the present subjunctive is used in the dependent clause if the action is in the present; the past subjunctive is used if the action has already occurred.

Independent Clause	Dependent Clause	
Future	Concurrent action: Past action:	Present subjunctive Past subjunctive

Firmerò quando **penserò** che sia necessario.
I'll sign when I think it's necessary.

Quando **penserò** che lei sia già arrivata, partirò subito.
When I think that she has arrived, I'll leave immediately.

B. When the verb in the independent clause is in the conditional, the imperfect subjunctive is used in the dependent clause if the actions are concurrent; the pluperfect subjunctive is used if the action of the dependent clause refers to the past.

Independent Clause	Dependent Clause	
Conditional	Concurrent action: Past action:	Imperfect subjunctive Pluperfect subjunctive

Vorrei che tu **venissi.**   Chi **avrebbe pensato** che **fosse** lei la madre?
I would want you to come.   *Who would have thought that she was the mother?*

Avrei preferito che tu **avessi aspettato.**
I would have preferred that you had waited.

1. Sometimes when the verb in the independent clause is in the conditional, the present and past subjunctive are used in the dependent clause.

Nessuno **penserebbe** che **sia** lui l'autore.   Non **saprei** dire quanti **siano.**
Nobody would think he is the author.   *I couldn't tell how many (of them) there are.*

Nessuno **penserebbe** che **sia stato** lui l'autore.   **Sembrerebbe** che tu **abbia** ragione.
Nobody would think he was the author.   *It would seem you are right.*

C. A future idea in a dependent clause can be expressed by one of two constructions:

1. when the verb in the independent clause is in the present, the future, or the imperative, and the verb in the dependent clause indicates a future action, the present subjunctive or the future indicative is used. Note that verbs of wish or command require the subjunctive.

Independent Clause	Dependent Clause	
Present Imperative Future	Future action:	Present subjunctive (or future)

Temono che **nevichi** (**nevicherà**) stanotte. *They fear that it will snow tonight.*	Voglio che tu **passi** l'estate in Italia. *I want you to spend the summer in Italy.*
	Siamo contenti che **vengano** (**verranno**) domani. *We're glad they're coming tomorrow.*

2. When the verb in the independent clause is in a past tense or the conditional, and the verb in the dependent clause indicates a future action, the imperfect subjunctive or the conditional perfect is used.

Independent Clause	Dependent Clause
Any past tense Conditional	Future action: Imperfect subjunctive (or conditional perfect)

Speravo (ho pensato) (avevo temuto) che $\begin{cases} \text{venisse.} \\ \text{sarebbe venuto.} \end{cases}$

I was hoping (I thought) (I had feared) he would come.

Avremmo immaginato che loro $\begin{cases} \text{aspettassero.} \\ \text{avrebbero aspettato.} \end{cases}$

We would have thought they would have waited.

Summary of Tense Sequence in the Subjunctive

Main Clause	Dependent Clause		
Present Imperative Future	Concurrent Past Future	} action	Present subjunctive Past subjunctive Present subjunctive (Future indicative)
Past tenses Conditional	Concurrent Past Future	} action	Imperfect subjunctive Pluperfect subjunctive Imperfect subjunctive (Conditional perfect)

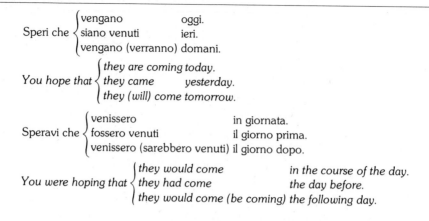

Speri che {
vengano   oggi.
siano venuti ieri.
vengano (verranno) domani.

You hope that {
they are coming today.
they came yesterday.
they (will) come tomorrow.

Speravi che {
venissero   in giornata.
fossero venuti   il giorno prima.
venissero (sarebbero venuti) il giorno dopo.

You were hoping that {
they would come   in the course of the day.
they had come   the day before.
they would come (be coming) the following day.

— Speriamo che all'ultimo momento la mamma cambi idea ed invece del fratellino mi comperi un trenino elettrico!

ESERCIZIO

Completare le frasi usando il congiuntivo:

1. Non è meglio che tu dorma un poco?
   Non sarebbe meglio che . . .
2. Bisogna che ci vada anch'io.
   Bisognerebbe che . . .
3. Vogliamo che tu ti tolga il cappotto.
   Vorremmo che . . .
4. È necessario che lui venga subito.
   Sarebbe necessario che . . .
5. Basta che lei dica una sola parola.
   Basterebbe che . . .
6. Voglio che voi lo sappiate.
   Vorrei che . . .
7. Speri che siano venuti.
   Avresti preferito che . . .

Io vorrei

Io vorrei che nella luna
ci si andasse in bicicletta
per vedere se anche lassù
chi va piano non va in fretta.

Io vorrei che nella luna
ci si andasse in micromotore°   *motor scooter*
per vedere se anche lassù
chi sta zitto non fa rumore.

Io vorrei che nella luna
ci si andasse in accelerato°   *slow train*
per vedere se anche lì
chi non mangia la domenica
ha fame il lunedì.

Gianni Rodari

USES OF *DOVERE, POTERE, VOLERE*

Dovere

1. **Dovere** + *infinitive* indicates a) a necessity or moral obligation or b) a probability or supposition.

   Tutti devono morire.   Deve essere tardi.
   Everyone must die.   *It must be late.*

2. **Dovere** + *direct object* means *to owe* (money, gratitude, etc.).

   Mi deve mille dollari.   Gli devo la vita.
   He owes me a thousand dollars. *I owe him my life.*

3. **Dovere** takes on different meanings depending on the tense in which it is used.

   present   **Devo** restituirti il libro.
   must, have to   *I must return the book to you.*

   imperfetto   **Dovevamo** leggere molti libri.
   was supposed to, had to, used to have to   *We had to read many books.*

   passato prossimo   Maria **ha dovuto (è dovuta)** partire.
   had to, was obliged to   *Maria had to leave.*

future	**Dovranno** aspettare fino a stasera.
will have to	*They'll have to wait until tonight.*
conditional	Fa freddo: **dovresti** metterti il cappotto.
should, ought to	*It's cold: you should put on your coat.*
conditional perfect	Lei **avrebbe dovuto** dirmelo prima.
should have, ought to have	*You should have told me sooner.*
present subjunctive	Credono che io **debba** chiedere scusa.
have to, must	*They think that I must apologize.*
imperfect subjunctive	Temevate che io **dovessi** aspettare troppo.
should have, might have to	*You were afraid that I might have to wait too long.*

4. The present and the **imperfetto** of **dovere** + *infinitive* can express a conjecture.

Deve essere francese.
He must be French.
He is probably French.

Doveva essere francese.
He must have been French.
He was probably French.

— Ora che la torta nuziale è quasi finita, dovrai deciderti a cucinare.

ESERCIZI

a. *Usare* **dovere** + infinito *invece del futuro come negli esempi:*

Esempi: Avrà vent'anni. **Deve avere vent'anni.**
        Avrà studiato molto. **Deve aver studiato molto.**

1. Saranno stanchi.
2. Conoscerete molta gente.
3. Saprà molte lingue.
4. L'avrò sognato.
5. Avrà sbagliato strada.
6. Avremo lasciato l'ombrello al ristorante.

b. *Lei è d'accordo o no? Spiegare perchè.*

1. Ogni persona dovrebbe avere degli hobby.
2. Ogni casa dovrebbe avere la lavastoviglie.
3. Ogni famiglia americana dovrebbe avere due macchine.

Potere

No distinction is made between *can* and *may* in Italian. **Potere** corresponds to the English *to be able, to be allowed*, but takes on different meanings depending on the tense in which it is used.

present *can, may, be capable*	Dove **posso** trovare un buon ristorante? *Where can I find a good restaurant?*
imperfetto *could, was able*	Tosca non **poteva** sopportare il silenzio. *Tosca could not stand silence.*
passato prossimo *could, managed to, succeeded in*	Non **hanno potuto (sono potuti)** entrare. *They couldn't go in.*
future *will be able*	**Potrete** venire domani? *Will you be able to come tomorrow?*
conditional *could, would be able to*	**Potrebbe** dirmi che ore sono? *Could you tell me what time it is?*
conditional perfect *could have*	**Avrei potuto** pagarti ieri. *I could have paid you yesterday.*
present subjunctive *can, may*	Dubitano che io **possa** aiutarli. *They doubt that I can help them.*
imperfect subjunctive *could, might*	Speravano che io **potessi** trovar lavoro. *They hoped that I could find a job.*

Volere

1. **Volere** corresponds to the English *to want, to wish*, but takes on different meanings depending on the tense in which it is used.

present *want, wish*	**Vogliamo** andare in Europa. *We want to go to Europe.*
imperfetto *wanted, felt like, intended to*	**Voleva** partire nel pomeriggio. *He intended to leave in the afternoon.*
passato prossimo *wanted, insisted upon*	**Ho voluto** offrire il caffè a tutti. *I wanted to offer everyone coffee (and I did).*
future *will want*	**Vorrà** restare sola. *She'll want to be by herself.*

conditional *would want, would like*	**Vorrei** chiederti un favore. *I would like to ask a favor of you.*
conditional perfect *would have liked*	**Avrebbero voluto** invitarla. *They would have liked to invite her.*
present subjunctive *want*	Non credo che lei **voglia** sposarsi. *I don't think she wants to get married.*
imperfect subjunctive *wanted*	Speravamo che tu **volessi** continuare gli studi. *We hoped that you wanted to continue your education.*

2. The conditional of **volere** + *infinitive* is used to express a wish when the subject of the independent and the dependent clause is the same.

Vorrei avere una casa in campagna.
I wish I had a house in the country.

Vorrei essere milionario.
I wish I were a millionaire.

3. The conditional of **volere** + **che** + *subjunctive* is used to express a wish when the subjects of the independent and dependent clauses are different.

Vorrei che lui avesse una casa in campagna.
I wish he had a house in the country.

Vorrei che lui fosse milionario.
I wish he were a millionaire.

4. **Augurare qualcosa a qualcuno** is used to mean *to wish something to someone.*

Le auguro buon viaggio e buone vacanze!
I wish you a good trip and a good vacation.

5. **Desiderare** *to wish* is much less common than **volere.**

Non **desidero** (Non voglio) parlarne ora.
I don't want to talk about it now.

6. **Voler dire** *to mean* is synonymous with **significare,** though much more commonly used.

Che cosa **vuol dire** questa parola?
What does this word mean?

7. **Volerci,** used in the third person singular and plural, means **occorrere, essere necessario** (see Unit 6, p. 127).

Ci vogliono molti soldi.
It takes a lot of money.

Lo so io cosa **ci vorrebbe!**
I know what would be necessary!

Ci vorrà molta pazienza.
A lot of patience will be needed.

Ci vorrebbero più autobus in questa strada.
More buses are needed on this street.

ESERCIZIO

Tradurre:

1. She has a cold. She shouldn't go out.
2. You could have asked for the address. I would have given it to you.

— Bellissimo! Potrei osservarlo un attimo alla luce del sole?

— Carlo, vorrei che tu conoscessi il signor... Ah, vi conoscete già!?

3. Supposedly they returned last month.
4. I would prefer to go there alone, but if you want to come, come!
5. He didn't help you at all? We had thought he would help you.
6. We fear the weather will be bad this weekend.
7. It would be necessary for them to apply right away.
8. We thought she would phone immediately; she had promised she would phone directly from the airport.
9. I was supposed to tell him what I had done, but I didn't.
10. What a beautiful dress! You must have paid a lot for it!

Letture

Un uomo domanda

È una domanda a cui dovrebbero rispondere le donne. Per quanto ci abbia pensato su parecchie volte io, a rispondere, non sono riuscito. E nell'interrogativo° non c'è proprio nessuna malizia, o implicita sfiducia°, o pregiudizio negativo.

domanda
distrust

5   La domanda è la seguente: perchè è così rara l'amicizia fra le donne? Oppure, con maggiore precisione: perchè accade

raramente che la donna abbia una vera amica?

    Già sento un coro di proteste: non è vero niente. L'amicizia esiste tra le donne tale e quale che tra gli uomini. Già, voi uomini vi credete sempre degli esseri superiori, e noi donne una sotto-
5 specie. Quante arie. A migliaia gli esempi di donne che hanno sacrificato tutto per un'amica. In fatto di amicizia, tra un sesso e l'altro, nessuna differenza. E perchè dovrebbe essere altrimenti?

    Già. Perchè dovrebbe essere altrimenti? Precisamente questo il motivo dell'indagine°: l'apparente assurdità e inverosimiglianza   *investigation*
10 del fenomeno. Perchè il fenomeno invece sussiste. E alcune donne intelligenti che non temono la retorica mi hanno dato pienamente ragione°.   *have conceded that I am en-*
    tirely right

    Seconda ondata del contrattacco: « Sii onesto, o uomo. Nella tua vita avrai conosciuto decine e decine di donne, in famiglia e
15 fuori sul lavoro e negli svaghi°, al mare, in montagna. Ebbene,   *at work and at play*
ciascuna di queste donne aveva o non aveva delle amiche? ».

    Rispondo: è vero. Non ce n'era una senza amiche. E si vo-levano bene, andavano a trovarsi a vicenda, chiacchieravano, giocavano, andavano a spasso, si telefonavano, si facevano le
20 confidenze, si scrivevano, si scambiavano regali eccetera, tutto come succede tra gli amici uomini. Eppure.

    Voci indispettite°: « Eppure che cosa? ».   *irritated*

Eppure era completamente diverso. Vedete? Se due uomini diventano amici, questo legame durerà intatto e valido fino alla morte, anche se i due stanno degli anni senza neppure vedersi: e non lo potranno intaccare° nè gli amori, nè la famiglia, nè i pet-
5 tegolezzi, nè i rovesci di fortuna°. Tra le donne è diverso: dall'oggi al domani amicizie di intensità addirittura morbosa° si dissolvono nel nulla. L'amicizia tra due uomini è un blocco di granito, quella tra due donne — e mai come qui l'eccezione conferma la re- gola — a me fa l'impressione di una creatura fragile, maledet-
10 tamente esposta ai morsi dell'invidia, della gelosia, della mal- dicenza, del rispetto umano, dell'ambizione, delle differenze sociali, degli interessi di famiglia. E basta un niente perchè si ammali, basta poco perchè tiri le cuoia°.
Perchè?

disturb

reversals of fortune

of downright morbid intensity

**perchè muoia/tirare le cuoia =
    morire**

Dino Buzzati

Parole da ricordare

andare a spasso	*to go for a stroll*
chiacchierare	*to chat;* **fare due chiacchiere** *to have a chat;* **chiacchierone, chiacchierona** *chatterbox*
dar ragione a qualcuno	*to concede that someone is right* (the opposite is **dar torto a qualcuno**)
durare (*takes* essere)	*to last* Lo sciopero è durato una settimana.
farsi le confidenze	*to confide in one another*
il legame	*tie, bond, connection*
il pettegolezzo	*gossip, chatter* Non mi piacciono i pettegolezzi. **pettegolare (spettegolare)** *to gossip;* **pettegolo** (adjective) *gossipy;* Sono pettegole le tue amiche? **pettegolo** (noun) *gossip, idle busybody*
la maldicenza	*slander*
lo svago	*pastime, recreation, relaxation*

Studio di parole

to change

cambiare
to change, alter (takes **avere**)
to change, become different (takes **essere**)

Voglio cambiare i mobili del salotto.
I want to change the living room furniture.

Oggi il tempo cambia.
Today the weather is changing.

cambiare (di) qualcosa
to replace things of the same kind

Hanno cambiato (di) casa.
They've moved.

Voglio cambiare dottore.
I want to change doctors. (notice the singular)

cambiarsi
to change one's clothes

Sei tutto bagnato: cambiati!
You're all wet; change your clothes!

cambiare idea
to change one's mind.

Ha cambiato idea; andrà a Yale, non a Harvard.
He changed his mind; he'll go to Yale, not Harvard.

change

cambiamento
change, alteration

Ci sono stati molti cambiamenti di governo in Italia.
There have been many changes of government in Italy.

tanto per cambiare
for a change

spiccioli
small change, money of low denomination

Mi dia degli spiccioli.
Give me some change.

cambio
change, exchange

Quant'è il cambio del dollaro oggi?
What is the dollar's rate of exchange today?

È un agente di cambio.
He's a stockbroker.

resto
amount of money returned when payment exceeds the sum due

Non ho il resto da darLe.
I don't have change for you.

to exchange

scambiare
to exchange (one thing for another)

Ho scambiato un orologio con un anello.
I exchanged a watch for a ring.

Quando ci vediamo, scambiamo due parole.
When we see one another, we exchange a few words.

scambiarsi
to give to one another, exchange

Le amiche si scambiano regali.
Friends exchange gifts.

cambiare
to change (exchange) money

confidence

fiducia

confidence, trust, faith, reliance

Ho fiducia nel mio amico.
I trust my friend.

Avete fiducia in Dio?
Do you have faith in God?

confidenza

something that is confided; a secret

Ti posso fare una confidenza?
May I confide in you?

Te lo dico in confidenza.
I'm telling it to you in confidence.

ESERCIZIO

Tradurre:

1. If you take the bus don't forget to take some change.
2. You've got to understand that people change.
3. It would be a good idea to exchange views on this matter.
4. Go change your clothes!
5. It costs 1,700 lire. If you give me 2,000 lire, I won't be able to give you the change.
6. Why do you want to change dentists?
7. You should never betray a confidence.

CONVERSAZIONE SULLA LETTURA

1. Qual è la domanda?
2. Lei può dare qualche esempio di amicizia tra donne (nella letteratura, in un film)?
3. Quali sono i tipici rapporti tra le amiche secondo Buzzati?
4. Secondo lui, che differenza c'è tra l'amicizia tra gli uomini e l'amicizia tra le donne?
5. L'autore a che cosa paragona i due tipi d'amicizia?

TEMI PER COMPONIMENTO O DISCUSSIONE

1. È possibile l'amicizia, la vera amicizia, tra gli uomini?
   Tra le donne?
   Tra uomini e donne (in America)?
   Tra uomini e donne (in Italia)?
2. Lei crede che il brano di Buzzati possa offendere una lettrice femminista? Perchè sì o perchè no?

Devo dirti una cosa

(Ricordate Elena, la studentessa che era andata ad abitare in casa di Teresa? Sono passati alcuni mesi ed Elena ha deciso di andar via.)

ELENA:	Devo dirti una cosa, Teresa.	
TERESA:	Dimmela.	
ELENA:	È difficile.	
TERESA:	Oh, cosa sarà mai? Non ho chiuso occhio°, stanotte. Ho	*I didn't sleep a wink*
5	un gran mal di testa [. . .]	
ELENA:	Teresa. Quella cosa che devo dirti è questa. Io e	
	Lorenzo ci vogliamo bene. Ci amiamo. È per questo che	
	me ne vado via. Non è perchè devo studiare. È perchè	
	lo amo. Allora, capisci, non posso più stare qui.	
10 TERESA:	L'avevo capito da me.	
ELENA:	L'avevi capito? davvero? l'avevi capito? È una cosa che	
	si vede?	
TERESA:	Sì.	
ELENA:	L'avevi capito, e sei rimasta tranquilla? senza piangere,	
15	senza gridare? tutta fredda, zitta, tranquilla?	
TERESA:	Perchè dovrei piangere? Tanto a me non mi vuole più.	
	Che stia con te o con un'altra, è la stessa cosa.	
ELENA:	E potremo ancora essere amiche? Potrò venire a	
	trovarti? mi vorrai bene, come mi volevi bene prima?	
20 TERESA:	Perchè no, tesoro caro?	
ELENA:	Come sei buona! sei una donna così buona, così	
	generosa! Io lo so che tu lo ami sempre!	
TERESA:	È vero. Lo amo sempre. Lo amerò sempre. È la mia	
	disgrazia. Se mi facesse un cenno, dalla parte opposta	
25	della terra, correrei da lui. Correrei da lui a quattro zam-	
	pe°. Me lo ripiglierei° sempre, anche vecchio, digiuno,	*on all fours/**riprenderei***
	randagio, anche pieno di cimici°, di sifilide, con le pezze	*bedbugs*
	ai calzoni°. È vero. Stare con lui per me era un inferno,	*with patched pants*
	ma darei la vita, la vita, ti dico, per tornare indietro al	
30	tempo che eravamo insieme. Però questo non c'entra.	
	Non ti riguarda. Pensi di sposarlo?	
ELENA:	Come faccio a sposarlo, se è sposato con te?	
TERESA:	Posso dargli l'annullamento.	
ELENA:	Come sei buona! come sono felice! È un uomo così	
35	straordinario! Mi sono innamorata di lui subito, appena	
	l'ho visto. E anche lui di me.	
TERESA:	Sì. L'avevo capito.	
ELENA:	Come è strano il destino! Pensare che io son capitata qui	
	per caso, per un puro caso, per un'inserzione! Potevo°	**avrei potuto**
40	non guardare il giornale, quel giorno, e non venire qui	

per niente! e non avrei conosciuto nè te, nè lui!

TERESA: Quando una persona è felice, non la smette mai di
          meravigliarsi della grande intelligenza del caso, che l'ha
          portata alla felicità. E invece quando uno è infelice, non
5   si stupisce mica niente a guardare come il caso è stupido.
          Stupido e cieco. Gli sembra naturale che sia tanto
          stupido. Si vede che per la gente, l'infelicità è una cosa
          naturale, e non fa stupore°.   *is not surprising*

Natalia Ginzburg

Parole da ricordare

il caso	*chance;* **per caso** *by chance*
la disgrazia	*misfortune, accident*
fare un cenno a qualcuno	*to nod to someone*
meravigliarsi di + *noun;* meravigliarsi che + *subj.*	*to be surprised, amazed at*
stupirsi	*to be astonished, astounded*

CONVERSAZIONE SULLA LETTURA

1. Che sentimenti prova Teresa per suo marito?
2. Tutto quello che avviene nella vita avviene per caso?
3. Se Elena non avesse letto il giornale un giorno, che cosa non sarebbe successo?
4. Per Lei l'infelicità è una cosa naturale?

- **Conditional Sentences**
- **Tense Sequence in Conditional Sentences**
- *Se* **with Other Meanings**
- **Adverbs**
- **Comparatives**
- **Superlatives**
- **Lettura:** *La doppia vita*

Grammatica

CONDITIONAL SENTENCES

A conditional sentence consists of two parts or clauses:

1. a clause introduced by **se** *(if)* indicating a condition, a possibility, a hypothesis *(If I had a hammer . . .);*

2. an independent clause indicating the result of the condition *(. . . I would hammer in the morning.).*

Some conditions are presented as factual and probable, others as non-factual and likely (or unlikely) to happen, and still others as unreal and unlikely to happen. The mood and verb tense used depend on the nature of the condition.

probable: Se mangio pasta, ingrasso.
If I eat pasta, I get fat.

likely: Se avessero tempo mangerebbero.
If they had time they would eat.

unlikely: Se avesse perso l'autobus mi avrebbe telefonato.
If he had missed his bus he would have called me.

TENSE SEQUENCE IN CONDITIONAL SENTENCES

A. When real or possible situations are described, the **se-** clause is in the indicative and the result clause is in the indicative or the imperative.

CONDITION: **Se**-clause	RESULT: Independent clause
Se + *present indicative*	*present* *future* } *indicative* *imperative*
Se studiate *If you study*	**imparate.** *you learn.*
Se corriamo *If we run*	li **raggiungeremo.** *we'll catch up with them.*
Se lo **vedi** *If you see him*	**di**gli di aspettarmi. *tell him to wait for me.*
Se + *future*[1]	*future*
Se potrò *If I can*	lo **farò.** *I'll do it.*
Se + **passato prossimo** or **imperfetto**	*present* *future* **imperfetto** } *indicative* **passato prossimo** *imperative*
Se hai studiato *If you have studied,*	lo **sai.** *you know it.*
Se hanno preso l'aereo *If they took a plane,*	**arriveranno** prima. *they'll arrive earlier.*
Se ha detto questo *If he said that,*	non **sapeva** quel che diceva. *he didn't know what he was saying.*
Se avete riso *If you laughed,*	non **avete capito** niente. *you didn't understand a thing.*
Se non **era** vero *If it wasn't true,*	perchè l'**hai detto?** *why did you say it?*
Se è arrivata *If she has arrived,*	**di**lle di telefonarmi. *tell her to phone me.*

1. This is the only tense sequence that differs from English: **se** + *future* in Italian; *if* + *present* in English.

B. When hypothetical, imaginary situations (likely or unlikely to happen) are described, the **se**-clause is in the imperfect subjunctive, the result clause is in the conditional.

CONDITION: **Se**-clause	RESULT: Independent clause
Se + *imperfect subjunctive*	*conditional* *conditional perfect*
Se avessimo tempo *If we had time,*	**mangeremmo.** *we would eat.*
Se lui **avesse** un buon carattere *If he had a good disposition,*	non **avrebbe detto** queste cose. *he wouldn't have said these things.*

C. When improbable or impossible situations (unlikely to happen or to have happened, contrary to fact) are described, the **se**-clause is in the pluperfect subjunctive, the result clause is in the conditional.

CONDITION: **Se**-clause	RESULT: Independent clause
Se + *pluperfect subjunctive*	*conditional* *conditional perfect*
Se tu mi **avessi aiutato** *If you had helped me,*	ora **sarei** ricco. *I would be rich now.*
Se gli altri **avessero taciuto** *If the others had kept quiet,*	anche noi **avremmo taciuto.** *we would have kept quiet too.*

1. ATTENZIONE! Remember: if in an English sentence, the independent clause contains *would* . . . (signal for the conditional) or *would have* . . . (signal for the conditional perfect), use the subjunctive (imperfect or pluperfect) in the *if*-clause in Italian. The conditional is used in the independent clause, never in the **se**-clause.

If I were rich I would travel.	→	**Se fossi** ricco viaggerei.
If they had missed the train, they *would have called.*	→	**Se avessero perso** il treno, avrebbero telefonato.

2. Note that only the imperfect or the pluperfect subjunctive may be used after **se** = *if*.

3. Sometimes **se** is omitted.

   Fossi fidanzata, non uscirei con te.
   If I were engaged, I wouldn't go out
   with you.

   Rinascessi, tornerei a fare lo scrittore.
   If I were born again, I'd be a writer
   again.

   Fosse stato vivo mio padre, che cosa avrebbe
   detto?
   If my father had been alive, what would he
   have said?

4. The order of the clauses is interchangeable.

> *Se avessimo tempo mangeremmo.*
> Mangeremmo se avessimo tempo.
> *We would eat if we had the time.*

— Il suo stato di salute sarebbe perfetto, se lei avesse quarant'anni di più!

— Se tu mi dai l'indirizzo del tuo
sarto io ti do quello del mio.

ESERCIZI

a. *Trasformare le seguenti frasi secondo l'esempio:*

Esempio: Se sono stanchi   non escono.
            Se fossero stanchi   **non uscirebbero.**
            Se fossero stati stanchi **non sarebbero usciti.**

1. Se devo studiare vado in biblioteca.
2. Se piove non usciamo.
3. Se resti tu, resto anch'io.
4. Se non mi danno un passaggio, prendo l'autobus.
5. Sei contento se lei viene?
6. Se studiate sodo, fate bene agli esami.
7. Se notano qualcosa di strano, chiamano la polizia.

b. *Formare un'unica frase come indicato nell'esempio:*

Esempio: Sono ricchi.   Comprano dischi.   **Se fossero ricchi comprerebbero dischi.**

1. Apri la finestra. Vedi San Pietro.
2. Non vanno d'accordo. Litigano sempre.
3. Ho tempo. Posso aiutarti.
4. Sono in ritardo. Li aspetti.
5. Tolgo la macchia. Il vestito sembra nuovo.
6. L'ascensore non funziona. Andiamo a piedi.
7. Il tè è pronto. Lo servite.

c. *Formare un'unica frase secondo l'esempio:*

Esempio: Volevo quel romanzo.   Lo presi.   **Se avessi voluto quel romanzo l'avrei preso.**

1. Paolo non portò il cappotto. Prese freddo.
2. Io sapevo l'inglese. Potevo fare l'interprete.
3. La sveglia ha suonato. Silvia si è alzata.
4. Accesero la radio. Sentirono le ultime notizie.
5. Bevesti troppo. Ti sentisti male.
6. Anna andò alla festa. Rivide le sue compagne di scuola.
7. Le poste non hanno funzionato. La lettera non è arrivata in tempo.
8. Vi fermaste a un bar. Tornaste a casa tardi.

d. *Formare frasi complete indicanti condizioni e conseguenze usando i seguenti verbi:*

1. avere paura, scappare
2. piacere, comprare
3. fare attenzione, capire
4. essere bel tempo, fare una gita
5. vedere, salutare
6. alzarsi tardi, perdere il treno
7. sapere, dire

SE WITH OTHER MEANINGS

A. **Se** followed by the imperfect subjunctive introduces a suggestion. It corresponds to English *How about . . . , What about . . . , Shouldn't we . . . .* **Che ne diresti (direbbe) di** + *infinitive (What would you say to . . .)* can also introduce a suggestion.

Se prendessimo le ferie in maggio?
How about taking our vacation in May?

Se uscissimo stasera?
How about going out tonight?

Se venissi io da te?
How about coming to your place?

Che ne diresti di andare al cinema con me?
How about going to the movies with me?

B. When **se** means *whether* and depends on a verb which denotes doubt or uncertainty or asks a question, it may be followed by the indicative, the conditional or the subjunctive (all four tenses).

Non so se tu lo **sai.**
I don't know whether you know it.

Mi domando se è possibile.
I wonder if (whether) it's possible.

Sono curiosa di sapere se Fausto e Anna **faranno** la pace.
I'm curious to know if (whether) Fausto and Anna will make up.

Non sanno se lo **farebbero.**
They don't know if they'd do it.

Si chiedevano se **avrebbe parlato** o se **avrebbe taciuto.**
They were wondering whether he would talk or would remain silent.

Non sapete se lui vi **creda.**
You don't know whether he believes you.

Non sapevano se lei **avesse** voglia di venire.
They didn't know whether she felt like coming.

Note that the use of the subjunctive when **se** is preceded by a verb of doubt is optional. The subjunctive stresses the element of doubt or uncertainty.

Non so se **hanno** ragione.
Non so se **abbiano** ragione.
I don't know whether they're right.

C. Note the following uses:

1. The imperfect or pluperfect subjunctive may be used by themselves (with or without **se**) in sentences which express a wish or regret. (See page 185.)

   (Se) avessi avuto un figlio!
   If only I had had a son!

   Se i vecchi potessero e i giovani sapessero!
   If the old had the capacity and the young had the sagacity!

2. At times the *if*-clause is not expressed but implied.

   — Abiteresti in campagna? — Per carità!
   — *Would you live in the country (if you could)?* — *Not on your life!*

   — Avreste centomila lire da prestarmi?
   — Nemmen per sogno!
   — *Would you have 100,000 lire to lend me (if I asked you)?* — *You've got to be kidding!*

3. In present-day Italian the **imperfetto** of the indicative is used more and more frequently to replace the pluperfect subjunctive in the **se**-clause, the conditional perfect in the independent clause, or both.

   Se tu non **venivi (fossi venuto)** da me, sarei venuta io da te.
   If you hadn't come to me, I would have come to you.

   Se **ci fossimo voluti bene,** nient'altro **importava (sarebbe importato).**
   If we had loved each other, nothing else would have mattered.

   Se lo **sapevo** (avessi saputo), ti **invitavo** (avrei invitato).
   If I had known, I would have invited you.

— **Vediamo se questo riesci a buttarlo fuori, papà...**

Quando tutto va male . . .

Come volete voi, che io sia gaio,
ch'io canti e rida, e attenda a godere,
se un'ora mai di ben non posso avere,
se ognor° mi viene addosso un nuovo guaio?   **sempre**

S'io vo'° mangiar, mi si rompe il cucchiaio,   **voglio**
s'io voglio ber°, mi si rompe il bicchiere,   **bere**
s'io vo' dormir, sul tetto i gatti a schiere°   *in droves*
gnaulan° d'agosto, come di gennaio.   *meow*

Se son lontan° di casa mezzo miglio,   **sono lontano**
rompo un calcagno°, o perdo il fazzoletto;   *heel*
m'entra una mosca in bocca, s'io sbadiglio°.   *yawn*

Se mi vien voglia di fare un sonetto,
la penna è guasta, e se un'altra ne piglio°,   **prendo**
il calamai' si secca° per dispetto.°   *the inkwell* (**calamaio**)
                                                              goes dry/out of spite

Giuseppe Baretti

ESERCIZI

a. *Tradurre:*

1. If they say that, they are mistaken.
2. Look at my new shelves. Tell me if you like them.
3. If she gets sick she will call the doctor.
4. Would you buy a car if you knew how to drive?
5. If it had been cold, I would have worn my coat.
6. If he hadn't proposed to her, things would have been different.
7. We were wondering whether she would manage to find a job.
8. When he realized he was wrong, he changed his mind.

b. *Completare con la forma corretta (condizionale o congiuntivo) del verbo fra parentesi.*

1. Che cosa _____ (rispondere) se Le chiedessero di andare sulla Luna?
2. Se i bambini _____ (stare) zitti potremmo ascoltare meglio la musica.
3. Se tu avessi avuto la coscienza tranquilla, non _____ (parlare) così!
4. Se lui ci _____ (dare) una mano finiremmo prima.
5. _____ (bagnarsi) se fosse uscita senza ombrello.
6. Non ci avrei creduto se non lo _____ (leggere) sul giornale.
7. Mi dispiace, se _____ (potere) lo farei volentieri, ma proprio non posso.
8. Se _____ (mettersi) gli occhiali, ci vedresti.

— Dite la verità: sareste venuti a teatro se non fossi vostro figlio?

c. *Il gioco dei* **se** *... Completare le seguenti frasi:*

1. Sarei andato in aereo se ...
2. Viaggerebbero di più se ...
3. Studierei più volentieri se ...
4. Avrebbe chiamato il dottore se ...
5. Sareste venuti a trovarmi se ...
6. Non gli parleremmo mai più se ...
7. La stoffa le piacerebbe di più se ...

d. *Le conseguenze ... Completare con un verbo all'indicativo o al condizionale:*

1. Se io dessi retta a mia madre ...
2. Se trovano lavoro ...
3. Se lui avesse avuto più tempo ...
4. Se tutti fossero onesti ...
5. Se nevicherà ...
6. Se io fossi scrittore/scrittrice ...
7. Se lo avessero saputo prima ...
8. Se la giornata avesse 48 ore ...

e. *Che cosa succederebbe ... Rispondere alle domande:*

1. Se un giorno Lei vedesse un UFO?
2. Se i Marziani arrivassero sulla terra?
3. Se Le proponessero una parte in un film?
4. Se La invitassero a un pranzo e il Suo vicino di tavola fosse Marcello Mastroianni?
5. Se mancasse l'elettricità per 24 ore?

f. *Un po' di fantasia ...*

1. Se Lei dovesse partire per un viaggio nello spazio, chi e che cosa Le dispiacerebbe lasciare sulla terra?
2. Ricorda il signor Bonaventura, il milionario eccentrico che Le aveva dato diecimila dollari? Il signor Bonaventura è rimasto molto contento del modo in cui Lei ha speso i soldi ed ora pensa di darLe centomila dollari (e 24 ore in cui spenderli tutti ...). Ma prima vuol sapere che cosa ne farebbe Lei ...

ADVERBS

A. Adverbs are invariable words that modify a verb, an adjective or another adverb.

Federico è partito improvvisamente.   Maria è molto intelligente.
Frederick left suddenly.   *Maria is very intelligent.*

Leggete troppo lentamente.   Parla poco, ascolta assai e giammai non fallirai!
You read too slowly.   *Speak little, listen a lot and you'll never go wrong.*

B. Adverbs are most often formed by adding **-mente** to the feminine form of the adjective. This corresponds to the *-ly* form in English.

improvviso → improvvisa → improvvisamente   *suddenly*
vero → vera → veramente   *truly*
dolce → dolcemente   *sweetly*

1. Some exceptions are:

   benevolo → benevolmente   *benevolently*
   leggero → leggermente   *lightly*
   violento → violentemente   *violently*

2. If the adjective ends in **-le** or **-re** preceded by a vowel, the final **-e** is dropped before adding **-mente.**

   naturale → natural → naturalmente   *naturally*
   regolare → regolar → regolarmente   *regularly*

C. Some adverbs have different forms.

1. A few adverbs which describe positions of the human body end in **-oni** and derive from nouns or verbs.

   bocconi (*from* bocca)   Il bambino dorme **bocconi.**
   face down, on the stomach   *The child is sleeping on his stomach.*

   ginocchioni (*from* ginocchio)   Alcune donne pregavano **ginocchioni.**
   on one's knees   *Some women were praying on their knees.*

   penzoloni (*from* penzolare)   Teneva le braccia **penzoloni.**
   hanging down   *He held his arms loose.*

   (a) tentoni (*from* tentare)   Scendeva **a tentoni** per una scala buia.
   gropingly   *He was groping his way down a dark staircase.*

2. Some adjectives are used as adverbs.

   Andate **piano!**   Parliamoci **chiaro!**
   Go slow!   *Let's talk frankly!*

   Non parlare così **forte!**   Perchè cammini così **svelto?**
   Don't talk so loud!   *Why are you walking so fast?*

   Hai visto **giusto.**   Lavorate **sodo,** ragazzi!
   You guessed right.   *Work hard, boys!*

   Abitano **vicino.**
   They live nearby.

In contemporary Italian, especially in advertising, adjectives tend to be used in place of adverbs.

Vestite **giovane!**   Lava **bianco.**
Dress young!   *Washes white.*

D. Adverbs can also be used in the following ways:

1. Like nouns and adjectives, many adverbs can be altered by the same suffixes discussed in Unit 5, see pp. 106–107.

bene → benino, benone   — Come va? — Va benone.
   — How are things? — Pretty good.

male → maluccio, malaccio   Oggi sto maluccio.
   Today I am feeling a little down.

poco → pochino, pochetto   Sono un pochino stanco.
   I'm a bit tired.

presto → prestino   È ancora prestino.
   It is still rather early.

2. Instead of simple adverbs, adverbial expressions consisting of two or more words are often used.

a poco a poco	in tutto e per tutto	all'improvviso
little by little	*completely*	*all of a sudden, suddenly*
di solito	di tanto in tanto	in seguito
usually	*from time to time*	*later on*
per caso	per fortuna	
by chance	*fortunately*	

Position of Adverbs

A. In general the adverb directly follows a simple verb.

Parlano **bene** l'italiano.   La vediamo **raramente.**   Ti ricorderò **sempre.**
They speak Italian well.   *We rarely see her.*   *I'll always remember you.*

1. An adverb may precede the verb for emphasis.

Qui abita mia sorella.   **Sempre** mi ripeti la stessa cosa.
My sister lives here.   *You always repeat the same thing to me.*

Allora non lo conoscevo.
I did not know him then.

B. In sentences with compound tenses, the adverb may be put:

1. between the auxiliary verb and the past participle.

Te l'ho **già** detto mille volte!   Ci siamo **veramente** divertiti.
I told you so a thousand times!   *We really had a good time.*

2. directly after the past participle (most adverbs of place, time and manner).

Mi hanno risposto **male**.
They answered me badly.

Sei arrivata **tardi**.
You arrived late.

L'hai fatto **frettolosamente**.
You did it in a hurry.

Non sono venuti **qui**.
They didn't come here.

3. for emphasis, before the auxiliary verb.

Io **subito** ho risposto.
I answered right away.

Mai avrei immaginato una cosa simile.
I would never have imagined such a thing.

C. Many adverbs are often placed at the beginning of a sentence.

Oggi non può venire.
Today he cannot come.

Forse non hanno capito.
Maybe they haven't understood.

1. **Anche** *also, too, as well* normally precedes the word it refers to.

Fausto era intelligente ed era **anche** bello.
Fausto was intelligent and was handsome, too.

Anch'io ho fatto l'autostop l'estate scorsa.
I, too, hitch-hiked last summer.

Possiamo **anche** dirlo in un altro modo.
We can say this in another way, too.

2. **Anche** cannot be used at the beginning of a sentence to mean *also* in the sense of *besides, moreover, in addition.* **Inoltre** must be used in such cases.

Non posso venire. Inoltre, non ne ho voglia.
I can't come. Also (Besides), I don't feel like it.

— Come certamente sapete, il tema della conferenza è «La lotta contro il rumore».

ESERCIZI

a. *Scrivere una nuova frase inserendo l'avverbio fra parentesi al posto giusto:*

Esempio: (già) Mi hai raccontato questa barzelletta.
Mi hai già raccontato questa barzelletta.

1. (bene) Capiamo la professoressa.
2. (molto) Amo gli animali.
3. (ancora) Il postino non è venuto.
4. (sodo) Stamattina abbiamo lavorato.
5. (mai) Sei stato a Venezia?
6. (cordialmente) Lo zio ci ha accolto.
7. (affatto) Non ho intenzione di accettare la tua proposta.

b. *Scrivere una nuova frase usando l'opposto dell'avverbio in corsivo:*

1. Hanno risposto *bene*.
2. Non sapevo che tu abitassi così *vicino!*
3. Perchè siete ritornati così *presto?*
4. Le piace sempre quello che costa *molto*.
5. Perchè cammini tanto *in fretta?*
6. *Purtroppo* è piovuto tre giorni di seguito.
7. Andiamo a trovarli *raramente*.

COMPARATIVES

Comparison of Equality and Inequality

A. The comparisons of equality *(as . . . as; as much, as many . . . as)* are:

1. **così . . . come** and **tanto . . . quanto** *(as . . . as)*

La mia casa è **così** grande **come** la tua (**tanto** grande **quanto** la tua).
My house is as big as yours.

Così and **tanto** are frequently not expressed.

Dicembre è **(così)** freddo come gennaio.
December is as cold as January.

When a personal pronoun follows **come** or **quanto,** it is a disjunctive pronoun.

È bello come **te.**
He is as handsome as you.

Il bambino è grande quanto **me!**
The child is as big as I!

2. **tanto . . . quanto** *(as much, as many . . . as):* **tanto** and **quanto** usually agree in gender and number with the noun which they modify.

Vale **tanto** oro **quanto** pesa.
He's worth his weight in gold.

Hanno ricevuto **tanti** regali **quanti** ne volevano.
They received as many presents as they wanted.

3. adverbs **tanto . . . quanto** *(as much as):* when used as adverbs, **tanto . . . quanto** are invariable.

I bambini mangiano **tanto quanto** noi.
The children eat as much as we do.

È vero che guadagni **quanto** me?
Is it true you earn as much as I do?

B. Expressions of inequality *(more . . . than, less . . . than, -er . . . than)*

1. **più/meno . . . di** *(more/less/fewer . . . than):* **di** contracts with the definite article.

La luce è **più** veloce **del** suono.
Light is faster than sound.

I soldi sono **meno** preziosi **della** salute.
Money is less precious than health.

L'Italia è trenta volte **più** piccola **degli** Stati Uniti.
Italy is thirty times smaller than the United States.

2. **più/meno . . . che** *(more/less/fewer/ . . . than)* is used when the comparison is made between two words of the same grammatical category (nouns, adjectives, adverbs, infinitives, etc.).

Mangiano meno carne che pesce.
They eat less meat than fish.

È più facile salire che scendere.
It is easier to get up than to get down.

La moda italiana è più elegante che pratica.
Italian fashion is more elegant than practical.

Meglio stasera che domani.
Better tonight than tomorrow.

3. **Più/meno** $\begin{cases} \textbf{di quel(lo) che} + \text{verb in the indicative} \\ \textbf{di quanto} + \text{verb in the indicative or subjunctive} \\ \textbf{che non} + \text{verb in the subjunctive} \end{cases}$

mean *more (less) (fewer) . . . than* when followed by a conjugated verb.

Hanno lavorato più **di quel che** credi.
They worked more than you think.

Lo spettacolo è stato meno interessante **di quello che** ci aspettavamo.
The show was less interesting than we expected.

La conferenza durò più **di quanto** immaginavo (immaginassi).
The lecture lasted longer than I imagined.

Quell'uomo è più buono **che non** sembri.
That man is better than he seems.

ESERCIZI

a. *Fare un confronto fra gli Italiani e gli Americani.*

Esempio: avere pazienza   **Gli Italiani hanno più pazienza degli Americani.**
              Gli Americani hanno più pazienza degli Italiani.

1. avere coraggio
2. avere compassione
3. avere buon gusto
4. avere paura
5. avere fantasia
6. avere tatto
7. avere tempo libero

— Mio figlio è più piccolo del normale.   *(Cavallo)*

b. *Ora immaginare che gli Italiani e gli Americani abbiano le stesse qualità e nella stessa misura. Usare le espressioni dell'esercizio precedente.*

Esempio: Gli Italiani hanno **tanta** pazienza **quanta** ne hanno gli Americani.

c. *Completare le seguenti frasi usando* **di (di** + articolo), **che, di quel che, come, quanto.**

1. Gli Americani bevono più caffè _____ vino.
2. Mi sento più felice in campagna _____ in città.
3. I giorni feriali sono più numerosi _____ giorni festivi.
4. Non trovate che i micromotori siano più pericolosi _____ automobili?
5. L'aria è tanto necessaria _____ l'acqua.
6. Quell'edificio è più bello _____ utile.
7. La tua macchina consuma più benzina _____ mia.
8. Nella vita, tu, hai avuto più gioie _____ dolori.
9. L'autunno è meno caldo _____ estate.
10. Nessuno ha tanta pazienza _____ ne ho io.
11. L'esame sarà meno facile _____ voi crediate!
12. Camminavano meno rapidamente _____ me.
13. Qualche volta è più difficile tacere _____ parlare.
14. Come balli bene! Sei leggera _____ una piuma.
15. L'Italia ha più colline e montagne _____ pianure.

d. *Formare frasi comparative usando le seguenti parole:*

1. Roma e Nuova York   3. sogno e realtà   5. giovinezza e vecchiaia
2. primavera e inverno   4. sole e luna   6. leggere e scrivere

e. *Formare frasi comparative usando i seguenti aggettivi:*

1. forte   4. povero   6. freddo
2. timido   5. pettegolo   7. generoso
3. bello

SUPERLATIVES

Relative Superlative

A. The relative superlative *(-est, most, least)* is formed by placing a form of the definite article before the comparative **piu** or **meno: il piu, il meno** + *adjective or adverb.*

Il ferro è il più utile dei metalli.
Iron is the most useful metal.

Anna è la meno timida delle sorelle.
Anna is the least timid of the sisters.

Dovete parlare il piu chiaramente possibile.
You must speak as clearly as possible.

1. In English the superlative is usually followed by *in,* in Italian **di** (occasionally **fra**) is used.

   il bambino **più** intelligente **della** famiglia
   the smartest child in the family

   il più intelligente **fra** gli animali
   the most intelligent among animals

2. The subjunctive often follows the superlative.

   Il dottore è l'uomo più bello che io conosca.
   The doctor is the most handsome man I know.

   È il volto più bello che io abbia mai visto.
   It's the most beautiful face I have ever seen.

3. With the superlative of adverbs, the definite article is often omitted unless **possibile** is added to the adverb.

   Ha parlato piu chiaramente di tutti.
   He spoke the most clearly of all.

   Ha parlato il piu chiaramente possibile.
   He spoke as clearly as possible.

4 Remember the following expressions using **possibile:**

   il piu possibile
   as much as possible

   il meno possibile
   as little as possible

   il piu presto possibile (al piu presto)
   as soon as possible

   il piu tardi possibile
   as late as possible

— Perbacco!... Sei il piu abile venditore ambulante che io abbia conosciuto!

— È il mappamondo più antico che esista.

ESERCIZI

a. *Trasformare le frasi secondo l'esempio dato.*

Esempio: È un bel palazzo.   **È il palazzo più bello della città.**

1. È un monumento famoso.
2. È un bel parco.
3. È una vecchia statua.

4. È un ristorante caro.
5. Sono dei palazzi moderni.
6. Sono chiese buie.

b. *Alcune domandine facili facili . . .*

1. Lei sa qual è il giorno più lungo dell'anno?
2. Qual è la città più grande degli Stati Uniti?
3. Qual è la montagna più alta d'America (e del mondo)?
4. Qual è il fiume più lungo degli Stati Uniti (e del mondo)?
5. Secondo Lei, qual è lo sport più popolare del mondo?
6. Qual è il presidente americano più amato?
7. Qual è il disco più venduto in questo momento?

c. *Alcuni primati italiani. Le risposte sono in fondo alla pagina.*

1. Qual è la città più grande d'Italia?
2. Qual è il fiume più lungo d'Italia?
3. Qual è il quadro più prezioso del mondo? (Un piccolo aiuto: si trova al Museo Louvre di Parigi, ma l'ha dipinto un Italiano . . .)
4. Qual è l'opera più famosa di Dante?

Absolute Superlative

A. The absolute superlative (*very, extremely, exceptionally, quite, super-* + *adjective or adverb*) can be formed:

1. by dropping the final vowel of the masculine plural form of the adjective and adding **-issimo (-issima, -issimi, -issime)**.

ricco → ricchi → ricchissimo
simpatico → simpatici → simpaticissimo
lungo → lunghi → lunghissimo

The superlative always agrees in gender and in number with the noun it modifies.

I grattacieli sono altissimi.
Skyscrapers are very high.

La situazione politica è gravissima.
The political situation is very serious.

2. by adding **-issimo** to the adverb minus its final vowel.

tardi → tardissimo
spesso → spessissimo

La mamma è arrivata ieri sera, tardissimo.
Mother arrived last night, very late.

3. by adding **-mente** to the feminine form of the superlative adjective.

   sicuro → sicurissima → sicurissimamente

B. The superlative ending **-issimo** can also be used with nouns and proper names.

campione → campionissimo   *the champ*
partita → partitissima   *the big game*
occasione → occasionissima   *fantastic bargain*
veglione → veglionissimo   *all-night dance*
generale → generalissimo   *supreme commander, dictator*
diva → divissima   *superstar*
Wanda → Wandissima   *(name of the famous actress Wanda Osiris)*

C. The absolute superlative can be formed in other ways:

1. by using such adverbs as **molto, assai, bene, estremamente, incredibilmente, infinitamente, altamente** + *adjective or adverb.*

Silvia è una ragazza molto strana.	La situazione è estremamente difficile.
Sylvia is a very strange girl.	*The situation is very difficult.*
Le sono infinitamente grato, Signora.	Lo farò ben volentieri.
I'm extremely grateful to you, Ma'am.	*I'll be delighted to do it.*

2. by adding a prefix such as **arci-, extra- (stra-), iper-, multi-, sopra- (sovra-), super-, ultra-.**

arciricco	**arci**milionario
extraforte	**extra**fino
stracarico *overloaded*	**stra**cotto *overcooked*
stravecchio	**stra**grande
ipersensibile *hypersensitive*	**iper**teso *hypertensive*
multimilionario	
sopraffino *extra fine*	**sovra**bbondante *superabundant*
superlucido	
ultramoderno, **ultra**rapido	**ultra**potente

La carne è stracotta.	La stragrande maggioranza della popolazione
The meat is overdone.	era favorevole.
	The vast majority of the population was in favor.
È un liquore sopraffino.	
It's an extra fine liqueur.	

3. by adding another adjective or expression.

ricco sfondato	vecchio decrepito
filthy rich	*very old, on one's last legs*
pieno zeppo	ubriaco fradicio
overflowing	*smashed (drunk)*
innamorato cotto	pazzo da legare
madly in love	*raving mad (fit to be tied)*
stanco morto	sordo come una campana
dead tired	*as deaf as a post*

4. by repeating the adjective or the adverb.

Se ne stava in un angolo **zitto zitto.**   Camminavano **piano piano.**
He kept very silent in a corner.   *They walked very slowly.*

Erano palazzi **nuovi nuovi.**
They were brand new palaces.

5. Note that **così così** does not have a superlative meaning. It means **nè bene nè male, non molto.**

— Come stai? — **Così così.**   — Ti piace quel quadro? — **Così così.**
—*How are you? —So so (Not*   —*Do you like that painting? —So so (Not*
   bad).   *much).*

Don't confuse **così così** with **così e così** which means **proprio in questo modo.**

Le cose stanno **così e così.**
Things are exactly like this.

— Non preoccuparti, Joe. So benissimo dov'è la formula. È nascosta dentro a un libro!

ESERCIZI

a. *Riscrivere le seguenti frasi usando un'altra forma del superlativo assoluto.*

1. Leggo un romanzo molto interessante.
2. Sono lezioni estremamente facili.
3. Ha delle dita assai lunghe.
4. Abbiamo visitato una città molto bella.
5. Sono arrivati molto stanchi.
6. Camminavano piano piano.
7. Siamo arcicontenti che tu venga da noi.

b. *Sostituire al superlativo assoluto il superlativo relativo e l'espressione* **che ci sia (che ci siano).**

Esempio: — Questa birra è carissima.   — **Sì, è la più cara che ci sia.**

1. Queste uova sono freschissime.
2. Quelle ragazze sono simpaticissime.
3. La lezione numero 11 è lunghissima.
4. È un ragazzo intelligentissimo.
5. È un monumento antichissimo.
6. Quei dischi sono bellissimi.

Irregular Comparatives and Superlatives of Adjectives and Adverbs

A. Some adjectives have irregular comparatives and superlatives in addition to their regular forms. The first form shown is the regular one.

ADJECTIVES

	Comparatives	Relative Superlative	Absolute Superlative
buono *good*	più buono migliore/i *better*	il più buono il migliore *the best*	buonissimo ottimo *very good*
cattivo *bad*	più cattivo peggiore/i *worse*	il più cattivo il peggiore *the worst*	cattivissimo pessimo *very bad*
grande *big, great*	più grande maggiore/i *bigger, greater*	il più grande il maggiore *the biggest*	grandissimo massimo *very big*
piccolo *small, little*	più piccolo minore/i *smaller*	il più piccolo il minore *the smallest*	piccolissimo minimo *very small, slightest*
alto *high, tall*	più alto superiore/i *higher*	il più alto il supremo *the highest*	altissimo supremo/sommo *very high, supreme*
basso *low, short*	più basso inferiore/i *lower*	il più basso l'infimo *the lowest*	bassissimo infimo *very low*

1. The choice between the regular forms and the irregular forms is dictated by meaning and/or style and usage. In general, the irregular forms indicate figurative qualities and values; the regular forms are used to indicate material qualities.

Questa casa è **più alta** di quella.
This house is taller than that one.

Vorrei scarpe con tacchi **più bassi.**
I'd like shoes with lower heels.

Questa quantità è **superiore** al necessario.
This quantity is more than necessary.

Sono scarpe di qualità **inferiore.**
They are shoes of poorer quality.

2. Note the special meaning of **maggiore** and **minore.** In addition to meaning *greater, major* and *lesser,* they are frequently used in reference to people to mean *older* and *younger.* **Il maggiore** means *the oldest* (in a family) and **il minore** means *the youngest.* When referring to physical size, *bigger* and *biggest* are expressed by **più grande** and **il più grande;** *smaller* and *smallest* by **più piccolo** and **il più piccolo.**

Il sole è **più grande** della luna.
The sun is bigger than the moon.

I tuoi piedi sono **più piccoli** dei miei.
Your feet are smaller than mine.

Chi è **maggiore**: tu o tua sorella?
Who is older: you or your sister?

I tuoi difetti sono **minori** dei miei.
Your faults are smaller than mine.

3. Often the regular and irregular forms are used interchangeably.

Questo vino è **più buono (migliore)** di quello.
This wine is better than that.

In questo negozio i prezzi sono **inferiori (più bassi)**.
In this shop prices are lower.

4. Some additional examples of the irregular forms are:

I Rossi sono **i miei migliori** amici.
The Rossis are my best friends.

Al **minimo** rumore si spaventa.
He gets frightened at the smallest noise.

È un'**ottima** occasione.
It's an excellent opportunity.

Dovete andare al piano **superiore**.
You must go to the upper floor.

L'ipocrisia è **il peggiore** difetto (il peggior[1] difetto).
Hypocrisy is the worst fault.

Il valore di quel libro è **infimo**.
The value of that book is minimal.

Quali sono state le temperature **minime e massime** ieri?
What were the low and high temperatures yesterday?

B. When expressing *better* or *worse* you have to determine whether they are used as adjectives or adverbs. **Migliore/migliori** express *better* as an adjective; **peggiore/peggiori** express *worse* as an adjective.

Abbiamo visto tempi **migliori**.
We've seen better times.

Non ho mai bevuto un vino **peggiore** di questo.
I've never drunk a worse wine than this one.

Meglio and **peggio** express *better* and *worse* as adverbs.

Stanotte ho dormito **meglio**.
Last night I slept better.

Con questi occhiali ci vede **peggio**.
With these glasses he doesn't see as well (he sees worse).

Meglio and **peggio** can also be used as masculine nouns to mean *the best (thing), the worst (thing)*.

Abbiamo scelto il **meglio**.
We've chosen the best.

Temevano il **peggio**.
They feared the worst.

---

1. **Migliore, peggiore, maggiore** and **minore** can drop the final -e before nouns that do not begin with **z** or **s** + *consonant*: il **maggior** dolore; il **miglior** professore; but il **migliore** scrittore.

C. Some adverbs have irregular comparatives and superlatives.

ADVERBS

	Comparatives	Relative Superlative	Absolute Superlative
bene *well*	meglio *better*	(il) meglio *the best*	molto bene, benissimo ottimamente *very well*
male *badly*	peggio *worse*	(il) peggio *the worst*	molto male, malissimo pessimamente *very badly*
molto *much, a lot*	più, di più *more*	(il) più *the most*	moltissimo *very much*
poco *little*	meno, di meno *less*	(il) meno *the least*	pochissimo *very little*

L'hai fatto bene, ma devi farlo **meglio.**
You did it well, but you must do it better.

Quel vestito ti sta **benissimo.**
That dress looks very good on you.

Vedo che hai già finito. **Ottimamente!**
I see you are already through. Excellent!

È **peggio** mentire che sbagliare.
It is worse to lie than to err.

Meglio un uovo oggi che una gallina domani.
An egg today is better than a hen tomorrow.
A bird in the hand is worth two in the bush.

Cercano di mangiare **il meno possibile.**
They try to eat as little as possible.

In the relative superlative the article is frequently omitted unless **possibile** is added.

Ha risposto **meglio** di tutti.
He gave the best answer (lit. He answered the best of all.)

Ha risposto **il meglio possibile (nel miglior modo possibile).**
He answered as best he could.

1. Note that *more* and *less* when used alone, without nouns (usually after a verb) are **di più** and **di meno.**

   Bisogna lavorare **di più** e chiacchierare **di meno.**
   You must work more and chatter less.

   Quando è depresso, Pietro mangia **di più.**
   When he is depressed, Peter eats more.

2. **Sempre più** and **sempre meno** correspond to *more and more* and *less and less* + adjective or adverb; **sempre di più** and **sempre di meno** correspond to *more and more* and *less and less* when the expressions are used by themselves.

   La situazione diventa **sempre più** grave.
   The situation is getting more and more serious.

   Arrivate **sempre più** tardi . . .
   You arrive later and later . . .

   Capite **sempre di meno** . . .
   You understand less and less . . .

3. **Più . . . più** and **meno . . . meno** correspond to *the more . . . the more* and *the less . . . the less.*

Più dorme, **più** ha sonno.
The more he sleeps, the sleepier he is.

Meno lavorano, **meno** guadagnano.
The less they work, the less they earn.

Più lo guardo, **meno** mi piace!
The more I look at it, the less I like it.

4. **Il più, i più, la maggior parte (la maggioranza)** + **di** + *noun* + *verb* (in either singular or plural) express *most* meaning *the greatest quantity, the majority, most persons.*

Il più è fatto.
Most of it is done.

I più preferiscono quest'idea.
Most people prefer this idea.

La maggior parte dei nostri amici erano già partiti.
Most of our friends had already left.

La maggior parte (la maggioranza) degli uomini è scontenta del proprio stato.
Most men are unhappy with their condition.

Proverbi

« Ne uccide più la gola che la spada ».
More men perish through gluttony than by the sword.

« Meglio un asino vivo che un dottore morto ».
È possibile rovinarsi la salute studiando. È meglio essere un asino, cioè ignoranti, che un dottore, cioè istruiti . . . ma non più a questo mondo . . .
Students in Italy simply love to quote this proverb!

« Chi più spende meno spende ».
Il maggior costo di solito è compensato dalla migliore qualità e dalla maggiore durata. In altre parole: è meglio comprar subito qualcosa di buono e di valore anche se costa di più.

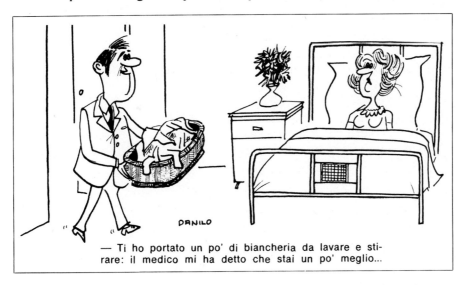

— Ti ho portato un po' di biancheria da lavare e stirare: il medico mi ha detto che stai un po' meglio...

ESERCIZI

a. *Completare le seguenti frasi usando* **meglio, migliore/i, peggio** *e* **peggiore/i.**

1. La macchina nuova funziona _____ di quella vecchia.
2. È un bravo dentista: credo che sia il _____ dentista che io abbia mai avuto.
3. Abitano in una brutta zona; è la _____ zona della città.
4. Quel vestito ti sta veramente bene: sta _____ a te che a me!
5. I tuoi bambini sono così bravi: sono molto _____ dei miei!
6. Luigi non è certo modesto . . . Dice sempre: "Quello che fanno gli altri, io lo faccio _____ !"
7. Le cose vanno male; non potrebbero andar _____ !
8. Come la tratti male; la tratti _____ di una schiava!
9. Non gli ho detto niente; ho creduto che fosse _____ non dirgli niente.
10. Con gli occhiali nuovi la nonna ci vede _____ .

b. *Rispondere alle seguenti domande:*

1. I Rossi abitano sopra di noi; i Bianchi abitano sotto di noi. Chi abita al piano inferiore?
2. Paolo ha preso A; Roberto ha preso B. Chi ha preso il voto migliore?
3. Il mio orologio è di plastica; quello di Giancarlo è d'oro. Qual è l'orologio di qualità superiore?
4. Anna pesa 53 chili; Mirella pesa 140 libbre. Chi pesa di più?
5. Tu hai venti dollari; lei ha ventimila lire. Chi ha più soldi?[1]
6. Mio cugino ha 20 anni; io ne ho 19. Chi è maggiore?
7. Io ho fatto tre chilometri; tu hai fatto tre miglia. Chi ha camminato di più?

c. *Tradurre:*

1. He is a much better person than he seems at first.
2. This is the most important reason why I came.
3. What is the shortest way **(strada)** to get to your house?
4. He never drives at night because he can see very little.
5. Don't you think the ceiling is lower in this room?
6. The wine I drank at their house was excellent.
7. Don't talk to me! I'm in a rotten mood.
8. She went to the movies with her younger sister.
9. Which have been the best years of your life?
10. The simplest things can become extremely complicated.
11. Why do more people commit suicide **(suicidarsi)** in San Francisco, the most beautiful city in America, than in any other city?
12. Have you noticed that the lessons are getting longer and longer? — Yes, and the exercises, too!

---

1. The value of the dollar fluctuates relative to the **lira.** $1.00 equals between 750–850 lire.

d. *Domande più personali . . .*

1. Ha un fratello maggiore o una sorella maggiore?
2. Lei è alto/alta come Suo padre?
3. Chi è la persona più bassa della Sua famiglia?
4. E la più strana?
5. E la meglio vestita?
6. Chi parla più lingue nella Sua famiglia?
7. Chi parla meglio l'inglese?
8. È meglio essere ricchi e infelici o poveri e felici?

e. *Rispondere:*

1. Si parla tanto di un mondo migliore: come lo immagina Lei?
2. Quali sono i tre elettrodomestici *(household appliances)* che Lei considera più utili? Perchè?
3. Qual è il più bel regalo che Lei abbia mai fatto o ricevuto?
4. Qual è il più bel complimento che Lei abbia mai fatto o ricevuto?
5. Qual è il miglior voto che Lei abbia mai preso?

f. *Lei è d'accordo o no? Spiegare perchè.*

1. La cosa più importante a questo mondo non è il denaro, ma la felicità.
2. Se conoscessimo il nostro avvenire, saremmo infelici.

Lettura

La doppia vita

Dopo il fatto di quella notte, non mi feci più vedere dalla famiglia di Federico. Dico la verità, ci ero rimasto male. Ma come? un bravo operaio specializzato, un padre di due bambine, un uomo come lui, grande, forte, calmo, sereno, che soltanto a guar-

darlo ispirava fiducia°, avere una doppia vita. E che doppia vita: *whose very appearance inspired*
fare di giorno il meccanico e di notte il ladro. Di giorno stare in   *confidence*
officina con me e con gli altri compagni oppure in famiglia con la
moglie e le bambine; di notte andare in giro in macchina rubata,
5 insieme con una banda di delinquenti, e scassinare° in due anni   *burglarize*
chi diceva cinque e chi otto negozi. Onesto, diligente, bravo di
giorno; dritto di notte, con il fazzoletto nero sul viso, il piè di porco°   *crowbar*
in saccoccia° e la pistola alla cintura. Dico la verità, se non avessi   *in his pocket*
visto nei giornali la sua fotografia, una di quelle fotografie che
10 fanno in prigione, senza colletto nè cravatta, con il mento in aria e
gli occhi sbarrati°, non ci avrei mica creduto. Insomma non mi   *wide open*
capacitavo°. E così un po' per questo stupore che mi faceva quasi   *I couldn't get over it*
sperare che non fosse vero, un po' perchè ci ero rimasto male, anzi
quasi offeso, non andai a visitare la famiglia come avrei fatto
15 sicuramente in occasione di qualsiasi altra disgrazia.
    Fu mia moglie a convincermi, alla fine. Io resistevo e dicevo:
« Federico non doveva° farmi una cosa come questa: per due anni   **avrebbe dovuto**
nascondermi che ci aveva una doppia vita. » E mia moglie:
« Bravo, ma se te l'avesse detto, tu che avresti fatto? » « Come
20 sarebbe a dire? » « Che avresti fatto? L'avresti denunziato? » « E
che, faccio la spia io?° » « Beh, lo vedi, » disse mia moglie, trion-   *am I a stool pigeon?*
fante « se te l'avesse detto, non te la saresti sentita di denunziarlo.
E adesso, invece, che sta in prigione, lo condanni. Non te ne
accorgi che sei in contraddizione? » Rimasi incerto e lei soggiunse:
25 « Vacci. Oltre tutto farai una buona azione. » Quest'ultima ragione
mi sembrò la migliore e così decisi di andarci.

Per una combinazione il giorno dopo era la festa di San Giuseppe[1] e la moglie di Federico, appunto, si chiamava Giuseppina. Comprai al bar sotto casa nostra una ventina di bignè° e poi andai a prendere la circolare[2]: io abito a via Giulia, Federico, in-
5 vece, in un palazzo nuovo dalle parti di San Paolo. In tram sedetti col pacco dei bignè sulle ginocchia e di nuovo ripresi a pensare a Federico. Dico la verità: non ci capivo niente. Soprattutto non mi riusciva di mettere d'accordo il fatto che Federico fosse un padre così buono e un marito così affettuoso, con quell'altro fatto
10 dell'andare in giro di notte a svaligiare le vetrine dei negozi. Che diamine, pensavo, si è o non si è; e chi è un buon padre di famiglia, logicamente dovrebbe anche essere un uomo onesto. Se non lo è, vuol dire che non crede a nulla; ma allora come fa ad essere un buon padre di famiglia? Intanto il tram correva sui Lun-
15 goteveri.[3] Alla stazione di Ostia discesi e presi l'autobus per San Paolo.

Il palazzo di Federico stava non lontano dal Tevere, passata la basilica, in un gruppo di palazzi tutti eguali, nuovi nuovi, che per via° dei balconi sporgenti sulle facciate sembravano tanti casset-
20 toni° ritti con tutti i cassetti aperti. Era una bella giornata per San Giuseppe[4]: cielo azzurro, luminoso, pieno di sole; tanti bambini che correvano giocando al pallone sui prati verdi, tra un palazzo e l'altro; il vento di primavera che faceva sventolare come bandiere, da tutti quei balconi, i panni stesi ad asciugare°. Salendo la scala,
25 non potei fare a meno di pensare a quel povero Federico che con una giornata come questa, invece di starsene in santa pace in seno alla famiglia°, era a Regina Coeli,[5] col muso all'inferriata°. Arrivo al pianerottolo°, suono, mi viene ad aprire la bambina più grandicella, Lucetta, tutta pulita, al solito, con il vestitino stirato, le calze
30 bianche, le scarpe nere lucide. Le domando: « C'è la mamma? » Subito una voce aggressiva e strascicata° mi risponde: « Sì, sì, c'è la mamma. Eccola la mamma. »

Alzai gli occhi, sorpreso, e quasi non la riconobbi, Giuseppina, da quanto era cambiata. Il viso che un tempo era stato quasi
35 tondo perchè pieno, adesso le si era come spianato e allungato; gli occhi ce li aveva brillanti in una maniera strana, in fondo alle occhiaie scalamarate,° simili a due lucignoli° alla fine della candela, che stiano per gettare l'ultima luce prima di affogare nella cera. Aveva i capelli sciolti°, penzolanti lungo le guance; e un

about twenty cream-puffs

a causa
chests of drawers

the laundry hung up to dry

in the bosom of his family/
   with his mug (face) behind
   the bars
landing

drawling

black-ringed eye-sockets/
   two wicks

loose, untied

1. In Italy saints' days are important public, family and personal holidays. For example, it is proper and expected that family and friends will call, write, or bring gifts on your saint's day.
2. **circolare:** *a streetcar that circles the city*
3. **Lungotevere:** *roads or streets along a river take their names from* **lungo** + *name of river:* **il Tevere, il Lungotevere.**
4. St. Joseph's day is March 19.
5. Regina Coeli (Latin for *Queen of Heaven*) is the largest prison in Rome.

vestito che anche quello, come i capelli, pareva penderle addosso, senza vita°. Per giunta, dal modo col quale si appoggiava allo stipite° della porta della cucina, con le spalle indietro e la pancia in fuori, mi sembrò che fosse anche incinta°. Dissi imbarazzato:

5 « Giuseppina, oggi è San Giuseppe, tanti auguri, ho pensato bene di portarti qualche bignè. »

« Grazie, grazie. Ma per me non ci sono più nè feste nè santi. »

seemed to hang on her lifelessly
door jamb
pregnant

Alberto Moravia

Parole da ricordare

avere una doppia vita	*to lead a double life*
denunziare (denunciare)	*to turn in, to report;* **la denuncia dei redditi** *income tax report*
fare a meno di + *noun*	*to do without;* Non posso fare a meno dello zucchero. *I can't do without sugar;* Non posso fare a meno di + *infinitive* means *I cannot help* + *ing* form of the verb. Non possono fare a meno di ridere. *They can't help laughing.*
fare una foto(grafia)	*to take a picture*
nascondere qualcosa a qualcuno (*past part.* nascosto, *past abs.* nascosi)	*to conceal, hide something from someone* **nascondersi** *to hide (oneself);* **di nascosto = segretamente**
sentirsela di + *infinitive*	*to feel up to doing something*
l'azione *(fem.)*	*action, deed;* **fare (compiere) una buona azione** *to do a good deed*
il delinquente	*criminal*
il dritto *(slang)*	*crook*
specializzato	*specialized, skilled* as in **operaio specializzato**

Studio di parole

usual(ly)

(come) al solito
as usual

Era in ritardo come al solito
He was late as usual.

più (meno) del solito
more (less) than usual

Mangiate meno del solito.
You're eating less than usual.

di solito
usually, generally, as a rule

Di solito vado a letto tardi.
I usually go to bed late.

CONVERSAZIONE SULLA LETTURA

1. Perchè il protagonista era quasi offeso con Federico?
2. Da quanto tempo aveva una doppia vita Federico?
3. In che cosa consisteva la sua doppia vita?
4. Come l'ha saputo il protagonista?
5. Se Lei venisse a sapere che qualcuno fa il ladro, lo denuncerebbe?
6. Qual è la "buona azione" che il protagonista si decide a compiere, convinto dalla moglie?
7. Perchè ha comprato i bignè?
8. Che cosa non riusciva a capire?
9. Descriva il quartiere in cui abita Federico.
10. Spieghi la sorpresa e l'imbarazzo dell'uomo quando ha visto Giuseppina.

TEMI PER COMPONIMENTO O DISCUSSIONE

1. Se Lei potesse avere una doppia vita, chi Le piacerebbe essere? Perchè?
2. Qual è l'esempio più classico di « doppia vita »? (Ne hanno anche fatto un film, con Spencer Tracy . . .) Ne conosce la storia?

- **The Infinitive**
- **The Gerund**
- **The Participles**
- **Lettura:** *Infortunio sul lavoro*

Grammatica

THE INFINITIVE

1. The infinitive has two tenses: the simple (or present) infinitive: **amare, perdere, partire,** and the compound (or past) infinitive composed of **avere** or **essere** plus the past participle of the main verb:

aver(e) amato	aver(e) perduto	aver(e) finito
essere andato/a/i/e	essere caduto/a/i/e	essere partito/a/i/e

2. Object pronouns follow the infinitive and are attached to it to form one word. The final **-e** of the infinitive is dropped.

Sarebbe bene dir**glielo.**	Non credo di aver**la** invitata.
It would be a good idea to tell him.	*I don't think I invited her.*
Preferisci andar**ci** ora o più tardi?	Vino? Spero di aver**ne** comprato abbastanza.
Do you prefer to go there now or later?	*Wine? I hope I bought enough.*

3. Infinitives of reflexive verbs change their pronouns according to the subject:

Vorrei lavar**mi.**	Vorreste lavar**vi?**
I would like to wash.	*Would you like to wash?*

    In the case of reflexive compound infinitives, the pronoun is attached to **essere,** and the past participle agrees with the subject in gender and number.

    dopo esser**mi** alzato, io . . .
    dopo esser**ti** alzato, tu . . .   *after getting up,* $\begin{cases} I \ldots \\ you \ldots \\ he \end{cases}$
    dopo esser**si** alzato, lui . . .

dopo esser**ci** alzati, noi . . .
dopo esser**vi** alzati, voi . . .
dopo esser**si** alzati, loro . . .

after getting up. $\begin{cases} we \dots \\ you \dots \\ they \dots \end{cases}$

4. The past infinitive is used when the action in a dependent clause has clearly taken place *before* the action expressed by the main verb of the sentence.

Sono contenta di **studiare** l'italiano.
I am glad I am studying Italian.

Non ricordano mai di **firmare** gli assegni.
They never remember to sign their checks.

Sono contenta di **aver studiato** l'italiano.
I am glad I studied Italian.

Non ricordano di **averlo detto.**
They don't remember saying (having said) it.

Uses of the Infinitive

A. The infinitive may be used alone in the following cases:

1. as the subject or object of a sentence. In this use it corresponds to the *-ing* form of the verb in English. The infinitive is here considered a masculine singular noun and may or may not take the definite article.

   Preferiamo **tacere.**
   We prefer to keep quiet.

   Vedere è **credere.**
   Seeing is believing.

   Che cos'è tutto questo **correre?**
   What's all this running?

   Gli piacevano troppo **il bere** e **il mangiare.**
   He enjoyed drinking and eating too much.

2. in impersonal commands (signs, general directions, etc.).

   Lasciare libero il passaggio.
   Don't block the driveway.

   Spingere.
   Push.

   Tenere la destra.
   Keep right.

   Tirare.
   Pull.

3. in recipes and pharmaceutical directions.

   Mescolare rapidamente e **servire** subito.
   Mix rapidly and serve immediately.
   Tenere lontano dalla portata dei bambini.
   Keep out of children's reach.

   Lasciare sciogliere lentamente una pastiglia in bocca ogni ora.
   Dissolve slowly in your mouth one tablet every hour.

4. after all impersonal expressions which contain **essere.**

   È sbagliato **scrivere** così.
   It is wrong to write like that.

   Non sapevo che fosse proibito **parcheggiare** qui.
   I didn't know it was forbidden to park here.

   Sarebbe meglio **aspettare.**
   It would be better to wait.

5. after certain verbs (for a complete list see Appendix p. 328.)

   Non volevano **uscire.**
   They didn't want to go out.

   Bisogna **avere** pazienza.
   You must be patient.

   Non sai **nuotare?**
   Can't you swim?

   Amo **leggere.**
   I love to read.

B. Certain verbs + **a** or **di** + *infinitive*

1. Certain verbs require **a** before a dependent infinitive, others require **di**. There are no general rules governing the usage of **a** or **di**; practice and the dictionary must serve as guides. For a list of verbs requiring **a** or **di** before a dependent infinitive, see the Appendix pp. 326–328.

S'è abituato **a bere** l'espresso.	Non vuoi ammettere **di aver** torto?
He got used to drinking espresso.	*Don't you want to admit you're wrong?*
Ti diverti **a guardare** i treni.	Hanno deciso **di partire** in aereo.
You have fun watching trains.	*They decided to leave by plane.*
Proviamo **a entrare**!	Perchè fingete **di** non **conoscermi**?
Let's try to get in!	*Why do you pretend not to know me?*
Riesci **a leggere** senza occhiali?	Vi ringrazio **d'esser venuti**.
Can you read without glasses?	*Thank you for coming.*
Son tornate **a fiorire** le rose.	Hanno paura **di uscire** sole la sera.
Roses are blooming again.	*They're afraid to go out alone at night.*

2. The verbs **cominciare** and **finire** may be followed by two constructions, and their meaning changes accordingly.

   cominciare **a** + *infinitive*   to begin, start to do something
   cominciare **con** + *article* + *infinitive*   to begin by (the first thing in a series)

Quando ha cominciato **a nevicare?**	Hanno cominciato **col chiedere** diecimila lire.
When did it begin to snow?	*They began by asking for ten thousand lire.*

3. **Finire** may be followed by **di, per,** or **con** + *infinitive*, depending on the meaning.

   finire **di** + *infinitive*   to finish, be through doing something
   finire **per** + *infinitive*   to end up doing something, do it eventually
   (also **con** + *article* + *infinitive*)

Hai finito di piangere?	**Hai finito con lo stancarmi.**
Have you finished crying?	*You've ended up making me tired.*

   Anna **finirà per dire** di sì.
   Anna will eventually say yes.

4. **Decidersi** *to make up one's mind to do something* takes **a** before a dependent infinitive; **decidere** *to decide* takes **di**.

Mi sono deciso **a partire**.	Ho deciso **di** partire
I decided to leave.	*I decided to leave.*

5. **Ringraziare** is always followed by the past infinitive.

   Vi ringrazio **di (per) essere venuti.**
   I thank you for coming.

6. Remember that the subjunctive is used if there is a change of subject after verbs and expressions which normally require the infinitive (with or without a preposition), especially verbs and expressions of *thinking, doubting, hoping, fearing, promising, allowing, denying, wanting.*

Sono contenta **di vivere** in America.
I'm glad I live in America.

Sono contenta **che** i miei genitori **vivano** in America.
I'm glad my parents live in America.

Sperano **di finire** il lavoro prima di domani.
They hope to finish the work before tomorrow.

Sperano **che finiate** il lavoro prima di domani.
They hope you'll finish the work before tomorrow.

C. Adjectives + **a** or **di** + *infinitive*

1. Certain adjectives require **a** before a dependent infinitive:

abituato	pronto	ultimo
accustomed	*ready*	*last*
attento	solo	unico
attentive, careful	*alone*	*only*
primo		
first		

Erano **abituati a fare** la siesta.
They were used to taking a siesta.

Carlo è stato il **primo a uscire**.
Carlo was the first to go out.

State **attenti a** non **bruciarvi**!
Be careful not to burn yourselves!

Sono sempre **pronti ad aiutarci**.
They are always ready to help us.

2. A few adjectives require **a** before a dependent infinitive (in the reflexive form) or **da** + *infinitive* (note that the infinitive has a passive meaning).

facile	buono	orribile
easy	*good*	*horrible*
difficile	ottimo	
difficult	*excellent*	

Non è **facile a dirsi**.
It's not easy to say.

Sarà **difficile a farsi**.
It will be difficult to do.

È **ottimo da mangiare** col pane.
It's best eaten with bread.

Era una cosa **orribile da vedere (a vedersi)**.
It was a horrible thing to see.

3. Some adjectives and expressions require **di** before a dependent infinitive.

ansioso	felice	stanco
anxious	*happy*	*tired*
capace (incapace)	sicuro	sul punto
capable (incapable)	*sure*	*on the point of*
contento (scontento)	spiacente	triste
contented (discontented)	*sorry*	*sad*

Silvia era **ansiosa di essere** sola.
Sylvia was anxious to be alone.

È **stanca di leggere**.
She's tired of reading.

Saresti **capace di dirglielo**?
Would you be able to tell it to him?

Erano **sul punto di partire**.
They were just about to leave.

Un'opera comica

Rossini, il grande musicista italiano, era un gran buongustaio *(gourmet)*. Egli era solito dire: « Quello che è l'amore per l'anima, è l'appetito per il corpo. Lo stomaco è il maestro che dirige la grande orchestra delle nostre passioni. Mangiare, amare, cantare, digerire, questi sono i quattro atti di quell'opera comica che è la vita ».

— Perchè? C'è una legge che vieta di uscire in pigiama?

ESERCIZI

a. *Inserire la preposizione corretta.*

1. Smettete _____ chiacchierare, ragazze!
2. Ho paura _____ averla offesa.
3. Rimasto solo, il dottore si mise _____ ridere.
4. Potrò venire _____ trovarti?
5. Faresti meglio _____ tacere.
6. Andiamo _____ ballare stasera?
7. Quando ti deciderai _____ studiare?
8. Albino era abituato _____ fumare venti sigarette al giorno.
9. Ci proibirono _____ entrare.
10. Vi ringraziamo _____ averci ascoltati.

b. *Parliamo un po' di mangiare e di bere . . . Rispondere alle seguenti domande.*

1. Che cosa è stanco/stanca di mangiare?
2. Quanti ravioli (quante pizze) (quanti gelati) è capace di mangiare?
3. Che cosa è disposto/disposta ad eliminare dalla Sua dieta?
4. Che piatto è curioso/curiosa di provare?
5. Che cosa è abituato/abituata a bere durante i pasti?
6. Sarebbe contento/contenta di rinunciare ai dolci per un anno?

c. *Formare nuove frasi come nell'esempio:*

Esempio: — Prenda l'autobus! È meglio.   — **Ah, è meglio prendere l'autobus?**

1. Non attraversi i binari! È vietato.
2. Non dia la mancia! Non è necessario.
3. Non dica così! È sbagliato.
4. Impari l'italiano! È importante.
5. Lasci perdere! È meglio.
6. Non tocchi i fili! È pericoloso.

d. *Formare una nuova frase col contrario della parola in corsivo:*

Esempio: Ho *cominciato* a scrivere alle undici.   **Ho finito di scrivere alle undici.**

1. Fu il *primo* ad andarsene.
2. È *utile* conoscere le lingue?
3. Il maestro ci *permise* di uscire.
4. Quando ha *smesso* di parlare?
5. Si sono *dimenticati* di comprare il caffè.
6. È un dolce *facile* a farsi.
7. Ha *torto* di lamentarsi.
8. Hanno fatto *presto* a vestirsi.

e. *Formare delle nuove frasi con i verbi indicati. Mettere le preposizioni necessarie:*

1. Mi *piace* dormire bocconi.
   Cercano . . .
   Non vuoi . . .
   Si abituerà . . .
   Continuano . . .
2. Non *potete fare a meno* di invitarlo.
   Non volete . . .
   Vi piacerebbe . . .
   Gli avete promesso . . .
   Siete i soli . . .
3. Mi *hanno incoraggiato* a continuare.
   Mi hanno detto . . .
   Mi hanno consigliato . . .
   Non sono riuscita . . .
   Avrei voluto . . .

The Infinitive After a Noun

The infinitive governed by a noun may be preceded by **da** or **di** (rarely by **a** or **per**).

An infinitive which indicates the purpose and use of the noun is preceded by **da.**

Dov'è la macchina **da scrivere?**
Where's the typewriter?

Dove sono i pacchi **da spedire?**
Where are the packages to be mailed?

Era un film **da vedere.**
That was a film to see.

Non ho tempo **da perdere.**
I don't have time to waste.

Di is used if the English equivalent of the infinitive construction is *of* + *-ing* form of the verb.

il modo **di parlare**
the way of talking

l'idea **di partire**
the idea of leaving

The Infinitive in Prepositional Phrases

A. The prepositions: **a, da, in, con, su** + *article* may govern the infinitive to form prepositional phrases. The article is contracted with the preposition.

Nel rispondere cerca d'esser chiaro!
In answering try to be clear!

Col passare del tempo tutto s'aggiusta.
With the passage of time everything works out. Time heals everything.

Sull'albeggiare s'addormentò.
At dawn (as dawn was breaking) he fell asleep.

Al sorger del sole, i contadini vanno al lavoro.
At sunrise, the farmers go to work.

B. Other prepositions govern the infinitive without an article.

prima di		*before*
piuttosto che (anzi che)		*rather than*
invece di		*instead of*
senza	+ *infinitive*	*without*
tranne (fuorchè)		*except for*
oltre a		*in addition to*
dopo		*after*

These prepositions are usually followed by the *-ing* form of the verb in English.

Rifletti **prima di** parlare!
Think before you speak (before speaking).

Andammo a letto **senza** mangiare.
We went to bed without eating.

Dopo[1] averlo visto, scrivimi!
After you see him, write to me!

---

1. **Dopo** is always followed by the past infinitive.

   Dopo esserci alzati, abbiamo fatto colazione.
   After we got up, we had breakfast.

C. Note the following constructions:

1. **abbastanza . . . da(per)**   *enough . . . to*

    Siete **abbastanza** intelligenti **da** capire certe cose.
    You're intelligent enough to understand certain things.

2. **troppo . . . per**   *too (too much) . . . to*

    Costa **troppo** poco **per** essere autentico.
    It costs too little to be authentic.

3. **così** (or **tanto**) **. . . da**   *so . . . as . . . (that)*

    Sei **tanto** sciocco **da** crederci.   Sono **così** stanca **da** non capire più nulla.
    You are so foolish as to believe it.   *I'm so tired that I can't understand anything*
                                                              more.

Citazione famosa

Tu proverai sì come sa di sale   *"You will know the bitter taste*
lo pane altrui, e come è duro calle   *of other people's bread; and how hard it is*
lo scendere e 'l salir per l'altrui scale.   *to go up and down the stairs where others dwell."*
                                                 Dante, *Paradiso*, xvii, 58–60.

— Ho un affare da proporti: vuoi
comperare un paio di sci quasi nuovo?

ESERCIZI

a. *Mettere* **dopo** *al posto di* **prima di** *e fare i cambiamenti necessari.*

Esempio: Ho avuto dei dubbi prima di prendere questa decisione.
            Ho avuto dei dubbi dopo aver preso questa decisione.

1. Ha trovato un lavoro prima di laurearsi.
2. Sono venuti a casa nostra prima di andare al cinema.
3. Ce ne siamo andati prima di sapere i risultati.
4. Passerà da me prima di fare la spesa.
5. Partirono prima di ricevere il telegramma.

b. *Sostituire alle parole in corsivo o* **prima di** *+ infinito o* **prima che** *+ congiuntivo, usando gli esempi come guida.*

Esempi: *Prima della partenza* son venuti a salutarci.   **Prima di partire son venuti a salutarci.**

Prima del suo arrivo devo pulire la casa.   **Prima che lui arrivi devo pulire la casa.**

1. Finirò il lavoro *prima del suo ritorno.*
2. Andò via *prima della fine del film.*
3. *Prima della partenza* telefonateci.
4. Ha fatto molto freddo *prima del vostro arrivo.*
5. Partì *prima della vostra telefonata.*

c. *Completare:*

1. Sposarsi molto giovani . . .
2. Prima di parlare . . .
3. Dopo essermi alzato/alzata . . .
4. Sono contento/contenta di . . .

d. *Tradurre:*

1. Do they have enough money to buy that statue?
2. We are too tired to go out tonight.
3. Few people like to write long letters.
4. I'll tell my friends to come and pick you up.
5. They must have forgotten to call me.
6. Besides being pretty, she is also very intelligent.
7. Amelia ended up going back to her village in Sicily.
8. Before marrying, she used to live in a little house.
9. I enjoyed reading her story.
10. Don't *you* want to read it soon?

THE GERUND

1. The gerund is one of the Italian verb forms corresponding to the *-ing* form of the verb in English. It has two forms: the simple (or present) gerund;

amare/am**ando**   pe̦rdere/perd**endo**   partire/part**endo**

and the compound (or past) gerund which is made up of **avendo** or **essendo** plus the past participle of the main verb:

avendo amato	avendo perduto	avendo finito
having loved	*having lost*	*having finished*
essendo andato/a/i/e	essendo caduto/a/i/e	essendo partito/a/i/e
having gone	*having fallen*	*having left, gone*

Note that the translation of the compound gerund is *having + verb* even when it is formed with **essendo.**

Note that the simple gerund is invariable and that when the compound gerund is formed with **essendo** the past participle agrees with the subject in gender and number.

2. Reflexive and object pronouns follow the gerund and are attached to it to form one word. In the compound gerund they are attached to **avendo** or **essendo.**

Non sentendo**mi** bene, ho chiamato il dottore.
Not feeling well, I called the doctor.

Andando**mene**, salutai tutti.
While I was leaving, I said goodbye to everyone.

Essendo**si** alzati tardi, sono arrivati in ufficio in ritardo.
Having gotten up late, they got to the office late.

Non avendo**la** vista, non ho potuto parlarle.
Not having seen her, I was unable to talk to her.

3. Note the gerunds of the following verbs:

bere	(<bevere)	bevendo	avendo	bevuto
dire	(<dicere)	dicendo	avendo	detto
fare	(<facere)	facendo	avendo	fatto
introdurre	(<introducere)	introducendo	avendo	introdotto
tradurre	(<traducere)	traducendo	avendo	tradotto

(All other verbs ending in **-durre** use the stem **-duc-**.)

Uses of the Gerund

The gerund is used

1. with the present or the **imperfetto** of **stare** (less commonly, **andare**) to form the so-called progressive form of the present indicative (action currently in progress: *I am working, I am in the process of working*) and the **imperfetto** (action in progress in the past: *I was working, I was in the process of working*).

stare + gerund = *to be* + *-ing* form

present: sto lavorando
I am working

imperfetto: stavo lavorando
I was working

PRESENT		IMPERFETTO	
Simple	Progressive	Simple	Progressive
lavoro	sto	lavoravo	stavo
lavori	stai	lavoravi	stavi
lavora	sta	lavorava	stava
lavoriamo	stiamo	} lavorando	lavoravamo	stavamo } lavorando
lavorate	state	lavoravate	stavate
lavorano	stanno	lavoravano	stavano

Non fate rumore: il bambino **sta dormendo** (dorme).

Don't make noise, the baby is sleeping.

Stavamo uscendo (uscivamo) di casa quando squillò il telefono.

We were leaving the house when the telephone rang.

Che cosa **vai dicendo** (dici)?

What are you saying?

Quando arrivammo noi, loro **stavano** ancora **facendo** (facevano ancora) colazione.

When we arrived they were still having breakfast.

Note that whereas **lavoro** can mean both *I work* and *I am working*, **sto lavorando** can only mean *I am working* (*right now*). Similarly, **lavoravo** can mean *I used to work* and *I was working*, **stavo lavorando** only *I was working*. The progressive forms are used less frequently in Italian than in English. They may always be replaced by the simple forms of the present and the **imperfetto.**

2. when the *-ing* form of the verb is the equivalent of a clause of *time, cause, condition,* or *means*. The gerund *must* have the same subject as the verb in the independent clause.

Passeggiando (= mentre passeggiavo) ho incontrato il tuo amico.

While I was strolling, I met your friend.

Essendo (= dato che erano) malati, non sono andati a scuola.

Being sick, they did not go to school.

Volendo (= se volete) potete riuscire.

You can succeed if you want to.

Studiando (= con lo studiare) s'impara.

One learns by studying.

Compare the following two sentences:

L'ho incontrato **camminando** in via Veneto.

I met him walking (= while I was walking) on Via Veneto.

L'ho incontrato **che camminava (mentre camminava)** in Via Veneto.

I met him walking (=while he was walking) on Via Veneto.

3. occasionally, in certain expressions, the gerund is used with no reference to the subject of the independent clause.

Partiremo domani, tempo **permettendo.**

We'll leave tomorrow, weather permitting.

Stando così le cose, abbiamo deciso di partire.

Things being what they are, we've decided to leave.

4. to express a state or an action accompanying another state or action (English: *in, on, upon, by, while, when* + *-ing* form).

Leggendo la lettera, ho trovato molti sbagli.

While reading the letter, I found many mistakes.

Ascoltano la radio **guidando.**

They listen to the radio while driving.

È diventato ricco **lavorando** molto.

He became rich by working hard.

Note that no preposition is needed before the gerund in Italian.

5. Used with **pur,** the gerund is the equivalent of a clause expressing concession (**benchè** or **sebbene** + subjunctive).

Pur studiando (Benchè studi) non impara niente.
Although he studies, he doesn't learn a thing.

-- Le sta venendo una
brutta   congiuntivite.

ESERCIZI

a. *Formare nuove frasi usando il presente di* **stare** + *gerundio:*

1. Cosa succede?
2. Perchè gridano?
3. Litigano?
4. No, discutono semplicemente!
5. E tu che fai?
6. Guardo la partita.
7. Chi vince?

b. *Sostituire a* **stare per** + *infinito* (to be about to do something) *la forma* **stare** + *gerundio* (to be doing something).

Esempio: La ragazza sta per uscire.   **La ragazza sta uscendo.**

1. Gli operai stanno per prendere l'autobus.
2. Il dottore sta per visitare la bambina.
3. Stavamo per uscire di casa.
4. State per tradurre il brano?
5. Cosa stavi per dire?
6. Stavo per dire una sciocchezza!
7. State per fare qualcosa?

c. *L'alibi . . . Ieri sera hanno svaligiato una banca. La polizia interroga i sospetti. Le domande sono: «Dov'era alle 22,45 di ieri? » «Cosa faceva in quel preciso momento? » E tutti hanno una risposta . . .*

Esempio: **Ero in casa. Stavo dormendo.**

1. (al cinema) (vedere un film)
2. (con un amico) (fare una passeggiata)
3. (in una discoteca) (ballare)
4. (a casa mia) (guardare la TV)
5. (in casa di amici) (giocare a carte)

d. *W (Viva) le lingue straniere! . . . Completare le seguenti frasi usando* **conoscere** *o* **cono-scendo.**

1. _____ una lingua straniera è importante.
2. _____ una lingua straniera, dovreste trovare un lavoro migliore.
3. Pur _____ più di una lingua straniera, Mario è disoccupato.
4. Per _____ bene una lingua straniera, ci vogliono molti anni di studio.
5. In America, quante sono le persone che hanno bisogno di _____ una lingua straniera?

e. *Le disavventure di Silvestro . . . Silvestro è un tipo sfortunato. Tutto quello che fa riesce male, tanto che lo chiamano comunemente* **"Silvestro maldestro"** *(clumsy Sylvester). Quello che gli succede oggi, però, non è colpa sua. Leggete!*

Correndo, è caduto.
Cadendo, s'è rotto una gamba.
Avendo una gamba rotta, è dovuto andare all'ospedale.
Andando all'ospedale, ha avuto un incidente (e si è rotto l'altra gamba!)
Avendo due gambe rotte, è dovuto stare all'ospedale molto tempo.
Stando all'ospedale, si è preso un'infezione.

Potete continuare la storia di Silvestro? Oppure preferite scrivere una storia originale? Vi consiglio come eroina Calamity Jane . . . Usate tutti i gerundi che potete.

f. *Che cosa facevano quando . . . Oggi intervistiamo alcuni amici. Domandiamo se ricordano quello che faceva l'altra persona quando si sono conosciuti.*

Esempi: Uno risponde: **Quando l'ho conosciuta, stava camminando.**
Una risponde: **Quando l'ho conosciuto, stava tagliando l'erba.**

1. riparare il motore della macchina
2. fare il footing *(to jog)* nel parco
3. prendere il sole
4. mangiare una pizza
5. fare la coda *(stand in line)* per vedere un film.

g. *Formare un'unica frase usando il gerundio del verbo fra parentesi:*

Esempio: Voi fate attenzione. Imparate molto. (fare) **Facendo attenzione, imparate molto.**

1. Prendono il caffè. Chiacchierano. (prendere)
2. Leggeva la lettera. Piangeva. (leggere)
3. Dormivo. Ho fatto un brutto sogno. (dormire)
4. Devo partire. Verrò a salutarvi. (dovere)
5. C'è lo sciopero. Gli operai stanno a casa. (esserci)
6. Si sente stanca. Va a letto. (sentirsi)

Uses of the Compound Gerund

1. When the action expressed by the gerund has clearly taken place before the action of the main verb, the compound gerund is used. The tense of the main verb does not influence the choice of the simple gerund or the compound gerund.

Essendosi sposati tutti i figli, la signora è rimasta sola.
All her children having married, the lady was left alone.

Franco sa molte cose **avendo letto** molti libri.
Having read many books, Frank knows a great deal.

Note that in the **stare** + *gerund* construction, reflexive or object pronouns may precede **stare** or be attached to the gerund.

Mi stavo vestendo ⎱
Stavo vestendo**mi** ⎰ quando mi hai telefonato.
I was dressing when you called me.

Stavamo venendo**ti** incontro, cara.
Ti stavamo venendo incontro, cara.
We were coming to meet you, dear.

— Dovete credermi: stavo salendo, non scendendo!

ESERCIZI

a. *Formare un'unica frase come indicato nell'esempio:*

Esempio: Ho trovato il caffè cattivo. Ho preso del tè.   **Avendo trovato il caffè cattivo, ho preso del tè.**

1. È entrata nella stanza. Ha detto buon giorno.
2. Ho perduto molte lezioni. Sono rimasto indietro.
3. Ha mangiato troppo. È stato male tutta la notte.
4. Hanno finito di mangiare. Hanno chiesto il conto.
5. Ci siamo alzati in piedi. Abbiamo applaudito.

b. *Formare nuove frasi mettendo il gerundio al posto delle parole fra parentesi.*

Esempio: (Mentre tornavo) da scuola, incontrai lo zio. **Tornando da scuola, incontrai lo zio.**

1. I bambini correvano (mentre giocavano) al pallone.
2. (Se tu lo vedessi) forse lo riconosceresti.
3. (Con l'insistere) troppo, non hanno ottenuto nulla.
4. (Dato che non avevano) spiccioli, non mi hanno potuto dare il resto.
5. (Nello scrivergli) mi sono accorto che dovevo dirgli troppe cose.
6. Avresti fatto un ottimo affare (se avessi comprato) quella casa.
7. (Poichè abita) in campagna e (conosce) poche persone, quella ragazza è timida e insicura.

c. *Formare nuove frasi usando* **pur** + *gerundio al posto di* **benchè** + *congiuntivo:*

Esempio: Benchè sia stanco, esco.   **Pur essendo stanco, esco.**

1. Benchè fosse raffreddato, il tenore ha voluto cantare lo stesso.
2. Benchè mangiassi tanto in fretta, riuscivo a sentire il gusto del formaggio.
3. Benchè lo sapesse, non volle dire il nome del ladro.
4. Benchè avessero studiato poco, sono riusciti a farcela agli esami.
5. Benchè mi conoscessero, non mi hanno salutato.
6. Benchè lavorassimo molto, non guadagnavamo abbastanza.

d. *I milioni del signor Bonaventura . . . Volete sapere in che modo è diventato ricco il signor Bonaventura? A me hanno detto che è diventato ricco lavorando in America. È possibile, no? Ma ci sono altri modi e maniere. Indicateli voi col gerundio dei verbi elencati.*

Esempio: Commerciare in vini.   **È diventato ricco commerciando in vini.**

1. Vincere al Totocalcio.
2. Speculare in Borsa.
3. Scrivere fumetti.
4. Fare la borsa nera.
5. Comprare e vendere macchine usate.
6. Ereditare dallo zio d'America.

THE PARTICIPLES

The Present Participle

The Italian present participle is formed by adding **-ante** to the stem of **-are** verbs, **-ente** to the stem of **-ere** and **-ire** verbs:

amare/am**ante** *loving*   perdere/perd**ente** *losing*   partire/part**ente** *leaving.*

1. It is normally used as an adjective and as such it agrees with the noun it modifies.

una ragazza divertente
an amusing girl

gli occhi sporgenti
protruding eyes

le lezioni seguenti
the following lessons

l'acqua bollente
boiling water

un film commovente
a moving film

2. Many present participles are used as nouns.

gli abitanti di Roma
the inhabitants of Rome

i grandi cantanti
the great singers

il mio assistente
my assistant

insegnanti e studenti
teachers and students

3. The present participle is rarely used as a verb (in such cases it is the equivalent of a relative clause).

Addio, monti **sorgenti** (= che sorgono) dalle acque!
Farewell, mountains rising from the waters!

Ho comprato un quadro **rappresentante** (= che rappresenta) un tramonto.
I bought a painting representing a sunset.

The Past Participle

The regular past participle is formed by adding the following endings to the stem of the verb: **-ato** (**-are** verbs), **-uto** (**-ere** verbs), **-ito** (**-ire** verbs).

amare/amato *loved* perdere/perduto *lost* partire/partito *left, gone*

A number of verbs, especially **-ere** verbs, have irregular past participles, for example:

mettere messo
put

leggere letto
read

togliere tolto
removed

spegnere spento
turned off

For a list of verbs with irregular past participles, see Unit 3, p. 50.

Uses of the Past Participle

A. The past participle is used with either **avere** or **essere** to form compound tenses of verbs:

Ha **scritto** molte cartoline.
He wrote many postcards.

È **andato** a spedirle.
He went to mail them.

1. For complete discussions of the compound past tenses, see the **passato prossimo**, p. 48, the **trapassato prossimo**, p. 124, the **trapassato remoto**, p. 124,

the future perfect, p. 209, the conditional perfect, p. 212, and the compound past tenses of the subjunctive, pp. 144 and 183.

2. In the compound past tenses, the past participle is often subject to agreement. If the verb is conjugated with **avere** and its direct object precedes the verb, the past participle agrees in gender and number with that direct object in many cases. See pp. 81–82. When the verb is conjugated with **essere,** the past participle agrees with the subject. See pp. 49, 103.

B. The past participle may be used as an adjective. When used as an adjective, the past participle must agree in gender and number with the noun it modifies:

un libro ben **scritto;** una lettera ben **scritta**
a well written book; a well written letter

C. The past participle is sometimes used as a noun.

gli **scritti** di Dante
the writings of Dante

D. The past participle is frequently used instead of the compound gerund *(having finished)* or **dopo** + *compound infinitive (after finishing).*

Finito il lavoro,
Avendo finito il lavoro,   } gli operai uscirono dalla fabbrica.
Dopo **aver finito** il lavoro,
Having finished their work, the workers left the factory.

Arrivati alla porta,
Essendo arrivati alla porta,   } suonammo il campanello.
Dopo **essere arrivati** alla porta,
Having arrived at the door, we rang the bell.

1. In this construction reflexive and object pronouns follow the past participle and are attached to it, forming one word.

Messosi il cappotto, Paolo non aveva   **Vistala** sola, mi sono avvicinato alla donna.
più freddo.   *Seeing her alone (When I saw that she was*
After he put on his winter coat, Paolo   *alone), I went over to the woman.*
was no longer cold.

2. Note the agreement of the past participle in this construction. If the verb used is conjugated with **avere,** the past participle agrees in gender and number with its direct object:

Fatta colazione, i bambini andarono a   **Fatto** il compito, i bambini guar-
scuola.   darono la TV.
Having had breakfast, the children   *After they did their homework, the*
went to school.   *children watched TV.*

Presili per un braccio, li accompagnammo alla porta.
Having taken them by the arm, we accompanied them to the door.

3. If the verb is conjugated with **essere,** the past participle agrees with the subject.

Uscita dal portone, **la ragazza** attraversò la strada.
Having come out of the street door, the girl crossed the street.

Alzatisi in piedi, **gli spettatori** hanno applaudito.
The spectators rose to their feet and applauded.

4. If the subject of the past participle is different from that of the main clause, it follows the past participle.

Giunti gli invitati, ci mettemmo a tavola.
When the guests arrived, we sat down at the table.

Sposatisi i figli, la signora è rimasta sola.
With the children married, the lady remained alone.

Partita lei, il marito ha venduto tutto.
After she left, her husband sold everything.

5. The past participle may be preceded by **appena** or **dopo.**

Appena ricevuto il telegramma, partirono.
As soon as they received the telegram, they left.

Cosa farete **dopo mangiato?** Il bagno? Ma non è bene fare il bagno subito **dopo mangiato!**
What are you going to do after you eat? Go swimming? But it's not a good idea to go swimming right after you eat!

— Pensavo che la scalata fosse più difficile.

La canzone di Piccolino

Piccolino, morta mamma,	
non ha più di che campare;°	**vivere**
resta solo con la fiamma	
del deserto focolare;°	*hearth*
poi le poche robe aduna,°	*assembles*
mette l'abito più bello	
per venirsene in città.	
Invocando la fortuna	
con il misero fardello°	*bundle*
Piccolino se ne va.	

Guido Gozzano

Proverbio

« Uomo avvisato, mezzo salvato. »
(lit. *A man who is forewarned is half saved.*)

   Si dice per convincere qualcuno a non fare qualcosa.
"Forewarned is forearmed"

ESERCIZI

a. *Mettere il participio passato al posto delle parole fra parentesi.*

1. (Dopo aver letto) il libro lo riportai in biblioteca.
2. (Avendo riparato) il guasto al motore ripresero la strada.
3. (Essendo cessata) la pioggia, uscirà il sole.
4. (Quando finì) la guerra, tornammo a vivere in città.
5. (Dopo aver detto) questo, salì sul treno.
6. (Dopo essersi cambiata), la signora uscì.
7. (Dopo avermi detto) queste parole, la ragazza si è allontanata.

b. *Rispondere.*

1. Di quante ore di sonno ha bisogno Lei?
2. Secondo Lei, è possibile abituarsi a non dormire?
3. Lei fa il bagno subito dopo mangiato?
4. Lei ascolta la radio guidando?
5. Lei canta quando cammina sotto la pioggia?

Lettura

Infortunio sul lavoro°

On-the-job accident

Un uomo si presentò al dottor H. J. Bommer:

«Sta succedendo uno strano pasticcio», spiegò l'uomo.

Il dottor H. J. Bommer si fece attento e l'uomo raccontò:

«Da oltre dodici anni, io posseggo un macinino da caffè° che   *coffee mill*
5 ha sempre funzionato egregiamente: io mettevo caffè in grani° e   *coffee beans*
mi dava caffè in polvere°. Sempre così fino a una settimana fa: *ground coffee*
una settimana fa le cose hanno preso una piega° singolare.   *twist*
Lunedì scorso ho messo, come al solito, grani di caffè tostato° nel   *roasted coffee*
serbatoio°, ho girato la manovella° come al solito ma, aperto il   *hopper/handle*
10 cassettino°, ho trovato non polvere di caffè, ma polvere bianca».   *little bin*

«Polvere bianca?», chiese il dottor H. J. Bommer.

«Polvere bianca: o meglio farina di castagna°», spiegò   *chestnut flour*
l'uomo. «Ho pensato che fosse guasto il meccanismo e l'ho fatto
ripassare da uno specialista: era perfetto. Ho messo ancora caffè
15 tostato nel serbatoio, e ho ripreso a girare la manovella: poi ho
aperto il cassettino e l'ho trovato pieno di succo di limone. Il

giorno seguente, messo altro caffè tostato nel macinino e girata la manovella non ho trovato niente nel cassettino».

«Niente?», domandò il dottor H. J. Bommer.

«Niente di niente°», confermò l'uomo. «In seguito, sempre [absolutely nothing]
5 introducendo° ottimo caffè tostato nel serbatoio, ho trovato nel [adding]
cassettino polpa di tamarindo°, marmellata, chiodi di garofano°, [pulp of the tamarind fruit/whole cloves/safety pins]
pepe, bottoni, spille di sicurezza° e fiori freschi».

«Fiori freschi macinati, volete dire».

«Fiori freschi interi°: una rosa gialla, una margherita e una [whole]
10 orchidea. Ma tutto questo non è ancora niente».

Il dottor H. J. Bommer si fece ancora più attento.

«Da ieri il macinino fa una cosa ancora più singolare: metto caffè tostato come al solito, giro la manovella e vien fuori musica».

«Musica?».

15 «Musica, sì: suona come un carillon°. Pezzi classici, quasi [music box]
tutta roba del settecento».

«E il caffè?».

«Sparisce: il cassettino resta vuoto e vuoto resta il serbatoio».

L'uomo sciolse un pacchetto e trasse un macinino.

20 «Del resto eccolo qui», spiegò. «Guardate: io metto nel serbatoio caffè tostato, giro la manovella e si sente la musica».

L'uomo mise caffè tostato, girò la manovella e il dottor H. J. Bommer lo osservò con interesse.

«Sentite la musica?», domandò l'uomo.

25 Il dottor H. J. Bommer non sentiva che lo scricchiolìo dei grani che si frantumavano°. Però approvò col capo°. [the grating of the beans that were being ground/gave a nod of approval]

«Sento, sì», rispose.

L'uomo smise di macinare, depose il macinino sul tavolo e allargò le braccia.

30 «Il meccanismo è buono: secondo me il macinino è diventato matto. Dovreste ricoverarlo nella vostra clinica».

«Naturalmente», disse il dottor H. J. Bommer, «naturalmente».

E, chiamati due inservienti°, fece portare l'uomo in una cella [assistants]
35 bene imbottita°. [well-padded cell]

Rimasto solo il dottor H. J. Bommer si mise a ridere e guardò il macinino: c'era rimasto nel serbatoio mezzo il caffè da macinare. Il dottore, scuotendo il capo, prese fra le ginocchia il macinino e girò la manovella.

40 E udì, chiare e distinte le dolci note di una musica di Scarlatti.

«Liberate l'uomo di poco fa e mettete al suo posto questo macinino!», ordinò il dottore ai due inservienti accorsi alla sua chiamata°. [who had rushed to his call]

«Sissignore», risposero i due inservienti.

E, afferrato il dottor H. J. Bommer per le spalle, lo chiusero in una cella bene imbottita.

Giovanni Guareschi, *Lo Zibaldino*

Parole da ricordare

afferrare	*to grab, grasp, seize*
allargare	*to extend* (**allargare le braccia**); *to widen* (**allargare una strada**); *to let out* (**allargare un vestito**)
farsi attento	*to become attentive*
girare	*to turn, to tour* (**una città, un paese**); *to shoot* (**un film**)
possedere *(conjugated like sedere)*	*to own, possess* (present: **io possiedo** or **posseggo; loro possiędono** or **posseggono**)
sparire	*to disappear* **far sparire** = **rubare**
guasto *(adj.)*	*broken, out of order*
la marmellata	*jam, preserve;* **marmellata d'arance** *orange marmalade*
matto	*crazy, mad;* **diventare matto** *to go mad*
il succo	*juice* (**d'arancia, di limone, di frutta in generale**); **il sugo** *gravy, sauce;* **fare il sugo** (per la pasta o il riso)
tostare	*to roast (coffee); to toast (bread)*

Studio di parole

mess, problem

pasticcio = guaio, situazione complicata *(a mess, a fix, a problem)*

Mi trovo in un bel pasticcio.
I'm in a fine mess.

— Già, tu ti metti sempre nei pasticci!
— *Of course, you always get into messes.*

pasticcio = lavoro malfatto, disordinato *(a messy job, a poorly done job)*

Questa traduzione è un vero pasticcio.
This translation is a real mess.

pasticcio = *a pie*

Buono questo pasticcio di carne!
This meat pie is good!

stuff, things, goods

roba — termine generico usato spessissimo per indicare qualsiasi oggetto materiale necessario per mangiare, vestire, vivere. Corrisponde all'inglese *stuff, things, goods.*

Non toccare quella roba!
Don't touch that (thing)!

Non desiderare la roba d'altri.
Thou shalt not covet thy neighbor's goods.

Quanta roba da mangiare!
What a lot to eat!

Bella roba!
A fine thing indeed!

roba di valore *valuable articles*
roba a buon mercato *cheap stuff*

roba da chiodi (si dice di cosa che merita un
   giudizio negativo): *rubbish!*
roba da matti (si dice di cosa che causa grande
   meraviglia)

to recover

ricuperare
to get back, make up for

La polizia ha ricuperato il quadro rubato.
The police recovered the stolen painting.

Se il treno ricupera il ritardo, arriveremo in orario.
*If the train makes up for the delay, we'll arrive on
   time.*

rimettersi, ristabilirsi, guarire (takes **essere**)
to regain one's health, get well

Silvia è stata molto malata, ma ora si è rimessa (si
   è ristabilita) (è guarita).
Sylvia was very ill, but she has recovered now.

Ti auguro di guarire presto.
I hope you'll get well (recover) soon.

recovery

il ricupero, ritrovamento
regaining, getting back

Sarà possibile il ricupero della merce rubata?
Will it be possible to recover the stolen goods?

I giornali hanno annunciato il ritrovamento di
   documenti antichi.
*The newspapers announced the recovery of old
   documents.*

la guarigione
restoration to health

Ti auguro una pronta guarigione.
I wish you a speedy recovery.

Ricoverare does not mean *to recover*, but *to admit to a hospital*, or *to a home for the poor or sick.*

In quale ospedale hanno ricoverato il malato?
To which hospital have they admitted the patient?

ricoverato
a patient in a hospital, inmate in a charitable institution

CONVERSAZIONE SULLA LETTURA

1. Per oltre dodici anni che cosa ha fatto il macinino?
2. Una settimana fa che cosa è successo? E nei giorni scorsi?
3. Qual è la cosa più strana che fa ora il macinino?
4. Perchè l'uomo è sicuro che il meccanismo è buono?
5. Come spiega la cosa l'uomo?
6. Che cosa suggerisce al dottore?
7. Segue il suo consiglio il dottore?
8. Cosa succede quando il dottore gira la manovella?
9. Qual è il secondo ordine che il dottore dà agli inservienti?
10. Come finisce la storia?

TEMI PER COMPONIMENTO O DISCUSSIONE

1. Raccontare una barzelletta che abbia come protagonisti un malato e uno psichiatra.
2. Raccontare una storia che abbia come titolo: "Uno strano pasticcio".

- *Fare* **in the Causative Construction**
- *Lasciare* + **Infinitive**
- **Verbs of Perception** + **Infinitive**
- **Ordinal Numbers**
- **Prepositions (1)**
- **Lettura:** *I vantaggi del progresso*

Grammatica

FARE IN THE CAUSATIVE CONSTRUCTION

1. **Fare** + *verb* in the infinitive is used in the so-called *causative construction*. In this construction the subject causes something to happen *(I had the engine checked)* or something to be done by someone else *(I made them laugh, I made them check the engine)*.

NON-CAUSATIVE CONSTRUCTION
(subject performs the action)

Il professore **corregge** gli esami; li corregge.
The teacher corrects the exams; he corrects them.

CAUSATIVE CONSTRUCTION
(subject causes action to be performed by someone else)

Il professore **fa correggere** gli esami; li fa correggere.
The teacher has the exams corrected; he has them corrected.

Note that the form of **fare** is followed immediately by the infinitive.

2. Noun objects follow the infinitive, whereas pronoun objects normally precede the form of **fare**. They follow the form of **fare** only when **fare** is in the infinitive, the gerund, the past participle or the first or second person of the imperative.

Farò venire il Dottor Abruzzi. **Lo** farò venire domani.
I'll have Dr. Abruzzi come. I'll have him come tomorrow.

Hanno fatto restaurare il castello. **L'**hanno fatto restaurare.
They had the castle restored. They had it restored.

Non ha suonato? Avresti dovuto far**lo** suonare.
Didn't he play? You should have made him play.

Fate**la** entrare!
Show her in!

Facendo**li** correre, li hai stancati.
You wore them out making them run.

Fatta**la** entrare in casa, le offrii un drink.
Having shown her in, I offered her a drink.

3. If there is only one object (noun or pronoun, person or thing) in the causative construction, that object is direct.

One object:

La mamma fa mangiare **il bambino; lo** fa mangiare.
The mother makes the child eat; she makes him eat.

If there are two objects, usually a person made to perform the action and a thing which is the object of the infinitive, the thing is the direct object and the person the indirect object.

Two objects:

La mamma fa mangiare la minestra **al bambino; gli** fa mangiare la minestra.
The mother makes the child eat the soup; she makes him eat the soup.

—**Lo** fanno guidare? — Sì, **gli** fanno guidare **la loro Ferrari.**
—*Do they have him drive? — Yes, they have him drive their Ferrari.*

— Rudi, hai fatto ballare **l'americana?** — Sì, **le** ho fatto ballare **un tango.**
— *Rudi, did you dance with the American girl? — Yes, I made her dance a tango.*

— Farà cantare **mia figlia?** — Farò cantare **due canzoni a Sua figlia.**
— *Will you ask my daughter to sing? — I'll have your daughter sing two songs.*

4. Sometimes the use of **a** + *person* may be ambiguous: **Faccio scrivere una lettera a Mario** could mean *I have Mario write a letter,* or *I have a letter written to Mario.* To avoid ambiguity, **da** + *person* is used instead of **a** + *person.*

Faccio scrivere la lettera **da** Mario.
I have Mario write the letter.

5. If the verb following **fare** is reflexive, the reflexive pronoun is omitted.

Lo faremo alzare alle sei.
We'll make him get up at six.

Su, bambini, non fatemi arrabbiare!
Come on, children, don't make me get mad!

Perchè non li fate accomodare in salotto?
Why don't you have them come into the living-room?

— Il dottore mi ha detto di farla mangiare!

Happiness is . . .

« La felicità sarebbe poter dire la verità senza far piangere nessuno. »
Happiness would be to be able to tell the truth without making anyone cry.

dal film *Otto e mezzo* (8½) di Federico Fellini

ESERCIZI

a. *Alcune persone non fanno mai niente . . . Rispondere a ciascuna domanda usando* **fare** + *infinito come nell'esempio.*

Esempio: — Scrive lui le lettere?   — **No, fa scrivere le lettere.**

1. — Stira lei le camicie?   — No, . . .
2. — Lavano loro l'automobile?
3. — Tagliano loro l'erba?
4. — Dipinge lei la casa?
5. — Ripara lui il televisore?

b. *Formare nuove frasi usando le parole fra parentesi e facendo i cambiamenti necessari.*

Esempio: La faccio mangiare. (le lasagne)   **Le faccio mangiare le lasagne.**

1. La fanno studiare. (Lettere)
2. Lo faremo pagare. (il debito)
3. Lo hanno fatto leggere. (la poesia)
4. La farei cantare. (una canzone folk)
5. Fatelo suonare. (*"Santa Lucia"*)
6. Dobbiamo farlo firmare. (il nuovo contratto)

c. *Quante cose devo far fare oggi . . . Formare frasi con il verbo dato tra parentesi come nell'esempio:*

Esempio: Il televisore è guasto. (riparare)   **Devo farlo riparare.**

1. Il passaporto è scaduto *(has expired)*. (rinnovare) Devo . . .
2. Le scarpe sono bucate. (risuolare)
3. Il motore non funziona. (revisionare *to overhaul*)
4. L'orologio è rotto. (aggiustare)
5. Non ci vedo con questi occhiali. (cambiare)

d. *L'ho già fatto fare . . . Formare frasi usando* **fare** +*infinito al passato prossimo e un pronome invece del nome.*

Esempio: — Dovresti far riparare la radio.   — **L'ho già fatta riparare.**

1. Dovresti far pitturare la casa.
2. Dovresti far allargare la gonna.
3. Dovresti far rinnovare il passaporto.
4. Dovresti far potare *(trim)* le piante.
5. Dovresti far cambiare l'olio.

e. *Chi me l'ha fatto fare . . .   Le persone nominate in quest'esercizio non si considerano responsabili delle proprie azioni. Se hanno fatto qualcosa, è perchè qualcuno o qualcosa le ha obbligate a farlo. Trasformare le frasi come nell'esempio.*

Esempio: Ho perso la pazienza. (mio marito)   **Mio marito mi ha fatto perdere la pazienza.**

1. Ho riso. (le tue barzellette)
2. Abbiamo starnutito *(sneezed).* (il pepe)
3. Siamo dimagriti *(we lost weight).* (le preoccupazioni)
4. Ho letto l'inserzione. (il destino)
5. Siamo arrivati in ritardo. (il traffico)

f. *Progetto speciale: raccontare la trama di un film recente e di successo e fare indovinare il titolo del film agli altri studenti.*

More Causative Constructions with *fare*

1. To express the meaning of *to have or get something done for oneself by someone else* (usually involving parts of the body or clothing) forms of reflexive **fare (farsi)** are used with the following construction:

   farsi + *infinitive* + **noun object** + **da qualcuno**
   pronoun object + **farsi** + *infinitive* + **da qualcuno**

   Mi faccio tagliare i capelli **da un parruc-chiere** italiano.
   I have my hair cut by an Italian hairdresser.

   Me li faccio tagliare una volta al mese.
   I have it cut once a month.

   La signora **si farà fare** due vestiti da sera.
   The lady will have two evening gowns made.

   Sì, **se ne farà fare** due.
   Yes, she'll have two made.

   Fattasi costruire[1] una villa, andò a abitarvi.
   Having built herself a villa, she went to live there.

2. To express *to make, get, have oneself* + *past participle* (e.g., *understood, heard, loved,* etc.), **farsi** + *infinitive* is used.

   Patrizia **si fa invitare** dappertutto.
   Patricia gets herself invited everywhere.

   Per **farti capire**, devi parlare più adagio.
   In order to make yourself understood, you've got to speak more slowly.

3. The construction **fare** + *infinitive* is used in many common expressions.

   far entrare (uscire) *to let in (to let out)*
   far esplodere (scoppiare) *to explode*
   far osservare *to point out*
   far pagare *to charge*
   far saltare *to blow up (with explosives)*
   far sapere (also: informare) *to inform, let someone know*

   far vedere (also: mostrare) *to show*
   far impazzire *to drive one insane*
   far crescere *to grow (something)*
   fare aspettare *to keep waiting*
   farsi imprestare *to borrow*
   farsi vedere *to show one's face*

1. Italian distinguishes between *building something yourself* **costruire** and *having something built* by someone else **fare costruire.**

fare
{
arrostire *to roast*
bollire *to boil*
cuocere *to cook*
friggere *to fry*
(and many other cooking terms)
}

Perchè **mi fai** sempre **aspettare?**
Why do you always keep me waiting?

Si è fatto crescere i baffi.
He has grown a moustache.

Quanto tempo ci vuole per **far cuocere** un uovo?
How much time does it take to cook an egg?

Fammi sapere quando arrivi.
Let me know when you're coming.

— Credo sia ora che tu ti faccia cambiare gli occhiali...

(Bort)

ESERCIZI

a. *Trovare nel Gruppo B un verbo per ogni frase del Gruppo A.*

A	B
1. È un professore che spiega chiaramente: si fa _____ da tutti.	amare
2. Sei una ragazza così cara; ti fai _____ da tutti!	capire
3. Sono genitori molto autoritari; si fanno _____ dai figli.	rispettare
4. È sempre molto elegante; si fa _____ da tutti.	sentire
5. Parlate ad alta voce; vi fate _____ da tutti.	ammirare
6. È un avvocato abile ed onesto; si fa _____ da tutti.	obbedire

b. *Simpatie e antipatie personali . . . A Lei quali persone piacciono? Usare* **fare** + *infinito. A me piacciono le persone che . . .*

— mi fanno ridere   — fanno arrostire le castagne
— si fanno notare   — si fanno crescere la barba
— non fanno entrare i cani in casa

A Lei quali persone non piacciono? Usare **fare** + *infinito. A me non piacciono le persone che . . .*

— mi fanno aspettare   — si fanno imprestare soldi
— mi fanno perder tempo   — mi fanno pagare troppo
— non si fanno capire

c. *Come farsi riconoscere . . . Giorgio ha un appuntamento con una ragazza che non conosce. Lui è un ragazzo normale: nè alto nè basso, nè magro nè grasso, nè bello nè brutto, e non ha segni caratteristici. Che cosa farà per farsi riconoscere? Quali sono le cose più comuni che uno fa per farsi riconoscere?*

d. *Tradurre:*

1. My neighbors are having a swimming-pool built.
2. Let me know when you're coming.
3. Do you think they'll have the old church demolished **(demolire)**?
4. You paid 100,000 lire? They charged you too much!
5. You shouldn't talk like that: you always make me blush **(arrossire)**!
6. Did you have the letters weighed before mailing them?
7. Fausto said that tonight he'll have me meet his family!

La voce dell'uccellino

In cima° a un'antica pianta°,   *on the top/tree*
nel roseo ciel° del mattino°   **cielo**/*dawn*
un uccelletto piccino°   *very small, tiny*
(oh, come piccino!) canta.

Canta? Non canta, cinguetta°.   *twitters*
Povera piccola gola°,   *throat*
ha in tutto una nota sola,
e quella ancora imperfetta.

Perchè cinguetta? Che cosa
lo fa parer sì° giulivo°?   **così**/*merry*
S'allegra d'essere vivo
in quella luce di rosa.

Arturo Graf

LASCIARE + INFINITIVE

1. **Lasciare** *to let, allow, permit* followed immediately by the infinitive is used just like *let + infinitive* in English.

Non **lascio uscire** il mio gatto.
I don't let my cat go out.

Non lo **lascio uscire.**
I don't let him go out.

2. A noun object follows the infinitive, but a pronoun object precedes the form of **lasciare,** unless **lasciare** is in the infinitive, the gerund, the past participles or the first or second person of the imperative.

Hanno lasciato scappare il prigioniero.
  L'hanno lasciato scappare.
They let the prisoner escape. They let him escape.

Non voglio che tu la lasci andare a Napoli sola.
I don't want you to let her go to Naples alone.

Non lasciar spegnere il fuoco!
Don't let the fire go out!

Lasciateli giocare!
Let them play!

Hai fatto uno sbaglio a lasciarli entrare.
You made a mistake in letting them in.

3. If the verb following **lasciare** is a reflexive verb, the reflexive pronoun normally accompanying the verb is omitted.

Lui vuole **alzarsi,** ma il dottore non lo lascia **alzare.**
He wants to get up, but the doctor won't let him get up.

Signora, i bambini non devono assolutamente **bagnarsi;** non deve lasciarli **bagnare.**
Ma'am, the children must not get wet; you must not let them get wet.

4. **Lasciare** + *infinitive* is the equivalent of **permettere a qualcuno di fare una cosa.** Note that **lasciare** takes a direct object and is followed directly by the infinitive, whereas **permettere** takes an indirect object and is followed by **di** + *infinitive*.

I genitori non **l'**hanno lascia**ta** uscire.
I genitori non **le** hanno permesso **di** uscire.
Her parents didn't let her go out.

Lasciatemi dire una cosa!
Permettetemi **di** dire una cosa!
Let me say one thing!

5. When the infinitive following **lasciare** takes an object, the object of **lasciare** becomes indirect.

Lascia**la** cantare!
Let her sing!

Lascia**le** cantare la canzone che vuole!
Let her sing the song she wants!

6. **Lasciare** and **permettere** may also be followed by **che** + *subjunctive*.

Lasciatemi dire una cosa!
Permettetemi di dire una cosa!
Lasciate che io dica una cosa!
Permettete che io dica una cosa!
Let me say one thing!

— Lascia perdere: se quella pera non si
stacca, vuol dire che è ancora acerba...

ESERCIZI

a. *Sostituire a* **che** *+ congiuntivo la costruzione con l'infinito.*

Esempio: Perchè non lasciate che io compri una moto?
Perchè non mi lasciate comprare una moto?

1. Perchè non lasciate che io dica quello che penso?
2. Non hanno lasciato che tu pagassi il pranzo.
3. Lasciamo che lui venga alla festa!
4. Lascerò che voi diate la mancia.
5. Lasciava che tutte le macchine passassero.
6. Lasciate che il cane s'avvicini!

b. *Cambiare secondo l'esempio. Il soggetto delle nuove frasi è* **loro.**

Esempio: Cani e gatti entrano in casa. **Lasciano entrare in casa cani e gatti.**

1. I figli dormono fino a mezzogiorno. Lasciano . . .
2. I figli litigano.
3. La figlia maggiore esce tutte le sere.
4. La bambina piange.
5. La minestra si raffredda *(gets cold).*

c. *Mettere* **permettere** *al posto di* **lasciare** *e fare i cambiamenti necessari.*

Esempio: Papà non mi ha lasciato uscire. **Papà non mi ha permesso di uscire.**

1. Il professore non ci ha lasciato usare il dizionario.
2. Il giudice non lasciò parlare l'imputato *(defendant.)*
3. Signora, perchè non mi lascia fumare?
4. Lasciatela passare!
5. Perchè non mi lasci venire con te?
6. Se io La lasciassi scegliere, che cosa sceglierebbe?
7. Non lo lasciamo giocare con te.

VERBS OF PERCEPTION + INFINITIVE

1. In Italian a verb of perception *(seeing, watching, hearing)* is followed directly by the infinitive.

     Ho visto **piangere** Anna.   L'ho vista **piangere.**
     I saw Anna cry (crying).   *I saw her cry (crying).*

     Noun objects follow the infinitive; while pronoun objects precede the verb of percep-
     tion. They follow if the verb is in the infinitive, the gerund, the past participle, or the
     first and second persons of the imperative.

2. The most common verbs of perception are:

     vedere *to see*   sentire *to hear, feel, smell*
     guardare *to look, watch*   udire *to hear*
     osservare *to observe, watch*   ascoltare *to listen*

     Guardo passare il treno.   Mi **sono sentita** chiamare.
     I watch the train go by.   *I heard my name called.*

     Lo **guardo** passare ogni giorno.   Non **senti** bruciare qualcosa?
     I watch it go by every day.   *Don't you smell something burning?*

       — **Hai sentito** piangere i bambini?   — Sì, li **ho sentiti** piangere.
       — *Did you hear the children cry?*   — *Yes, I heard them cry.*

3. If the infinitive following a verb of perception has an object of its own, then the word
     order is:

     verb of perception + its noun object + infinitive + its object.

     Osserviamo i contadini lavorare la terra.   Ho sentito Luciano cantare una canzone.
     We watch farmers till the soil.   *I heard Luciano sing a song.*

4. A relative clause with **che** (or a clause with **mentre**) may replace the infinitive after a
     verb of perception.

     Ho sentito Luciano $\left\{ \begin{array}{l} \text{cantare una canzone.} \\ \text{che cantava una canzone.} \end{array} \right.$ Guardiamo $\left\{ \begin{array}{l} \text{suonare il pianista.} \\ \text{il pianista che suona.} \end{array} \right.$
     I heard Luciano sing a song.   *We watch the pianist play.*

     Lo vidi $\left\{ \begin{array}{l} \text{uscire di casa.} \\ \text{mentre usciva di casa.} \end{array} \right.$
     I saw him leave the house.

5. **Sentire** means *to feel, to smell, to hear.* *To hear (a rumor, a report)* is **sentire** or **sentir
     dire.**

     Abbiamo sentito dire che Gina fa la fotografa.
     We heard that Gina is a photographer.

     To hear about (or of) someone or something is **sentir parlare di.**

     Ho sentito parlare di Lei. Maestro.   Non voglio sentir parlare di politica.
     I've heard about you. Maestro.   *I don't want to hear about politics.*

— Non hai mai sentito
parlare di automazione?

ESERCIZI

a. *Sostituire l'infinito a* **che** *+ verbo come nell'esempio:*

Esempio: Sento il bambino che piange.   **Sento piangere il bambino.**

1. Ho visto Gigi che correva.
2. Osserviamo la nave che si allontana.
3. Hai sentito Patrizia che rideva?
4. Guardava le macchine che passavano.
5. Vedono i camion che si fermano e uomini mascherati che scendono.
6. Sento mia sorella che suona il pianoforte.
7. L'avete sentita che sospirava?
8. Lo vidi che arrivava con la sua macchina sportiva bianca.

b. *Testimone oculare (eye-witness) . . . Il tenente Colombo interroga un testimone sulle azioni di una persona sospetta (un uomo). Il testimone afferma di aver visto ogni azione dell'uomo coi suoi propri occhi.*

Esempio: —È sceso da un tassì verso le due?   **— Sì, l'ho visto scendere da un tassì verso le due.**

1. Ha attraversato la strada?
2. Si è fermato a parlare con un altro uomo?
3. È entrato nella casa dei Rossi?
4. È uscito di corsa poco dopo?
5. Ha urtato un bambino?
6. L'uomo ha fermato una macchina?
7. L'uomo è salito in macchina?
8. La macchina è partita a tutta velocità?

c. *Tradurre:*

1. — The child would cry the whole night and wouldn't let anyone sleep. — I bet he was driving everyone insane!
2. There was so much noise that they couldn't make themselves heard.

3. How many chestnuts did you roast?
4. Three neighbors saw the man go into the house but nobody saw him come out.
5. Don't wear this dress: it makes you look (**sembrare**) old!
6. She is very rich. She has all her dresses custom made (**fare su misura**).
7. Did you hear anyone cry for (**gridare**) help during the night?
8. Has anyone heard from (**avere notizie di**) our former Italian teacher? — Nobody has; but I heard that she is no longer teaching.

ORDINAL NUMBERS

The Italian ordinal numbers correspond to English *first, second, third, fourth,* etc.

Cardinal numbers[1]		Ordinal numbers		
1	uno	I	1°	primo/a/i/e
2	due	II	2°	secondo
3	tre	III	3°	terzo
4	quattro	IV	4°	quarto
5	cinque	V	5°	quinto
6	sei	VI	6°	sesto
7	sette	VII	7°	settimo
8	otto	VIII	8°	ottavo
9	nove	IX	9°	nono
10	dieci	X	10°	decimo
11	undici	XI	11°	undicesimo (undecimo) (decimoprimo)
12	dodici	XII	12°	dodicesimo (duodecimo) (decimosecondo)
50	cinquanta	L	50°	cinquantesimo
100	cento	C	100°	centesimo
500	cinquecento	D	500°	cinquecentesimo
1000	mille	M	1000°	millesimo

1. From *eleventh* on, ordinal numbers are formed by adding **-esimo** to the cardinal number. The last vowel is dropped except for cardinals ending in **-trè,** which lose the accent but retain the final vowel.

   ventitrè/ventitreesimo: trentatrè/trentatreesimo: etc.

2. Some ordinals have more than one form:

   11th undicesimo, decimoprimo, undecimo
   12th dodicesimo, decimosecondo, duodecimo
   13th tredicesimo, decimoterzo
   19th diciannovesimo, decimonono

1. For discussion of cardinal numbers, see Unit 2, p. 38.

3. These special forms derive from Latin and can be used in numbering popes, kings and centuries.

Pio undẹcimo, Pio duodẹcimo; il secolo decimonono
Pius XI, Pius XII; the 19th century

4. Ordinal numbers agree in gender and number with the nouns they modify. They usually precede the nouns but follow the names of popes and kings.

Quale sinfonia di Beethoven preferisci? La nona o la quinta?
Which symphony by Beethoven do you prefer? The ninth or the fifth?

— Chi fu il Papa prima di Paolo VI (sesto)?   — Giovanni XXIII (ventitreesimo).
— *Who was the pope before Paul the sixth?*   —*John the twenty-third.*

I miei cugini arrivarono terzi.   — A che piano va?   — All'ottavo.
My cousins came in third.   — *What floor are you going to?*   —*To the eighth.*

Quando vado a teatro, mi piace sedermi in prima o in seconda fila.
When I go to the theatre, I like to sit in the first or in the second row.

— È la ventesima volta che l'incontro, oggi:
questo non le sembra un segno del destino?

ESERCIZIO

Compleanni e ricorrenze. Completare con la forma corretta del numero ordinale.

1. Oggi Roberto compie 20 anni; festeggia il suo _____ compleanno.
2. I miei genitori celebrano le nozze d'argento; cioè il _____ (25°) anniversario del loro matrimonio.
3. Conoscete qualcuno che abbia celebrato le nozze di diamante, cioè il _____ (60°) anniversario del matrimonio?
4. Io compirò 33 anni il 6 novembre; sarà il mio _____ compleanno.
5. La guerra è finita 9 anni fa; oggi ricorre il _____ anniversario.
6. Sono già passate quattro settimane dal rapimento *(kidnapping)* dell'ingegnere; ora siamo nella _____ settimana.
7. Sono 40 anni che il grande maestro insegna; quest'anno festeggiamo il _____ anniversario del suo insegnamento.

Fractions

1. Cardinal and ordinal numbers are used together to indicate fractions:

¼   un quarto   ¾   tre quarti   ⅛   un ottavo $^{3}/_{10}$ tre decimi

Exception: ½ *(one-half)* is **un mezzo** (and **mezzo/i** is used whenever the denominator is 2). When **mezzo** is used as an adjective or adverb, it agrees with the noun it modifies.

Dammi mezzo bicchiere di latte.   Peccato confessato è mezzo perdonato.
Give me half a glass of milk.   *A sin confessed is half pardoned.*

Porzione intera per il bambino o mezza porzione?
A full portion for the child or half a portion?

The noun *half* in Italian is **(la) metà.**

Il bambino ha mangiato solo metà della   Bisogna dividere in due metà: metà per me e
  minestra.   metà per te.
The child ate only half of the soup.   *You've got to divide it in half: a half for me
                                              and a half for you.*

Fare a metà means *to go halves, split.*

— Chi paga? — Quando il conto è "salato" facciamo a metà.
— *Who pays?* — *When the bill is high, we go halves.*

Centuries

Ordinal numbers together with the word **secolo** are used to indicate centuries.

Scusa, hai detto il primo secolo avanti Cristo   Boccaccio visse nel secolo quattordicesimo.
  (a. C.) o dopo Cristo (d. C.)?   *Boccaccio lived in the fourteenth century.*
*Excuse me, did you say the first century B.C.
  or A.D.?*

Starting with the 13th century, a cardinal number[1] may be used with the article. The number is usually capitalized.

XIII secolo	(1201–1300)	il Duecento	il tredicesimo secolo
XIV secolo	(1301–1400)	il Trecento	il quattordicesimo secolo
XV secolo	(1401–1500)	il Quattrocento	il quindicesimo secolo
XVI secolo	(1501–1600)	il Cinquecento	il sedicesimo secolo
XVII secolo	(1601–1700)	il Seicento	il diciassettesimo secolo
XVIII secolo	(1701–1800)	il Settecento	il diciottesimo secolo
XIX secolo	(1801–1900)	l'Ottocento	il diciannovesimo secolo
XX secolo	(1901–2000)	il Novecento	il ventesimo secolo

---

1. When the reference is to dates in or after the thirteenth century (i.e., after the year 1200), Italians prefer to refer to the century with a cardinal number. In this usage, the thirteenth century is called the **Duecento. Due** is used because dates in the thirteenth century contain the number 2 (hundred). A similar construction is sometimes used in English: *the twelve hundreds.*

Curiosità

Sapete che cos'è **la tredicesima** (mensilità)? È uno stipendio extra che molti italiani (dipende da dove lavorano) ricevono ogni anno prima di Natale, dopo 12 stipendi regolari.

— Da domani, mi porti solo mezzo litro di latte.

ESERCIZIO

Giochetti coi numeri . . . Completare con la forma corretta del numero ordinale.

1. Tuo padre guadagna un milione di lire; mio padre guadagna 250.000 lire. Mio padre guadagna il _____ del tuo.
2. Quattro è il _____ di dodici.
3. Un minuto è la _____ parte di un'ora.
4. Un metro è la _____ parte di un chilometro.
5. Novembre è l'_____ mese dell'anno.
6. Un giorno è la _____ parte di un anno.
7. Il secolo _____ (15°) e _____ (16°) sono i secoli più gloriosi dell'arte italiana.
8. Giacomo Leopardi fu uno dei più grandi poeti del secolo _____ (19°).
9. L'ascensore si è fermato al diciassettesimo piano; quattro piani più in su, cioè al _____ piano, c'era un guasto.
10. Questa è la _____ lezione del libro.

PREPOSITIONS

Prepositions present one of the greatest difficulties in mastering a foreign language. No two languages use the same prepositions. Here are the most frequent cases where English and Italian differ in the use of prepositions after verbs and verbal expressions.

accorgersi di
to notice

appoggiarsi a
to lean on

chiedere di
to ask for a person

congratularsi con qualcuno per qualcosa
to congratulate someone on something

credere a
to believe in

dipendere da
to depend on

dipingere di
to paint with

essere carico di
to be loaded with
      contento (soddisfatto) di
      pleased with
      coperto di
      covered with
      gentile con
      kind to

fidarsi di
to rely on, to trust

fornire di
to supply with

guardarsi da
to beware of

interessarsi di (a)
to be interested in

meravigliarsi di
to be surprised at

nascondere a
to hide from, conceal from

nutrirsi di
to feed on, nourish oneself with

pensare a
to think of

piangere di (per)
to cry with (for)

rendersi conto di
to realize

ridere di
to laugh at

riempire di
to fill with

ringraziare di (per)
to thank for

rubare a
to steal from

saltare di (per)
to jump for (with)

separarsi da
to part with

soffrire di
to suffer from

sognare
to dream of (about)

sperare in
to hope for

sposarsi con
to marry

trattare di
to deal with

Chiedono del dottore, signora.
They are asking for the doctor, Ma'am.

Vuoi dipingere la casa di giallo?
Do you want to paint the house yellow?

Tutto dipende da te.
It all depends on you.

Non vi rendete conto del pericolo?
Don't you realize the danger?

Gli hanno rubato tutto.
They stole everything from him.

Non puoi nascondere la verità a tutti.
You can't hide the truth from everyone.

— Come voi tutti sapete, vostro zio non si fidava affatto delle banche...

ESERCIZIO

Tradurre:

1. I'm dreaming of a white Christmas, just like the ones I used to know . . .
2. We shouldn't laugh at people who have physical defects.
3. He parted from his friends forever.
4. I looked at her. I couldn't believe she was crying with joy!
5. We would like to congratulate you on your success.
6. If it depended entirely on me, it would be much simpler!
7. How can you be sure they didn't notice anything?
8. Is it true that most doctors keep (conceal) the truth from their patients (**malati**)?
9. You must beware of bad companions.
10. If you weren't pleased with my work, wouldn't you tell me?
11. Instead of filling the glasses with water, the maid filled them with wine.
12. When they arrived after their long trip, they were covered with dust.

Lettura

I vantaggi del progresso

Dopo un'assenza di tre anni, Giuseppe tornò a Gron, suo paese natale, dove aveva una casa di campagna. Ivi° i ricordi suoi più cari. Quando arrivò, era felice. Il sole risplendeva e tutto si presentava al posto giusto, come nei lontani anni. Le montagne, i   lì, in quel luogo

prati, gli alberi, le siepi, i sassi, le nuvole, il fruscio° del fiume.   *gurgling*
Eppure Giuseppe si guardava intorno come cercando ancora
qualche cosa: e questa cosa non veniva.

    Disse alla moglie, che conosceva il posto come lui e come lui
5 lo amava: « Senti, Bianca, non hai anche tu l'impressione che, da
tre anni a questa parte, qualcosa sia cambiato? Non riesco a capire
cosa sia, ma la campagna, o la casa, o l'aria, o che so io, non è più
come una volta ».

    La moglie si guardò intorno attentamente senza riscontrare°   **notare**
10 niente di anormale. I prati, i boschi, i sassi, le case sparse qua e là,
le montagne, il campanile in fondo, perfino i pali della luce°, tutto   *power lines*
appariva in ordine perfetto.

    « È una tua idea, sai, Beppe° » disse. « Non c'è proprio niente   = **Giuseppe**
di cambiato. Noi piuttosto, siamo noi cambiati. Invecchiamo, caro
15 mio. Ma non vogliamo ammetterlo. E i cambiamenti nostri, che
avvengono dentro di noi, li attribuiamo al mondo circostante°. »   *surrounding*

    « Ma brava, Bianca! Non ti ho mai sentito fare un discorso
così filosofico e difficile. E hai tutte le ragioni. Però in questo caso
non credo[1] si tratti di vecchiaia. C'è solo una cosa che è cambiata,
20 non tutte, come sarebbe se dipendesse da un mio mutato modo di
vedere. Ma non riesco a capire cosa sia. »

    A questo punto Bianca lo lasciò rientrando in casa perchè
aveva le valigie da disfare. E non se ne parlò più fino al mattino

---

1. Sometimes the **che** linking the verb to its dependent subjunctive is omitted.

successivo quando, svegliatasi all'alba°, Bianca andò ad affacciarsi   *dawn*
al davanzale° e contemplando la bellissima campagna che il primo   *windowsill*
sole stava illuminando, rimase in forse pure lei. Giuseppe aveva
ragione. Al paragone di una volta c'era qualche cosa di cambiato.
5 E non doveva essere un cambiamento in più, cioè una aggiunta°,   *addition*
un'intrusione, l'ingresso di un elemento nuovo. Piuttosto una
mancanza, una sottrazione, un vuoto. Ma che vuoto?

    All'improvviso lui balzò dal letto: «Ma che imbecille! Ma
come facevo a non capirlo? Ma se è così evidente! . . . Gli uccelli,
10 gli uccellini . . . Non ti accorgi, Bianca, che in questa campagna
non esistono più uccelli? ».

    Si misero al davanzale e ascoltarono. Una volta gli alberi e le
siepi intorno erano tutti un cicaleccio°, specialmente a quell'ora   *chirping*
presta del mattino. Voci disparatissime, passeri°, cardellini°, pet-   *sparrows/goldfinches*
15 tirossi°, cingallegre°, scriccioli°, verdoni°, merli°, eccetera. C'era   *robins/titmice/wrens/finches*
chi cantava da maestro, e chi sapeva fare solamente un piccolo   */blackbirds*
richiamo sempre uguale, chi improvvisava degli stupendi versi e
chi sapeva fare soltanto una crocetta come firma.[1] Ma l'allegria era
generale.
20   Ora invece il silenzio. Non un gorgheggio°, non un verso, un   *chirp*
trillo°, un sibilo°, un sospiro, un batter d'ali.° Nudo silenzio.   *trill/whiz/flapping of wings*
    Passò di sotto il vecchio Giacomo spingendo una carriola°.   *wheelbarrow*

    «Di' un po', Giacomo. Come va questa faccenda? Dove
sono andati a finire tutti gli uccelli che c'erano una volta?»
25   «Ah, signor signor!» era il suo modo di dire. «Allora anche lei
se ne è accorto? Ha visto che deserto? Pensare il chiasso che
facevano una volta!»

    «E perchè tutto questo? Cos'è successo? Sono stati i cac-
ciatori a sterminarli?»
30   «Ah, signor signor, cosa vuole che siano stati i cacciatori?
Macchè cacciatori! La causa è un'altra . . . Ma non l'hanno mica
ancora ben capita . . . Se ne dicono tante . . . C'è chi dà la colpa
ai concimi chimici°, dicono che da questi concimi nasce del grano   *chemical fertilizers*
che agli uccelli non gli piace, e così lo stesso per la canapa°, il   *hemp*
35 granturco° e le altre piante . . . Capisce, signor signor? E c'è chi dà   *corn*
invece la colpa al diditì°, dicono che mosche moscerini eccetera   *D.D.T.*
servivano agli uccelli come nutrimento ma adesso gli insetticidi
hanno fatto strage delle mosche e gli uccelli non hanno più da
mangiare e se ne sono andati disgustati. E poi, signor signor, c'è
40 chi parla della bomba atomica. Come si fa a sapere noi — così
dicono — a sapere l'effetto delle bombe atomiche anche se le
fanno scoppiare dall'altra parte della terra? Chi dice che da questi
scoppi non vengano fuori delle nuvole e che queste nuvole girino°   *from* **girare** *travel*
e se gli uccelli ci capitano dentro cascano° tutti fulminati°? Come si   **cadono**/*struck down*

---

1. In Italy illiterates sign their name with a cross (similar to the X used in America).

fa a saperlo? Eh, signor signor, questi sono tempi grami° e   *wretched*
bisognerebbe . . . »

     Se ne andò brontolando e ben presto svanì anche il cigolio°   *squeak*
della carriola. Quindi° tornò il silenzio.   **poi**

5   Per avere finalmente un poco di silenzio, Giuseppe e Bianca
avevano lasciato la città. Non ne potevano più di strepiti°, di rom-   *clamours*
bi°, di cigolii , di scoppi°, di clacson°, di ruggiti°. Una cosa sola   *rumbles/explosions*
desideravano: il silenzio. Ma non questo. Questo era un silenzio   */horns/roars*
esagerato, assurdo, e ricordava il sonno dei sepolcri. Una cam-
10 pagna così taciturna era peggio dei micromotori°, dei tram in   *motor scooters*
curva, dei camion in accelerazione. Come se fosse una terra
maledetta o vi ristagnasse° un gas mortale°.   *there lingered/deathly gas*

     Restarono tre giorni. Non udirono che grida di cornacchie°, e,   *crows*
di notte, un barbagianni°. Allora lui: « Su, Bianca, prepara le va-   *owl*
15 ligie, ritorniamo. In città almeno qualche passerotto° lo troviamo.   *young sparrow*
Non vedo l'ora di sentire la sua voce! ».

Dino Buzzati, *Siamo spiacenti di*

Parole da ricordare

dare la colpa a	*to blame*
disfare	*to undo;* **disfare le valigie** *to unpack*
fare strage di	*to annihilate, destroy completely;* **la strage** *massacre, slaughter*
invecchiare (takes **essere**)	*to grow old*
rimanere in forse	*to wonder*
sterminare	*to exterminate*
il cacciatore	*hunter*
il chiasso	*noise*
disparato	*completely different, heterogeneous*
il grido (plural **gridi, grida**)	*shout, cry, scream* The regular plural **gridi** should be used for animals (**i gridi degli uccelli**); the feminine plural **grida** for human beings (**le grida d'aiuto**). The distinction is not always made.

la mosca	*fly*
il moscerino	*gnat*
il paragone	*comparison;* **a(l) paragone di** *in comparison with*
il sasso	*stone, pebble*
la siepe	*hedge*
la vecchiaia	*old age*

Studio di parole

non poterne più (di)
not to be able to bear, stand, put up with

Non ne possono più del tuo trattamento.
They can't stand your treatment (of them) any longer.

Sono distrutta; non ne posso più!
I'm bushed. I can't take it any more.

CONVERSAZIONE SULLA LETTURA

1. Al suo ritorno al paese natale che impressione ha avuto Giuseppe?
2. Come ha spiegato quest'impressione Bianca?
3. Quand'è che Bianca ha dovuto ammettere che il marito aveva ragione?
4. Che cosa ha capito Giuseppe improvvisamente?
5. Descrivere la campagna com'era una volta e com'è adesso.
6. A chi o a che cosa hanno dato la colpa per spiegare la scomparsa degli uccelli?
7. Quale spiegazione pare più giusta a Lei?
8. Giuseppe e Bianca cercavano solo un po' di silenzio. Che cosa hanno trovato invece?
9. Perchè sono tornati in città?
10. Quale famoso libro scritto da un'Americana ci ricorda questo racconto di Buzzati?

TEMI PER COMPONIMENTO O DISCUSSIONE

1. Per le Sue vacanze preferisce posti tranquilli, silenziosi o posti movimentati, tra la gente?
2. Il progresso tecnologico non è sempre vero progresso.

- **The Passive Voice**
- **The Impersonal Construction**
- **The *si* Construction replacing the Passive**
- **Common Impersonal Expressions**
- **Prepositions** *(continued)*
- **Direct and Indirect Discourse**
- **Lettura:** *Non è mai finita*

Grammatica

THE PASSIVE VOICE

In all the tenses of verbs which we have studied thus far, the subject of the verb has performed the action of the verb. Those tenses were in the *active* voice. In the *passive* voice, however, the subject of the verb is *acted upon by* the action of the verb.

	Subject	Verb	Object
ACTIVE	Il sole	illumina	la terra.
	The sun	*lights*	*the earth.*
PASSIVE	La terra	è illuminata	dal sole.
	The earth	*is lighted*	*by the sun.*

1. Note that in a passive sentence, the logical subject and object change places with respect to the verb.
2. The verb in a passive sentence is formed with **essere** in the desired tense + *past participle*. If the agent is expressed, the agent (with or without the article) is preceded by **da**.

PRESENT	La virtù **è lodata** da tutti.
	Virtue is praised by everyone.
IMPERFETTO	Il giudice **era rispettato** dagli avvocati.
	The judge was respected by the lawyers.
FUTURE	Anche voi **sarete invitati** dal presidente.
	You, too, will be invited by the president.
PASSATO PROSSIMO	La mostra **è stata inaugurata** domenica scorsa.
	The exhibition was opened last Sunday.
INFINITIVE	Loro vogliono **essere pagati** oggi.
	They want to be paid today.

3. Note that all past participles agree with the subject in gender and number.

Fausto è stato lodato.
Fausto was praised.

Anna è stata lodata.
Anna was praised.

Tutt'e due sono stati lodati.
They were both praised.

4. Only transitive verbs — verbs which take a direct object in active tenses and are conjugated with **avere** in compound active tenses — can be made passive. For the object to become the subject there must first be an object!

5. The fact that the verbs are in the passive voice does not affect the use of the tenses. Thus in the passive voice, too, the **imperfetto** of **essere (ero)** is used with verbs of description and feelings, whereas the **passato prossimo** of **essere (sono stato)** is used with verbs expressing specific actions.

Fausto **era** amato da tutti.
Fausto was loved by everyone.

Fausto **è stato** invitato dai genitori di Anna.
Fausto was invited by Anna's parents.

6. The **imperfetto** is also used when the action is an habitual one.

Fausto **era** invitato dai nonni ogni estate.
Fausto used to be invited by his grandparents every summer.

7. Note that simple tenses (present, **imperfetto**) consist of the form of **essere** + *past participle* (two words), while compound tenses, e.g. **passato prossimo,** consist of the compound tense of **essere** (two words) + *past participle of the verb* (three words in all).

— **Mio padre è stato sequestrato due volte più del tuo: perciò è più ricco!**

Deduzioni

Un bambino domanda alla madre: « Come sono venuto al mondo io? »

E la madre: « Sei stato trovato sotto un cavolo, nell'orto ».

« E papà com'è nato? » chiede ancora il ragazzino.

« Lo ha portato la cicogna ».

« E il nonno com'è nato? »

« Sotto un fiore; nel giardino ».

« E il bisnonno? »

« Anche lui è stato trovato sotto un cavolo ».

Dopo questa conversazione con la madre, il bimbo va nella sua cameretta, apre il suo diario e scrive: « Da una mia inchiesta risulta, senza possibilità di errore, che nella mia famiglia da quattro generazioni non vi è stata alcuna nascita normale ».

ESERCIZI

a. *Rispondere alle domande usando la forma passiva. Seguire l'esempio.*

Esempio: — Firma lui le lettere? — **Certo! Tutte le lettere sono firmate da lui.**

1. Scrive lui i discorsi? Certo, tutti i discorsi . . .
2. Aprono le valige?
3. Controllano i passaporti?
4. Annunciano i voli?
5. Fa lei i dolci?
6. Prendono loro la frutta?
7. Informa lui i parenti?

b. *Rispondere alle domande mettendo il verbo al futuro e alla voce passiva.*

Esempio: — Hanno già firmato i documenti? — **No, i documenti saranno firmati domani.**

1. Hanno già intervistato lo Scià?
2. Hanno già spedito gli inviti?
3. Hanno già informato i giornali?
4. Hanno già pubblicato la notizia?
5. Hanno già riaperto le scuole?
6. Hanno già inaugurato la stagione operistica?
7. Hanno già festeggiato il suo compleanno?

c. *È vero che . . .   Rispondere affermativamente usando la forma passiva.*

Esempio: — È vero che Cristoforo Colombo ha scoperto l'America?
  — **Sì, l'America è stata scoperta da Cristoforo Colombo.**

1. È vero che Raffaello ha dipinto questo quadro? — Sì, questo . . .
2. È vero che le sorelle Fontana hanno disegnato questo vestito?
3. È vero che Caino ha ucciso Abele?
4. È vero che Romolo e Remo hanno fondato Roma?
5. È vero che Shakespeare ha scritto l'Otello?
6. È vero che un italiano ha inventato il telefono?

d. *Volgere alla forma passiva secondo l'esempio.*

Esempio: Il giardiniere taglia l'erba. **L'erba è tagliata dal giardiniere.**

1. Consumano molta benzina in Italia.
2. Hanno ricoverato il nonno in una clinica privata.
3. Vi colpirà la bellezza del paesaggio.
4. Carlo Goldoni scrisse bellissime commedie.
5. Hanno rubato una celebre Madonna con Bambino.
6. Chi ha risolto il problema?
7. È vero che la grandine ha distrutto i raccolti?
8. Pensi che abbiano arrestato Federico?

e. *Cambiare dalla forma passiva alla forma attiva.*

Esempio: Carlo è stimato da tutti. **Tutti stimano Carlo.**

1. Gli scaffali della biblioteca sono occupati da migliaia di libri.
2. La festa di San Guido sarà celebrata da tutto il paese.
3. I terroristi saranno processati a Torino.
4. Da chi è stata dipinta questa Madonna?
5. Il tenore non è stato applaudito, è stato fischiato!
6. Le sue parole non poterono essere udite da noi.
7. Il ministro è stato ricevuto dalle autorità.
8. Le ultime rose sono state bruciate dal gelo.

Other Passive Constructions

There are other ways to express the passive idea in Italian, using certain other verbs + past participles. The following constructions have special applications.

1. In passive sentences **essere** may be replaced by **venire** — in simple tenses only.

Le leggi **vengono** (sono) discusse in Parlamento.
Laws are discussed in Parliament.

Sono sicura che tutti **verranno** (saranno) lodati.
I'm sure everyone will be praised.

Il ladro **venne** (fu) arrestato dalla polizia.
The thief was arrested by the police.

Io **verrei** (sarei) licenziato subito se dicessi questo!
I would be fired immediately if I said this!

2. In certain expressions **essere** may be replaced by **rimanere (restare)** or **andare.**

Molto cibo **va** (è) sprecato nei ristoranti.
A lot of food is wasted in restaurants.

Molte lettere **vanno** (sono) smarrite.
Many letters are lost in the mail.

Il mio dizionario **andò** (fu) perduto quando cambiammo appartamento.
My dictionary was lost when we changed apartments.

La bambina **è rimasta** (è stata) ferita nell'incidente.
The little girl was injured in the accident.

3. **Andare** + *past participle* (only in simple tenses) may express an idea of necessity or obligation. It corresponds to **dover essere** + *past participle*.

Il vino bianco $\begin{cases} \text{va servito} \\ \text{deve essere servito} \end{cases}$ freddo.   Quella povera donna $\begin{cases} \text{va aiutata.} \\ \text{deve essere aiutata.} \end{cases}$
White wine must be served cold.   *That poor woman must be helped.*

Quell'esercizio $\begin{cases} \text{andava fatto} \\ \text{doveva essere fatto} \end{cases}$ per oggi.   Le usanze $\begin{cases} \text{andrebbero rispettate.} \\ \text{dovrebbero essere rispettate.} \end{cases}$
That exercise was due today.   *Customs should be respected.*

Common expressions which illustrate this usage are:

va considerato	*it must be considered*	va ripetuto	*it must be repeated*
va notato	*it must be noted*	non va dimenticato	*it mustn't be forgotten*
va ricordato	*it must be remembered*		

ESERCIZIO

Inserire la forma corretta di **stare, andare** *o* **venire.**

1. Quando siamo arrivati, lui _____ ancora facendo colazione.
2. Mi dispiace, signorina, ma questa lettera _____ rifatta.
3. Questi prodotti _____ conservati in un luogo fresco se non vuoi che vadano a male.
4. Mario ha aperto una pasticceria. Credo che _____ facendo un sacco di soldi!
5. Per essere apprezzata la musica classica _____ ascoltata in silenzio.
6. Ogni volta che rispondono bene, gli studenti _____ lodati dal professore.
7. In quante università americane _____ insegnato l'italiano?
8. State attenti! Queste espressioni non _____ prese alla lettera!

Limitations on the Use of the Passive

1. *Direct* objects of verbs with the meanings of *giving, telling, asking, showing, promising, forbidding* can be used in the passive construction. The indirect objects of these verbs, however, cannot be used as subjects of passive sentences, as can be done in English. Compare:

POSSIBLE

Hanno dato **l'aumento** a Carlo.   Mi hanno promesso **una ricompensa.**
They gave Carlo a raise.   *They promised me a reward.*

L'aumento è stato dato a Carlo.   Mi è stata promessa **una ricompensa.**
The raise was given to Carlo.   *A reward was promised to me.*

IMPOSSIBLE

Carlo was given a raise.   *I was promised a reward.*

2. The latter sentences, as such, would be incorrect in Italian. To express the same idea in Italian, you must use an active construction.

Hanno dato l'aumento a Carlo.
They gave Carlo a raise.

Mi hanno promesso una ricompensa.
They promised me a reward.

Mi dicono che . . .
They tell me that (I am told that . . .)

Le hanno detto che . . .
They told her that (She was told that . . .)

3. Additional examples of this kind are:

Ci hanno offerto un lavoro.
We were offered a job.

Ti hanno fatto tante domande.
You were asked so many questions.

Mi chiederanno di rimanere.
I'll be asked to stay.

Permettono ai bambini di venire.
Children are permitted to come.

— Non per sfiducia, ma preferi-
remmo essere pagati in anticipo...

ESERCIZI

a. *Tradurre:*

1. He spoke the truth but he wasn't believed.
2. I was given this beautiful watch for my birthday.
3. He had worked all his life and was respected by everyone.
4. Children are delicate and must be protected.
5. Was she allowed to go to the movies last night?
6. When will the agreement be signed?
7. Amelia was considered a very beautiful woman.
8. The house can't be lived in since it isn't finished yet.

b. *Gli Italiani a tavola . . . Scegliere a o b per completare correttamente ogni frase. Le risposte sono in fondo a pagina 307.*

1. Gli spaghetti a) vanno tagliati col coltello.
            b) non vanno tagliati col coltello.

2. Il caffè va servito a) alla fine del pasto.
                                 b) durante il pasto.
3. Il melone va mangiato a) con le pere.
                                 b) col prosciutto.
4. Con il pesce a) beviamo vino rosso.
                             b) beviamo vino bianco.
5. Il formaggio va servito a) prima della frutta.
                                  b) dopo la frutta.

c. *Gastronomia americana: accoppiamenti classici. . . .* *Completare:*

Esempio: Le bistecche/le patate al forno *(baked potatoes)*
               Le bistecche vanno mangiate con le patate al forno.

1. Gli hamburger/le patatine fritte.
2. Le uova/la pancetta.
3. Il burro di noccioline *(peanut butter)*/il pane e la marmellata.
4. Le frittelle/lo sciroppo d'acero *(maple syrup)*.

d. *Rispondere alle seguenti domande:*

1. È mai stato/a visitato/a da un dottore italiano?
2. È mai stato/a ricoverato/a in un ospedale?
3. È mai stato/a operato/a (d'appendicite, alle tonsille)?
4. È mai stato/a investito/a da una macchina (moto, bici)?
5. È mai stato/a premiato/a?

Il "passivo" nella storia . . .

« Il dado è tratto.» *(The die is cast.)*
Queste parole sono attribuite a Giulio Cesare che le avrebbe pronunciate quando si preparava a traversare il fiume Rubicone e a marciare contro Pompeo disubbidendo agli ordini del senato romano. Usiamo quest'espressione quando, dopo molte esitazioni, prendiamo una decisione e capiamo che non è più possibile tornare indietro: la decisione è irrevocabile.

Apparent Passive

Essere + *past participle* does not always express a passive idea. It may express a state which results from an action. In the following sentences the past participles are used as adjectives:

Il portone è chiuso.   Anche le finestre sono chiuse.
The main door is closed.   *The windows are closed too.*

1. b; 2. a; 3. b; 4. b; 5. a
Answers to exercise b.

The true passive *always* involves an action upon the subject by an actual or implied agent:

APPARENT PASSIVE (STATE)	TRUE PASSIVE (ACTION)
Il portone è chiuso.	Il portone è chiuso dal portinaio.
The main door is closed.	*The main door is closed by the janitor.*
La luce era accesa.	La luce era stata accesa automaticamente.
The light was on.	*The light had been turned on automatically.*
I libri erano ben scritti.	I libri erano stati scritti da diversi autori.
The books were well written.	*The books had been written by several authors.*
Il castello non era ancora restaurato quando Amelia partì.	Il castello fu restaurato da un poeta molti anni dopo.
The castle wasn't restored yet when Amelia left.	*The castle was restored by a poet several years later.*

ESERCIZIO

Volgere le seguenti frasi al passato prossimo della voce passiva utilizzando le parole fra parentesi.

Esempio: Il portone è chiuso. (il portinaio)   — **Sì, è stato chiuso dal portinaio.**

1. Le finestre sono aperte. (la donna) — Sì, . . .
2. La tavola è apparecchiata. (la mamma)
3. Gli esami sono corretti. (l'assistente)
4. La macchina è riparata. (il meccanico)
5. Le scarpe sono risuolate. (il mio calzolaio)
6. L'orologio è riparato. (il gioielliere)
7. Lo spettacolo è sospeso. (il direttore del teatro)

THE IMPERSONAL CONSTRUCTION

A. Si + the third person singular of the verb corresponds to the English impersonal construction *one, you, we, they, people* + *verb.*

Si cammina volentieri.
One is glad to walk.

Se si potesse fare quello che si vuole!
If people could do what they want!

Si partì senza una meta precisa.
We left without a precise destination.

B. In compound tenses, a past participle is used with the correct form of **essere.** If the verb whose past participle is being used normally requires **avere** as its auxiliary, the past participle has the masculine singular ending **-o.**

Si è riso molto alla festa.
People laughed a lot at the party.

Si è sperato di salvare il ferito.
We hoped to save the injured man.

Si è detto che si sarebbe lavorato tutta la notte.
They said they'd work all night.

1. If, however, the verb in question normally requires **essere** as its auxiliary, the past participle has a plural ending, either **-i** or **-e** (depending on the gender of the impersonal reference).

Si è nati per soffrire.
We were born to suffer.

Si è arrivati bene.
We got there all right.

Si è rimasti più a lungo di quanto si volesse.
We stayed longer than we wanted to.

2. When a reflexive verb (see p. 103) or a verb with a reflexive meaning is used in this impersonal construction, both an impersonal and a reflexive pronoun are needed. The pronouns used are **ci si** (not **si si**):

Ci si diverte sempre a casa di Luigi.
One always has a good time at Luigi's.

Ci si alza presto d'estate.
People get up early in the summer.

Ci si è divertiti tanto ieri sera.
We had such a good time last night.

Ci si è sdraiati all'ombra.
We lay down in the shade.

3. While the verb is singular in this construction, any past participles, adjectives or other words modifying the subject are plural.

Quando **si è stanchi,** non si ragiona bene.
When one is tired, one doesn't reason well.

Quando si è lavorato bene, **ci si sente soddisfatti.**
When you've done a good job, you feel satisfied.

4. Just as in English, the third person plural or **uno** + *third person singular* may be used in Italian as a substitute for the **si** construction.

Dicono (si dice) che sarà un inverno molto freddo.
They say it will be a very cold winter.

A che ora mangiano (si mangia) in America?
What time do they eat in America?

Hanno appena finito di restaurare il castello. (Si è appena finito . . .)
They've just finished restoring the castle.

Uno si abitua ad aver pazienza. (Ci si abitua . . .)
One gets used to being patient.

C. In Tuscan usage, the first person plural **noi** is often replaced by the impersonal **si** (and sometimes **noi** is used along with **si** in the impersonal construction).

Quando si mangia?
When do we eat?

Si andò tutti insieme.
We all went together.

Si è preso un tassì, noi quattro.
We took a cab, the four of us.

Io speravo che oggi si sarebbe stati allegri.
I was hoping we would be happy today.

Modo di dire

Invece di dire «Quando si nasce fortunati» (*born under a lucky star*), si può dire «Quando si nasce con la camicia (*shirt*)» (*born with a silver spoon in your mouth*).

THE *SI* CONSTRUCTION REPLACING THE PASSIVE

1. The impersonal **si** construction is often used instead of the passive voice when the agent is not expressed. The verb is in the third person singular or plural depending on whether the noun used with the verb (considered the subject in Italian) is in the singular or plural. Note that the noun usually follows the verb.

L'italiano non è **studiato** abbastanza.
Non **si studia** abbastanza l'italiano.
Italian isn't studied enough.

Le lingue straniere non **sono studiate** abbastanza.
Non **si studiano** abbastanza le lingue straniere.
Foreign languages aren't studied enough.

Si compra oro.
We buy gold (gold is bought).

Si comprano abiti usati.
We buy used clothes (used clothes are bought).

— **Si è scritto** molto sull'energia solare.
—*A lot has been written on solar energy.*

— Sì, **si sono scritti** molti libri e molti articoli.
—*Yes, many books and many articles have been written.*

2. The verb after **si** is in the third person plural even if a plural noun is separated from the verb by an infinitive (in this case the verb is usually a form of **potere, dovere, volere, fare**).

Dove **si possono** trovare **mobili antichi**?
Where can antique furniture be found?

Non **si dovrebbero** dire **queste cose**, pensare, forse, ma non dire!
These things shouldn't be said; thought, perhaps, but not said!

3. In the impersonal construction, object pronouns precede **si**. Only **ne** may follow, and **si** becomes **se: se ne** . . .

Amelia era una bella donna; **la si** ammirava molto.
Amelia was a beautiful woman; people admired her a lot.

— Come **si** parla al nonno? — **Gli si** parla con rispetto.
—*How does one talk to Grandpa?* — *One talks to him with respect.*

— Si produce molto olio in Liguria? — Sì, **se ne** produce molto.
—*Is much oil produced in Liguria?* — *Yes, a lot of it is produced.*

Se ne dicono tante . . .
So many things are said about it . . .

— Come si va in Sardegna? — **Ci si** va o in aereo o con la nave.
—*How does one go to Sardinia?* — *One goes there either by plane or by boat.*

4. Si may follow the verb and be attached to it. This usage is limited to the language of ads and signs, telegraphic and commercial styles where brevity is essential.

Si cerca autista → cẹrcasi autista.   Si cẹrcano autisti → cẹrcansi autisti.
Chauffeur wanted.   *Chauffeurs wanted.*

Affittasi camera ammobiliata con uso di cucina.   Affittansi camere ammobiliate.
Furnished room with kitchen facilities for rent.   *Furnished rooms for rent.*

Ọffresi segretaria conoscenza lingue.   Ọffronsi strumenti di misura.
Secretary with foreign languages available.   *Measurement instruments for sale.*

– Davanti a questi ruderi ci si sente così giovani..

ESERCIZI

a. *Sostituire la forma personale (soggetto **noi**) alla forma impersonale.*

Esempio: D'estate si beve molta birra.   **D'estate beviamo molta birra.**

1. Dalla stanza si vedeva, lontana, una città.
2. Si prevedeva un'estate caldissima.
3. Si aspettavano i risultati delle elezioni.
4. Si sono invitate più di cento persone.
5. Si può fare a meno dei gelati?

b. *Volgere le frasi alla forma impersonale come nell'esempio.*

Esempio: Accettiamo dollari canadesi   **Si accettano dollari canadesi.**

1. Dobbiamo aver pazienza.
2. Abbiamo speso poco e siamo stati bene.
3. Non sappiamo dov'è.
4. Quando andiamo in montagna ci divertiamo molto.
5. Se non ci sbrighiamo, arriveremo tardi.
6. Avevamo camminato molto ed eravamo stanchi.
7. Quando vediamo le finestre chiuse pensiamo che la casa sia disabitata.

c. *Cosa si fa in . . . Spiegare cosa fa la gente in questi posti (usare* **si***):*

Esempio: **In sala da pranzo si mangia.**

1. a una festa
2. al cinema
3. in un museo
4. in prigione
5. in campagna
6. in montagna (d'inverno)

d. *Dove si fanno queste cose? . . . Seguire l'esempio.*

Esempio: Dove si comprano le medicine?   **Le medicine si comprano dal farmacista.**

1. Dove si comprano i libri?
2. Dove si vedono le opere d'arte?
3. Dove si vede una partita di calcio?
4. Dove si prende il caffè?
5. Dove si assiste a un'opera?

e. *Cosa si fa o cosa succede quando . . .*   *Rispondere:*

1. si è stanchi?
2. si ha fame?
3. si è tristi?
4. si è allegri?
5. si è giovani?
6. si è vecchi?

Summary

1. We have now studied four different Italian constructions using the pronoun **si**: reflexive, reciprocal, passive, and impersonal. If you understand the meaning of the words in a sentence, common sense will usually tell you which construction with **si** is being used.

REFLEXIVE

Luigi **si** vestì.
Louis got dressed.

Si credono molto intelligenti.
They think themselves very intelligent.

RECIPROCAL

Si sono incontrati al bar.
They met one another at the café.

Non **si** sono salutati.
They didn't greet one another.

PASSIVE

Si richiede la laurea.
A university degree is required.

Si offrono ottime condizioni di lavoro.
Excellent working conditions are offered.

IMPERSONAL

Si dice che nevicherà.
They say it will snow.

In Italia **si** mangia bene.
In Italy one eats well.

2. The following are examples of various uses of **si** found in Italian newspapers:

Da qualche anno **si** è scoperto l'aereo anche per andare in vacanza. **Si** evitano ore e ore di treno, nave o macchina; **si** parte e **si** arriva freschi e riposati.

Si diventa alcolizzati per molti motivi. In particolare, per sentirsi importanti, al centro dell'attenzione. **Si** superano così le inibizioni dei rapporti sociali e interpersonali.

3. Note the differences between the personal and impersonal constructions in the various cases.

Anna è triste quando è sola.
Anna is sad when she is alone.

Uno è triste quando è solo.
One is sad when one is alone.

Si è tristi quando **si** è soli.
People (they) are sad when they are alone.

Giancarlo si è alzato presto e ha studiato.
Giancarlo got up early and studied.

Tutti si sono alzati presto e hanno studiato.
Everyone got up early and studied.

Ci si è alzati presto e **si** è studiato.
We got up early and studied.

ESERCIZI

a. *Volgere le seguenti frasi alla forma impersonale. Cominciare ciascuna frase con* **si.**

1. Quest'articolo è venduto nei migliori negozi.
2. L'autostrada verrà inaugurata domenica prossima.
3. Sono stati fatti molti errori.
4. È richiesta la conoscenza di due lingue straniere.
5. Queste condizioni non possono essere accettate.
6. I responsabili saranno puniti.
7. La merce è consegnata a domicilio.

b. *Le marachelle di Pierino . . .   Completare secondo l'esempio:*

Esempio: Pierino ha dato un calcio al tavolo.   — **Pierino, non si danno calci ai mobili!**

1. Pierino ha fumato una sigaretta.
   — Pierino, non si _____ sigarette alla tua età!
2. Pierino ha bevuto un whisky.
   — Pierino, non si _____ liquori quando si è piccoli!
3. Pierino ha dato del tu al dottore.
   — Pierino, non si _____ del tu al dottore!
4. Pierino ha detto che Orietta è stupida.
   — Pierino, non si _____ queste cose!
5. Pierino ha sbattuto la porta.
   — Pierino, non si _____ le porte!

c. *Si può o non si può? . . . Rispondere ad ogni domanda indicando se le cose elencate sono possibili alla Sua università.*

1. Si può bere birra alla mensa?
2. Si può fumare in classe?
3. Si possono portare gli short?
4. Si possono far entrare i cani in aula?
5. Si può camminare scalzi?
6. Si può circolare in bicicletta?

d. *Qual era la domanda?*

1. È stato scritto da Guglielmo Shakespeare.
2. Fu scoperta nell'anno 1492.
3. No, credo che sia già chiusa.
4. Si dice "You're welcome".
5. Ci si va o in aereo o in treno.
6. No, sono chiusi la domenica.
7. No, si parla spagnolo.
8. No, è stata premiata!

e. *Rispondere alle seguenti domande:*

1. Quando una persona starnutisce, si dice "Salute!" o non si dice niente?
2. Se un invitato si comporta male a una festa, lo si invita ancora o non lo si invita più?
3. Se una persona è accusata di un delitto, la si mette in prigione o le si dà la possibilità di difendersi prima?
4. Lei è mai stato/a accusato/a ingiustamente?
5. Quando si riceve un complimento in Italia, si dice grazie o si dice un'altra cosa (Trovi? Troppo gentile! Sono contenta che ti piaccia!)?

f. *Ieri c'è stato un grave incidente . . . Descrivere un incidente utilizzando i vocaboli elencati e usando molti verbi al passivo.*

1. una macchina sportiva/un grande camion/la nebbia
2. scontrarsi/demolire
3. chiamare/un'autoambulanza/i feriti/trasportare all'ospedale
4. la polizia/interrogare/il conducente del camion
5. togliere la patente/arrestare/processare/condannare a sette mesi di reclusione
6. la compagnia d'assicurazioni/informare

g. *Scrivere un breve componimento sul seguente tema:*

«Cercasi»: un annuncio economico che ha messo in moto la mia fantasia.

CERCASI appartamento vani 3 più accessori zona Parioli. Telefonare 33.22.91   (512934)

VENDESI negozio calzature con o senza merce. Scrivere Casella Postale 297 — Bari   (512578)

Proverbi e frasi fatte

«Non si sa mai!»
"You never can tell!"

«Come si fa?»
"What can you do?"

«Si vedrà»
"We'll see."

«Come va? — Si vive! — Non ci si può lamentare!»
"How are things? — Surviving! — We can't complain!"

«Rosso di sera, buon tempo si spera; rosso di mattina, l'acqua si avvicina»
(Red sky at night, sailor's delight; red sky at morning, sailor take warning!)

Milano

Corso Venezia rombava° e cantava   *was roaring*
come un giovane fiume a primavera.
Noi due, sperduti, s'andava s'andava
tra la folla ubriaca della sera°.   *dizzy (lit., drunken) evening
                                                            crowd*

Ti guardavo nel viso a quando a quando°:   *from time to time*
eri un aperto luminoso fiore.
Poi ti prendevo la mano tremando;
e mi pareva di prenderti il cuore.

Diego Valeri

COMMON IMPERSONAL EXPRESSIONS

A. To the category of impersonal verbs and expressions, i.e., verbs and expressions used in the third person singular without a specific subject, belong:

1. expressions concerning the weather:
   piove, nevica, tuona, fa caldo, fa freddo, fa bel tempo, etc. (see Unit 2, pp. 41–42)

2. verbs such as **basta, bisogna, conviene, importa, occorre, pare, può darsi, sembra** (see Unit 7, p. 150).

3. expressions such as **è bello, è facile, è giusto, è necessario, è possibile, è bene, è ora,** etc. (see Unit 7, page 150).

4. verbs such as **accadere (avvenire, capitare, succedere)** *to happen* and **risultare** *to turn out, to appear.*

   Accadde che dovemmo partire all'im-   Ci risulta che Mario è stato licenziato.
   provviso.   *It appears that Mario was fired.*
   It happened that we had to leave sud-
   denly.

   Non mi è mai successo di comprare quella marca di caffè.
   I've never happened to buy that brand of coffee.

   Verbs of *happening* may be used personally when the subject is a thing.

   Queste cose capitano solo a me!
   These things only happen to me!

B. Most impersonal expressions are followed by the subjunctive if there is a change of subject, but by the infinitive if no subject is indicated.

È giusto pagare.   È giusto che paghiate.
It is right to pay.   *It is right for you to pay.*

If there is an adjective in an impersonal construction, the plural form is normally used.

Non è bello essere gelosi.
It's not nice to be jealous.

Bisogna stare molto attenti quando si guida.
You must be very careful when you drive.

Conviene essere ottimisti; le cose si aggiusteranno, vedrete.
It is better to be optimistic; things will work out, you'll see.

This parallels the use of the plural ending for adjectives and past participles in the impersonal **si** construction.

Si deve essere buoni.
One must be good.

Quando si è belli, non si passa inosservati.
When one is beautiful, one doesn't go unnoticed.

PREPOSITIONS (continued)

Some common English words may be used both as prepositions (with a noun or pronoun) and as conjunctions (to introduce a clause with its own subject and verb). In many cases Italian has two words, one for the preposition and one for the conjunction.

PREPOSITIONS
(followed by a noun or pronoun)

CONJUNCTIONS
(followed by a clause)

after

dopo
dopo di (+ personal pronoun)

dopo che (+ indicative)[1]

Ci vedremo **dopo** il concerto.
We'll meet after the concert.
Scusi, ma Lei è arrivata **dopo di** me.
Excuse me, but you came after me.

Non l'ho più vista **dopo che** si è sposata.
I didn't see her anymore after she got married.

before

prima di

prima che (+ subjunctive)[2]

Preparerò la tavola **prima di** mezzogiorno.
I'll set the table before noon.

Preparerò la tavola **prima che** arrivino gli invitati.
I'll set the table before the guests arrive.

because (of)

a causa di

perchè (+ indicative)

Non sono uscita **a causa della** neve.
I didn't go out because of the snow.

Non sono uscita **perchè** nevicava.
I didn't go out because it was snowing.

---

1. Italian uses **dopo** + compound infinitive to express the English "after" + *ing* verb.
2. Italian uses **prima di** + infinitive to express the English "before" + *-ing* verb.

since (indicating time)

da

Siamo senz'acqua **da** domenica.
We've been without water since Sunday.

da quando (+ indicative)

Siamo senz'acqua **da quando** sei partito tu.
We've been without water since you left.

since (= because)

dato che, poichè (+ indicative)

Non posso comprarlo **dato che** non ho soldi.
I can't buy it since I don't have any money.

until

fino a

Aspettate a uscire **fino al** mio ritorno.
Wait until my return before going out.

Aspettarono **fino alle** dieci.
They waited until ten o'clock.

finchè (+ indicative or subjunctive)[1]

Aspettate a uscire **finchè** io **non** torni.
Wait until I return before going out.

Aspettarono **finchè non** tornò papà.
They waited until Papa returned.

without

senza
senza di (+ personal pronoun)

Siamo rimasti **senza** soldi.
We remained without money.

Che cosa fareste **senza di** me?
What would you do without me?

senza che (+ subjunctive)[2]

Partirono **senza che** io lo sapessi.
They left without my knowing it.

— Signorina, dopo aver finito di lavorare cosa fa?

---

1. **Finchè non** (the **non** is optional) requires the subjunctive only if it refers to future time.
2. Italian uses **senza** + infinitive to express the English "without" + *-ing* verb. **Uscì senza pagare.** *He left without paying.*

ESERCIZIO

Tradurre:

My friend wanted to buy a color TV set **(un televisore a colori)** without his wife knowing it. It was supposed to be a surprise for her birthday. He looked at various models and decided on **(decidersi per)** a German model.

He waited until the end of the month when he got paid. That evening, after he left his office, instead of going home as usual, he went to the store. His TV set wasn't there any longer! Someone else had bought it! He was told he would have to wait at least a month before the next shipment came in. He was very disappointed. On top of that, there was a bus strike so he had to walk home. He got there tired, hungry and upset. You'll never believe what he saw when he walked into the living room: a color TV set, *his* color TV set!

DIRECT AND INDIRECT DISCOURSE

With the exception of plays and dialogues in short stories and novels, speech is seldom reported word for word, as delivered (direct discourse). Usually it is reported indirectly with verbs of speaking such as **dire, affermare, dichiarare, esclamare, rispondere** (indirect discourse).

A. In converting from direct to indirect discourse, the following changes in tenses occur in Italian:

1. If the verb introducing the direct discourse is in the present or future, the tenses do not change in indirect discourse.

DIRECT DISCOURSE	INDIRECT DISCOURSE
Fausto dice: « Anna è simpatica ».	Fausto dice che Anna è simpatica.
Fausto says, "Anna is likeable."	*Fausto says that Anna is likeable.*

2. If the verb introducing the direct discourse is in the past **(passato prossimo, imperfetto, passato remoto, trapassato),** many tenses change in indirect discourse.

DIRECT DISCOURSE	INDIRECT DISCOURSE
Present	**Imperfetto**
Carlo diceva sempre: « Io **so** nuotare molto bene ».	Carlo diceva sempre che lui **sapeva** nuotare molto bene.
Charles always said, "I know how to (can) swim very well."	*Charles always said that he knew how to (could) swim very well.*
Passato prossimo	**Trapassato prossimo**
Carlo ha detto: « **Ho** sempre **amato** i miei genitori ».	Carlo ha detto che **aveva** sempre **amato** i suoi genitori.
Charles said, "I've always loved my parents."	*Charles said that he had always loved his parents.*

· Future

Carlo ha detto: «**Verrò** domani»
Charles said, "I'll come tomorrow."

Imperative

Carlo mi ha detto: «**Fammi** un favore».
Charles said to me, "Do me a favor."

Present subjunctive

Carlo disse « Penso che lei **si sbagli**».
Charles said, "I think she's mistaken."

Past subjunctive

Carlo disse: «Temo che **abbiano avuto** un incidente».
Charles said, "I'm afraid they've had an accident."

Conditional perfect

Carlo ha detto che **sarebbe venuto** il giorno dopo.
Charles said that he would come the following day.

Subjunctive or di + infinitive

Carlo mi ha detto che **gli facessi (di fargli)** un favore.
Charles told me to do him a favor.

Imperfect subjunctive

Carlo disse che pensava che lei **si sbagliasse**.
Charles said that he thought she was mistaken.

Pluperfect subjunctive

Carlo disse che temeva che **avessero avuto** un incidente.
Charles said that he was afraid they had had an accident.

B. These other changes may also occur:

1. first and second person pronouns and possessives become third person pronouns and possessives;
2. **questo** becomes **quello;**
3. expressions of time and place change as follows:

DIRECT DISCOURSE	INDIRECT DISCOURSE	
qui	lì	
qua	là	
ora	allora	
oggi	in quel giorno	*that same day*
domani	il giorno dopo (l'indomani)	*the following day*
ieri	il giorno prima	*the day before*
la settimana scorsa	la settimana precedente	*the previous week*
le settimana prossima	la settimana seguente	*the following week*

Ha detto: « La lettera è arrivata **ieri**».
He said, "The letter arrived yesterday."

Ha detto che la lettera era arrivata **il giorno prima.**
He said that the letter had arrived the day before.

Ha confessato: «Non **mi** piace partire, ma partirò».
He confessed, "I don't like leaving, but I'll leave."

Ha confessato che non **gli** piaceva partire ma che sarebbe partito.
He confessed that he didn't like leaving, but that he would leave.

Ha annunciato: « Partirò la settimana prossima con tutta la **mia** famiglia».
He announced, "I will leave next week with my entire family."

Ha annunciato che sarebbe partito **la settimana seguente** con tutta la **sua** famiglia.
He announced that he would leave the following week with his entire family.

— E me lo dice adesso che la chiave della cassaforte la tiene in tasca?

ESERCIZI

a. *Volgere le frasi al discorso indiretto, usando prima* **di** + *infinito* , *poi* **che** + *congiuntivo.*

Esempio: Ho detto al tabaccaio: « Mi dia dieci francobolli da cento! »
Ho detto al tabaccaio di darmi dieci francobolli da cento.
Ho detto al tabaccaio che mi desse dieci francobolli da cento.

1. Ho detto al cameriere: « Tenga il resto! »
2. Ho pregato la signora: « Mi dia degli spiccioli! »
3. Ho detto alla cassiera: « Mi cambi venti dollari! »
4. Ho detto all'autista: « Mi porti in via XX Settembre! »
5. Ho detto al gioielliere: « Mi ripari anche quest'orologio! »

b. *Volgere le frasi al discorso indiretto usando i verbi fra parentesi.*

Esempio: Non posso venire in questo momento. (disse)
Disse che non poteva venire in quel momento.

1. Non sto bene. Ho frequenti mal di testa e ho perso l'appetito. (ha ammesso)
2. Questo quadro è mio! (dichiarò)
3. Devo essere a casa prima di mezzanotte. (diceva)
4. Stiamo guardando la televisione. (hanno risposto)
5. Mia sorella parla bene il francese. (Pierino dice)
6. Non abbiamo finito gli esercizi. (hanno confessato)
7. Trasloccheremo nella capitale. (hanno annunciato)

c. *Le ultime parole famose . . .   Scrivere delle frasi cominciando con* **Ha detto che . . .** *Fare tutti i cambiamenti necessari.*

1. « Andrò a dormire presto ogni sera ».
2. « Giuro, non lo farò mai più ».
3. « Avremmo dovuto incontrarci qualche anno prima ».
4. « Dobbiamo vederci qualche volta ».
5. « La colpa è solo mia. Possiamo restare buoni amici ».

d. *Ricapitolando . . .   Volgere le frasi al discorso indiretto.*

1. Giovanni Guareschi ha scritto: « Queste sono le storie che piacciono alla gente: le storie che divertono, ma non istruiscono. »
2. Albino disse: « Le mie serate sono tutte uguali: esco dalla fabbrica, passo un momento in biblioteca, prendo un gelato al bar e poi vado al cinema. »
3. L'uomo mi ha chiesto: « Le dà fastidio il fumo? » E ha spiegato: « Se non fumo, mi viene mal di testa. »
4. Elena disse: « L'anno scorso stavo dagli zii, ma non ci voglio più stare dagli zii perchè c'è rumore. »
5. Fausto dichiarò a Anna: « Tutto quest'anno ho pensato a lei. Sono innamorato di lei. »
6. Il professore disse a Silvia: « L'aspetto dopo le feste. Venga qui alle tre. Le farò conoscere mia moglie. »
7. Federico confessò: « Sono due anni che faccio la doppia vita. »
8. L'uomo disse al dottore: « C'è qualcosa che non va. Il macinino ha funzionato bene fino alla settimana scorsa. Da alcuni giorni, però, non macina più, suona! »
9. Giuseppe disse alla moglie: « Non riesco a capire cosa sia, ma la campagna, o la casa o l'aria, non è più come una volta. »
10. Giunta a Castellizzo, Amelia disse: « Questo è il paese in cui sono nata. »

Castelli in aria°

Castles in the air

Il pastorello guarda
l'immenso azzurro mare
e pensa: « Se potessi
io pure navigare
verso i lidi infiorati°   *the flowered shores*
d'eterna primavera°,   *eternal spring*
correre sopra l'onde
lottar con la bufera°! »   *struggle with the storm*

Il marinaio° guarda   *sailor*
la collina fiorita;
pensa: « Lassù fra il verde, com'è bella la vita!
Lungi dalle tempeste°   *away from the storms*
nella casetta sola,
dove l'amor riunisce
la lieta famigliola . . . »

Dalla collina al mare
soffia leggero il vento,
e pensa: « Del suo stato
nessun uomo è contento ».
Soffia leggero il vento
dall'onda alla pendice°   *slope*
e pensa: « A questo mondo
nessun uomo è felice ».

Achille Tedeschi

Lettura

Non è mai finita

A questo mondo non è mai finita, disse la signora Amelia Briz. Stia
un po' a sentire. Io sono siciliana, nata in un povero paesello
sospeso tra le rupi, in cima a una montagna. Di lassù si vede il
mare e il paesaggio è un paradiso, ma per il resto si è rimasti
5 indietro di due secoli. Il nome?. . . lasci perdere! I miei com-
paesani° sono gente così ombrosa°. . .è forse meglio sorvolare.   *fellow townsmen/suspicious*
Lo chiamerò convenzionalmente Castellizzo.

      Bene. Dalla stanza dove sono nata si vedeva, lontana, una
città, stesa lungo il mare. Di notte era tutto uno sfavillare° di   *glittering*
10 lumini. E i fari°. E i piroscafi°. E i treni coi finestrini accesi. Trapani,   *lighthouses/***navi**
lei dice? Beh, facciamo pure conto° fosse Trapani. Al calar della   **immaginiamo**
sera°, appoggiata al davanzale, io rimiravo° quelle luci. Laggiù era   **al tramonto/guardavo**
la vita, il mondo, il sogno!

      Quando ebbi compiuto i dodici anni, tanto feci che i miei si
15 persuasero a mandarmi a vivere in città, ospite di una zia. Così
potevo continuar gli studi.

      Credetti di impazzire dalla gioia. Ma dopo un mese che ero a
Trapani già ascoltavo rapita ciò che raccontavano i forestieri giunti
da città molto più grandi. Mi sembravano di razza diversa. Ah,
20 povera Trapani, come eri piccola e squallida al confronto°.   *in comparison*
Palermo! Messina! Quella sì era civiltà sul serio.

      Mi aiutò la fortuna. Fui chiesta in moglie dal barone Cristo-
lera, un perfetto gentiluomo. Aveva un palazzo magnifico a Messina. Accettai, gli volli bene, mi illusi di non essere più la piccola
25 provinciale di una volta.

Certo, a Messina conobbi della gran bella gente, autentici
signori. Ma da Roma venivano, ogni tanto, certi tipi affascinanti;
parlavano con l'«erre»°, raccontavano cose nuove e strane, pet-   *they rolled their "r's"*
tegolezzi enormi, ci guardavano un po' dall'alto in basso°.   *they looked down on us*

5   Per farla breve, cominciai a sognare Roma. Messina ormai mi
sembrava un buco, da non poterci respirare più. Dai e dai°, mio   *by and by*
marito si decise; tanto, non gli mancavano i quattrini. Tra-
slocammo nella capitale.

       Dovevo essere contenta, no? Roma non è mica un paesello.
10 Grandi nomi, società internazionale, caccia alla volpe, scandali,
cardinali, ambasciatori. Eppure, cosa vuole? quei grandi per-
sonaggi che dall'estero venivano volentieri ad abitarci, ci venivano
per far la bella vita, non per altro, come quando si è in vacanza,
come se Roma non fosse che un famoso posto di villeggiatura: ma
15 in fondo non la prendevano sul serio. Il loro mondo vero era
lontano, le vere grandi capitali della terra erano altre. Parigi,
Londra, mi capisce? E io invidiavo.

       Roma cominciò a scottarmi° sotto i piedi. Sospirai l'Etoile,   **bruciarmi**
Piccadilly.[1] Per caso in quel periodo Cristolera e io ci separammo.
20 Seguì un regolare annullamento. Ero ancora una bella donna.
Conobbi Briz, il grande finanziere. Quando si nasce fortunate!

       Sempre più cosmopolita, sempre più in alto nella scala delle
residenze umane. Era una mania balorda°, però soltanto oggi lo   *foolish*
capisco. Divenuta ufficialmente Mrs. Briz, grazie ai miliardi del
25 marito, non avevo più che l'imbarazzo della scelta.

       Mi stabilii a Parigi, poi Parigi mi sembrò piena di polvere.
Londra, per due anni. Ma anche Londra era un poco sorpassata°.   *somewhat passé*
Nuova York, finalmente, ecco l'ultimo traguardo.° La piccola pro-   *finish line*
vinciale siciliana aveva fatto la sua strada.

30   Ma non era così come pensavo. Per la gente «molto su»,   *For the "upper crust" New York*
Nuova York era una cafonata[2] insopportabile°. I veri aristocratici ci   *was unbearably vulgar.*
stavano solo lo strettamente necessario. Preferivano Boston,
Washington, Charleston, città più vecchie, quiete, riservate. E
potevo io essere da meno? Tuttavia anche di là i raffinatissimi
35 emigravano. Chi nei deserti, chi nelle isolette del Pacifico. Anch'io
mi avviai per quei pazzi itinerari.

       Ahimè, la società più filtrata ed esigente ebbe a noia il Pa-
cifico e i deserti. Prese l'aereo verso est, ritornò alla vecchia

---

1. The Étoile and Piccadilly Circus are well-known landmarks in Paris and London
respectively.
2. The term **cafone** originally meant **contadino**, but it has acquired a derogatory
connotation, meaning **persona zotica, maleducata** *(uncouth, ill-bred, a clod)*.
In Rome the word **burino** is used.

   Antonio è un vero cafone.   Quella cravatta non mi piace: è cafona!
   Anthony is a real clod.   I don't like that tie, it's tacky (in poor taste).

   From **cafone** derive the terms **cafonata, cafonaggine, cafoneria** which indicate things or actions that are considered vulgar or in poor taste.

stanca Europa. Non già per infognarsi° nella volgarità di Londra o   *to sink*
di Parigi. Macchè. Andava in cerca di eremi ed esilii, di conventi,
di ruderi e rovine. E io dietro.

    Proprio sopra il mio paesello siciliano sorgeva un castello
5 diroccato°. La moda! L'eleganza del saper vivere moderno! Un   *ruined*
grande poeta peruviano° ha fatto restaurare la bicocca°, in breve il   *from Peru/hovel*
posto è diventato celebre. Oggi al mondo non c'è niente di più
chic che possedere una casetta a Castellizzo.

    E così: gira e gira, ho finito per ritornare al mio paesello,
10 proprio là donde° sono partita. E la sera, dalla mia stanza di   **da dove**
bambina, guardo i lumi della città sul mare. E certe volte ho
l'impressione di essere ancora quella di una volta, e che gli anni
non siano mai passati. E penso: laggiù è la vera vita, laggiù il
mondo, l'avventura, il sogno! E fantastico un giorno o l'altro di
15 partire.

    Lo vede dunque che non è mai finita?

Dino Buzzati, Non è mai finita

Parole da ricordare

avere a noia	*not to like;* **prendere a noia** *to take a dislike to someone or something*
fantasticare	*to daydream, imagine*
ill\u0327dersi (*past part.* **illuso**, *past abs.* **illusi**)	*to delude oneself, hope in vain*
impazzire (takes **essere**)	*to go crazy* (**diventare pazzo**)
prendere sul serio	*to take seriously*
respirare	*to breathe*
sorvolare	*to fly over; to skip*
traslocare	*to move (from one place, house to another)*
il lume	*light*
i quattrini	**soldi** (a popular slang word for *money* is **grana**: Ha molta **grana** quello lì!)
rapito	*enraptured, entranced;* **rapire** *to kidnap*
la villeggiatura	*holidays, holiday spot*

Studio di parole

guest

invitato
guest (at parties, weddings, receptions and dinners)

Abbiamo sei invitati a pranzo.
We have six guests for dinner.

ospite
houseguest

Abbiamo un ospite per tre giorni.
We have a houseguest for three days.
Questa è la camera degli ospiti.
This is the guest room.

(Note that **ospite** can also mean *host, hostess,* i.e. *the people who give hospitality*)

to be "on" . . .

Many idiomatic expressions that contain "on" in English use a different preposition in Italian:

to be on
- *vacation*
- *strike*
- *sale*
- *duty*
- *fire*
- *a diet*

essere
- **in** vacanza (**in** villeggiatura)
- **in** sciopero
- **in** vendita
- **di** servizio (**di** turno)
- **in** fiamme
- **a** dieta

do, perform, complete

From the infinitive **compiere** are formed the present **compio,** the gerund **compiendo,** and the past participle **compiuto.** All other tenses derive from the infinitve **compire.**

to complete, perform, commit, do, accomplish

Bravo, hai compiuto una buon'azione!
Excellent, you've done a good deed!

Compirò il mio lavoro domani.
I'll finish my work tomorrow.

to be, to turn (**compiere gli anni**)

Ho compiuto vent'anni il 10 agosto.
I turned twenty on August 10.

Ho festeggiato il mio compleanno il 10 agosto.
I celebrated my birthday on August 10.

CONVERSAZIONE SULLA LETTURA

1. Che cosa ci dice di Castellizzo la signora Amelia?
2. Che cosa vedeva Amelia dalla sua stanza di bambina?
3. All'età di dodici anni, dove andò Amelia?
4. In che modo fu aiutata dalla fortuna Amelia?
5. Come si comportavano i signori che venivano in Sicilia da Roma?
6. Quale fu il secondo colpo di fortuna per Amelia?
7. Secondo Amelia, dove preferiscono vivere i veri aristocratici americani?
8. Di che cosa va in cerca la società più esigente oggi (una cosa molto *chic!*)?
9. Come mai il paese di Castellizzo è diventato celebre?
10. Dove abita oggi Amelia?

TEMI PER COMPONIMENTO O DISCUSSIONE

1. «Non è mai finita» è la storia di una piccola provinciale siciliana. Sarebbe molto diversa la storia di una piccola provinciale americana? Provi a raccontarla!
2. Secondo Lei, è possibile nella vita trovare quello che si cerca?

APPENDIX

I. Verbs requiring *essere* in compound tenses

accadere	*to happen*	morire	*to die*
affogare	*to drown*	nascere	*to be born*
andare	*to go*	parere	*to seem*
apparire	*to appear*	partire	*to leave, depart*
appassire	*to wilt*	passare	*to stop by*
arrivare	*to arrive*	piacere	*to be pleasing*
avvenire	*to happen*	restare	*to stay*
bastare	*to be enough*	ricorrere	*to recur, occur*
cadere	*to fall*	rientrare	*to go back in*
capitare	*to happen*	rimanere	*to remain*
costare	*to cost*	ritornare (tornare)	*to return*
crescere	*to grow*	riuscire	*to succeed*
dispiacere	*to be sorry*	scappare	*to run away*
diventare	*to become*	scomparire	*to disappear*
durare	*to last*	scoppiare	*to explode*
entrare	*to go in, enter*	sembrare	*to seem*
essere	*to be*	servire	*to be of use*
fiorire	*to flower*	sparire	*to disappear*
fuggire	*to flee*	stare	*to stay*
giungere	*to arrive*	succedere	*to happen*
guarire	*to get well*	sussistere	*to exist*
impazzire	*to go mad*	svanire	*to vanish*
ingrassare	*to get fat, put on weight*	uscire	*to go out*
invecchiare	*to grow old*	venire	*to come*
mancare	*to lack, be lacking*		

+ all reflexive verbs

II. Verbs and expressions requiring the preposition *a*

A. Common verbs and expressions requiring **a** + *noun*.

abituarsi a	*to get used to*	partecipare a	*to participate in*
assistere a	*to attend*	pensare a	*to think about*
badare a	*to pay attention to*	rinunciare a	*to give up*
credere a	*to believe in*	tenere a	*to value, to care about*
fare attenzione (caso) a	*to pay attention to*		

B. Common verbs and expressions requiring **a** before a dependent infinitive

abituarsi	*to get used to*	condannare	*to condemn*
affrettarsi	*to hurry*	continuare	*to continue*
aiutare	*to help*	costringere	*to compel*
cominciare (incominciare)	*to begin*	decidersi	*to make up one's mind*

divertirsi	to have a good time	riprendere	to start again, to resume
fare meglio	to be better off	riuscire	to succeed
fare presto	to do (something) quickly	sbrigarsi	to hurry
imparare	to learn	servire	to be good for
incoraggiare	to encourage	volerci	to take, require
insegnare	to teach	(also used with per)	
invitare	to invite		
mandare	to send	+ verbs of movement:	
mettersi	to start		
obbligare	to oblige	andare	to go
pensare	to think of	correre	to run
persuadere	to convince	fermarsi	to stop
preparare	to prepare	passare	to stop by
provare	to try	stare	to stay
rinunciare	to give up	tornare	to return
		venire	to come

III. Verbs and expressions requiring the preposition *di*

A. Common verbs requiring **di** + *noun.*

accorgersi di	to notice	non poterne	
dimenticarsi di	to forget	più di	not to be able to take
fidarsi di	to trust	preoccuparsi di	
infischiarsi di	not to care about	(per)	to worry about
intendersi di	to be knowledgeable about	rendersi conto di	to realize
interessarsi di	to be interested in	ricordarsi di	to remember
lamentarsi di	to complain about	ridere di	to laugh at
meravigliarsi		ringraziare di	
di (per)	to be surprised about	(per)	to thank for
nutrirsi di	to feed on, nourish	soffrire di	to suffer from
	oneself with	stupirsi di	to be astonished at
occuparsi di	to take care of, attend to	trattare di	to deal with
pensare di	to have an opinion about	vergognarsi di	to be ashamed about
pentirsi di	to be sorry about		

B. Common verbs and expressions requiring **di** before a dependent infinitive

accettare	to accept	decidere	to decide
accorgersi	to notice	dimenticare	to forget
ammettere	to admit	dire	to say, tell
aspettare	to wait for	domandare	to ask
aspettarsi	to expect	dubitare	to doubt
augurare	to wish	fantasticare	to imagine
augurarsi	to hope	fare a meno	to do without
cercare	to try	fingere	to pretend
cessare	to stop	finire	to finish
chiedere	to ask	impedire	to prevent
comandare	to order	infischiarsi	not to care about
credere	to believe	lamentarsi	to complain

meravigliarsi	to be surprised	sognare	to dream
minacciare	to threaten	sperare	to hope
offrire	to offer	stabilire	to agree
ordinare	to order	stancarsi	to get tired
pensare	to plan	stupirsi	to be astonished
pentirsi	to repent	suggerire	to suggest
permettere	to permit	temere	to fear
pregare	to beg	tentare	to attempt
proibire	to prohibit	vergognarsi	to be ashamed
promettere	to promise	vietare	to forbid
proporre	to propose	avere bisogno	to need
rendersi conto	to realize	avere fretta	to be in a hurry
ricordare		avere il diritto	to have the right
(ricordarsi)	to remember	avere l'impressione	to have the feeling
ringraziare	to thank	avere intenzione	to intend
sapere	to know	avere paura	to be afraid
sentirsela	to feel up to	avere vergogna	to be ashamed
smettere	to stop	avere voglia	to feel like

IV. Verbs requiring the preposition *su*

contare su	to count on	riflettere su	to ponder on
giurare su	to swear on	scommettere su	to bet on

V. Common verbs and expressions requiring no preposition before a dependent infinitive.

dovere	to have to	desiderare	to wish
potere	to be able	fare	to make
sapere	to know how	gradire	to appreciate
solere	} to be accustomed to	lasciare	to let, allow
essere solito		osare	to dare
volere	to want	piacere	to like
amare	to love	preferire	to prefer

impersonal verbs:

basta	it is enough	pare	} it seems
bisogna	} it is necessary	sembra	
occorre			

verbs of perception:

ascoltare	to listen	sentire	to hear, to listen
guardare	to look at	udire	to hear
osservare	to observe	vedere	to see

VI. Verbs and expressions requiring the subjunctive

A. Verbs expressing:

EMOTION

augurarsi sperare }	*to hope*	essere felice	*to be happy*
non vedere l'ora	*to look forward*	piacere	*to like*
avere bisogno	*to need*	dispiacere	*to be sorry*
avere paura	*to be afraid*	preferire	*to prefer*
essere contento	*to be glad*	temere	*to fear*
		tenerci	*to value*

WISH/COMMAND

comandare	*to order*	pregare	*to beg*
desiderare	*to wish*	pretendere	*to demand*
esigere	*to demand*	proibire	*to prohibit*
impedire	*to prevent*	proporre	*to propose*
insistere	*to insist*	suggerire	*to suggest*
lasciare	*to let, allow*	vietare	*to forbid*
ordinare	*to order*	volere	*to want*
permettere	*to permit*		

OPINION/BELIEF

avere l'impressione	*to have the feeling*	negare	*to deny*
credere	*to believe*	pensare	*to think*
immaginare immaginarsi }	*to imagine*	supporre	*to suppose*

DOUBT/UNCERTAINTY

non capire	*not to understand*	dubitare	*to doubt*
chiedersi domandarsi }	*to wonder*	non sapere	*not to know*

EXPECTATIONS

aspettare	*to wait*	aspettarsi	*to expect*

B. Impersonal expressions:

è bene (male)	*it is good (bad)*	è naturale	*it is natural*
è essenziale	*it is essential*	è necessario	*it is necessary*
è facile (= è probabile)	*it is probable*	è normale	*it is normal*
è difficile (= è improbabile)	*it is improbable*	è ora	*it is time*
è giusto	*it is right*	[è un] peccato	*it is a pity*
è importante	*it is important*	è possibile (impossibile)	*it is possible (impossible)*
è indispensabile	*it is indispensable*	è probabile (improbabile)	*it is probable (improbable)*
è meglio	*it is better*		

è raro	*it is rare*	importa	*it matters*
è strano	*it is strange*	occorre	*it is necessary*
è utile (inutile)	*it is useful (useless)*	pare	*it seems*
è una vergogna	*it is a shame*	può darsi	*it is possible*
basta	*it suffices*	sembra	*it seems*
bisogna	*it is necessary*		

VII. Exclamations, Fillers, Onomatopoeic Words

A. Exclamations expressing:

PRAYER

Deh!   Per amor del cielo!
Per carità!   Per amor di Dio!

JOY

Ah!   Oh!

PAIN, SORROW (English: *ouch! alas!* etc.)

Ah!   Ahimè! Ohimè!
Ahi!   Povero me!
Ohi!

SURPRISE (English: *wow! holy smoke!* etc.)

Ah! Eh! Oh! Uh! Toh (to')!   Perbacco! (Per Bacco!)   ⎫ *(they replace* per
Capperi!   Perdiana! (Per Diana!)   ⎬ Dio! *which is*
Caspita!   Perdinci!   ⎭ *considered vulgar)*

IMPATIENCE

Auff! Uff! Uffa!

CONTEMPT/DISGUST

Poh! Puh! Puah!

HESITATION/DOUBT/UNCERTAINTY

Ma (mah, moh)!   Bah! Boh!
Beh (be')!

TO CALL ATTENTION

Ehi!   Pss! Pst!
Olà!

DISAPPOINTMENT/SURPRISE/ANGER

Santo cielo!   Accipicchia! *(considered better than* accidenti)
Santi numi!   Mannaggia! *(regional)*
Accidenti!

TO EXPRESS AGREEMENT/CONFIRMATION

Già!

Many exclamations do not fit into any specific category. Here are some of the most common:

Aiuto!	*Help!*	Ecco!	*Here you are!*
Alto le mani!	*Stick them up!*	Fuoco!	*Fire!*
Alto là!	*Halt!*	Fuori!	*Out!*
Attenzione!	*Watch out!*	Guai!	*Woe!*
Attenti! Riposo! (military)	*Attention! At ease!*	Magari!	*If only!*
All'erta!	*Look out!*	Oplà!	*Whoops!*
Al diavolo!	*To hell with it!*	Pazienza!	*Never mind!*
Al ladro!	*Stop thief!*	Peccato!	*Too bad! What a pity!*
Bis!	*Encore!* (at the theater)	Presto!	*Quick!*
Cin cin (cincin)!	*Cheers!*	Salute!	*God bless you!*
(*also:* salute!)			(to someone who sneezes)
Chi va là!	*Who goes there!*	Sciocchezze!	*Nonsense! Rubbish!*
Chissà (*also written* chi sa)	*Who knows!*	Silenzio (Sst)!	*Silence!*
Da capo!	*Take it from the top!*	Vergogna!	*Shame on you!*
Dio mio! Mamma mia!	*Good Lord! Good Heavens!*	Via!	*Go away! Shoo, get!* (to animals)

B. Fillers

These are words that people use and over-use, sometimes without even realizing it: words that do not add any specific meaning to the sentence; words like:

allora, insomma, in sostanza, praticamente
be' non so se mi spiego, non so

cioè, così, comunque, va bene, vedi
dunque, effettivamente, infatti, veramente

In English, people often use "well", "like", "you know" and make sounds like *uhm, ehm, mmm* in similar situations.

C. Onomatopoeic words

These are words that imitate sounds:

ah ah ah	*laughter*	coccodè	*hens after laying eggs*
brrrr	*to express cold*	din don (dindon)	*church bells*
bau bau	*dogs*	drin drin (drindrin)	*door bell*
bè (beẹ)	*sheep*	eccì (etcì)	*sneezing*
bum	*shooting*	miao	*cats*
chicchirichì	*roosters*	patatrạc	*something heavy falling*
cip cip	*birds*	tic tac	*watches or clocks*

In the new language of comic strips today, the words reproducing sounds are English:

Clap! Crash! Grr! Gulp! Pfuiii! Slam! Snif Snif! Sob! Splash! Yap! Yap! Yeeeow!

VERB CHARTS

	INDICATIVE			CONDITIONAL
Present	**Imperfetto**	**Passato Remoto**	**Future**	

avere and *essere*

ho	avevo	ebbi	avrò	avrei
hai	avevi	avesti	avrai	avresti
ha	aveva	ebbe	avrà	avrebbe
abbiamo	avevamo	avemmo	avremo	avremmo
avete	avevate	aveste	avrete	avreste
hanno	avevano	ebbero	avranno	avrebbero

sono	ero	fui	sarò	sarei
sei	eri	fosti	sarai	saresti
è	era	fu	sarà	sarebbe
siamo	eravamo	fummo	saremo	saremmo
siete	eravate	foste	sarete	sareste
sono	erano	furono	saranno	sarebbero

Passato Prossimo	**Trapassato Prossimo**	**Trapassato Remoto**	**Future Perfect**	**Conditional Perfect**
ho avuto	avevo avuto	ebbi avuto	avrò avuto	avrei avuto
hai avuto	avevi avuto	avesti avuto	avrai avuto	avresti avuto
ha avuto	aveva avuto	ebbe avuto	avrà avuto	avrebbe avuto
abbiamo avuto	avevamo avuto	avemmo avuto	avremo avuto	avremmo avuto
avete avuto	avevate avuto	aveste avuto	avrete avuto	avreste avuto
hanno avuto	avevano avuto	ebbero avuto	avranno avuto	avrebbero avuto
sono stato/a	ero stato/a	fui stato/a	sarò stato/a	sarei stato/a
sei stato/a	eri stato/a	fosti stato/a	sarai stato/a	saresti stato/a
è stato/a	era stato/a	fu stato/a	sarà stato/a	sarebbe stato/a
siamo stati/e	eravamo stati/e	fummo stati/e	saremo stati/e	saremmo stati/e
siete stati/e	eravate stati/e	foste stati/e	sarete stati/e	sareste stati/e
sono stati/e	erano stati/e	furono stati/e	saranno stati/e	sarebbero stati/e

SUBJUNCTIVE		IMPERATIVE	PARTICIPLES		GERUND	
Present	**Imperfect**		**Present**	**Past**	**Present**	**Past**
abbia	avessi		avente	avuto	avendo	avendo avuto
abbia	avessi	abbi				
abbia	avesse	abbia				
abbiamo	avessimo	abbiamo				
abbiate	aveste	abbiate				
abbiano	avessero	abbiano				
sia	fossi		—	stato	essendo	essendo stato
sia	fossi	sii				
sia	fosse	sia				
siamo	fossimo	siamo				
siate	foste	siate				
siano	fossero	siano				

Past	**Pluperfect**
abbia avuto	avessi avuto
abbia avuto	avessi avuto
abbia avuto	avesse avuto
abbiamo avuto	avessimo avuto
abbiate avuto	aveste avuto
abbiano avuto	avessero avuto
sia stato/a	fossi stato/a
sia stato/a	fossi stato/a
sia stato/a	fosse stato/a
siamo stati/e	fossimo stati/e
siate stati/e	foste stati/e
siano stati/e	fossero stati/e

INFINITIVE	INDICATIVE				CONDITIONAL
	Present	Imperfetto	Passato Remoto	Future	

FIRST CONJUGATION[1]

amare	am o	am avo	am ai	am erò	am erei
to love	am i	am avi	am asti	am erai	am eresti
	am a	am ava	am ò	am erà	am erebbe
	am iamo	am avamo	am ammo	am eremo	am eremmo
	am ate	am avate	am aste	am erete	am ereste
	am ano	am avano	am arono	am eranno	am erebbero

SECOND CONJUGATION

perdere	perd o	perd evo	perd ei	perd erò	perd erei
to lose	perd i	perd evi	perd esti	perd erai	perd eresti
	perd e	perd eva	perd è (perdette)	perd erà	perd erebbe
	perd iamo	perd evamo	perd emmo	perd eremo	perd eremmo
	perd ete	perd evate	perd este	perd erete	perd ereste
	perd ono	perd evano	perd erono (perdettero)	perd eranno	perd erebbero

THIRD CONJUGATION

-isc-:	fin isco	fin ivo	fin ii	fin irò	fin irei
finire	fin isci	fin ivi	fin isti	fin irai	fin iresti
to finish	fin isce	fin iva	fin ì	fin irà	fin irebbe
	fin iamo	fin ivamo	fin immo	fin iremo	fin iremmo
	fin ite	fin ivate	fin iste	fin irete	fin ireste
	fin iscono	fin ivano	fin irono	fin iranno	fin irebbero

without -isc-:	dorm o	dorm ivo	dorm ii	dorm irò	dorm irei
dormire	dorm i	dorm ivi	dorm isti	dorm irai	dorm iresti
to sleep	dorm e	dorm iva	dorm ì	dorm irà	dorm irebbe
	dorm iamo	dorm ivamo	dorm immo	dorm iremo	dorm iremmo
	dorm ite	dorm ivate	dorm iste	dorm irete	dorm ireste
	dorm ono	dorm ivano	dorm irono	dorm iranno	dorm irebbero

REFLEXIVE VERBS

vestirsi	mi vest o	mi vest ivo	mi vest ii	mi vest irò	mi vest irei
to get	ti vest i	ti vest ivi	ti vest isti	ti vest irai	ti vest iresti
dressed	si vest e	si vest iva	si vest ì	si vest irà	si vest irebbe
	ci vest iamo	ci vest ivamo	ci vest immo	ci vest iremo	ci vest iremmo
	vi vest ite	vi vest ivate	vi vest iste	vi vest irete	vi vest ireste
	si vest ono	si vest ivano	si vest irono	si vest iranno	si vest irebbero

[1]For all three conjugations as well as for the reflexive verbs we have only given the simple tenses.

SUBJUNCTIVE		IMPERATIVE	PARTICIPLES		GERUND	
Present	**Imperfect**		**Present**	**Past**	**Present**	**Past**
am i	am assi		am ante	am ato	am ando	avendo am ato
am i	am assi	am a				
am i	am asse	am i				
am iamo	am assimo	am iamo				
am iate	am aste	am ate				
am ino	am assero	am ino				
perd a	perd essi		perd ente	perd uto	perd endo	avendo perd uto
perd a	perd essi	perd i				
perd a	perd esse	perd a				
perd iamo	perd essimo	perd iamo				
perd iate	perd este	perd ete				
perd ano	perd essero	perd ano				
fin isca	fin issi		fin ente	fin ito	fin endo	avendo fin ito
fin isca	fin issi	fin isci				
fin isca	fin isse	fin isca				
fin iamo	fin issimo	fin iamo				
fin iate	fin iste	fin ite				
fin iscano	fin issero	fin iscano				
dorm a	dorm issi		dorm ente	dorm ito	dorm endo	avendo dorm ito
dorm a	dorm issi	dorm i				
dorm a	dorm isse	dorm a				
dorm iamo	dorm issimo	dorm iamo				
dorm iate	dorm iste	dorm ite				
dorm ano	dorm issero	dorm ano				
mi vest a	mi vest issi		—	vest ito	vest endosi	essendosi vest ito
ti vest a	ti vest issi	vest iti				
si vest a	si vest isse	si vest a				
ci vest iamo	ci vest issimo	vest iamoci				
vi vest iate	vi vest iste	vest itevi				
si vest ano	si vest issero	si vest ano				

IRREGULAR VERBS

INFINITIVE		INDICATIVE			CONDITIONAL
	Present	Imperfetto	Passato Remoto	Future	

FIRST CONJUGATION[1]

1. **andare**	vado (vo)	andavo	andai	andrò	andrei
to go	vai	andavi	andasti	andrai	andresti
	va	andava	andò	andrà	andrebbe
	andiamo	andavamo	andammo	andremo	andremmo
	andate	andavate	andaste	andrete	andreste
	vanno	andavano	andarono	andranno	andrebbero
2. **dare**	do	davo	diedi (detti)	darò	darei
to give	dai	davi	desti	darai	daresti
	dà	dava	diede (dette)	darà	darebbe
	diamo	davamo	demmo	daremo	daremmo
	date	davate	deste	darete	dareste
	danno	davano	diedero (dettero)	daranno	darebbero
3. **stare**	sto	stavo	stetti	starò	starei
to stay	stai	stavi	stesti	starai	staresti
	sta	stava	stette	starà	starebbe
	stiamo	stavamo	stemmo	staremo	staremmo
	state	stavate	steste	starete	stareste
	stanno	stavano	stettero	staranno	starebbero

SECOND CONJUGATION: first group[2]

1. **accadere** to happen (see **cadere**)

2. **accogliere** to receive (see **cogliere**)

3. **bere**	bevo	bevevo	bevvi	berrò	berrei
to drink	bevi	bevevi	bevesti	berrai	berresti
	beve	beveva	bevve	berrà	berrebbe
	beviamo	bevevamo	bevemmo	berremo	berremmo
	bevete	bevevate	beveste	berrete	berreste
	bevono	bevevano	bevvero	berranno	berrebbero

---

1. There are only three irregular **-are** verbs: **andare, dare** and **stare. Fare** is considered an irregular **-ere** verb because it comes from the Latin *facere.*

SUBJUNCTIVE		IMPERATIVE	PARTICIPLE	GERUND
Present	Imperfect		Past	
vada	andassi	—	andato	andando
vada	andassi	va' (vai) (non andare)		
vada	andasse	vada		
andiamo	andassimo	andiamo		
andiate	andaste	andate		
vadano	andassero	vadano		
dia	dessi	—	dato	dando
dia	dessi	da' (dai) (non dare)		
dia	desse	dia		
diamo	dessimo	diamo		
diate	deste	date		
diano	dessero	diano		
stia	stessi	—	stato	stando
stia	stessi	sta' (stai) (non stare)		
stia	stesse	stia		
stiamo	stessimo	stiamo		
stiate	steste	state		
stiano	stessero	stiano		
beva	bevessi	—	bevuto	bevendo
beva	bevessi	bevi (non bere)		
beva	bevesse	beva		
beviamo	bevessimo	beviamo		
beviate	beveste	bevete		
bevano	bevessero	bevano		

2. Irregular verbs of the second conjugation can be divided into two groups:
   a. a group of verbs which are irregular in different tenses and persons;
   b. a group of verbs which are irregular only in the **passato remoto** and in the past participle.

INFINITIVE		INDICATIVE			CONDITIONAL
	Present	**Imperfetto**	**Passato Remoto**	**Future**	
4. **cadere** *to fall*	cado cadi cade cadiamo cadete cadono	cadevo cadevi cadeva cadevamo cadevate cadevano	caddi cadesti cadde cademmo cadeste caddero	cadrò cadrai cadrà cadremo cadrete cadranno	cadrei cadresti cadrebbe cadremmo cadreste cadrebbero
5. **cogliere** *to gather*	colgo cogli coglie cogliamo cogliete colgono	coglievo coglievi coglieva coglievamo coglievate coglievano	colsi cogliesti colse cogliemmo coglieste colsero	coglierò coglierai coglierà coglieremo coglierete coglieranno	coglierei coglieresti coglierebbe coglieremmo cogliereste coglierebbero
6. **compire** (**compiere**) *to fulfill, accomplish*	compio compi compie compiamo compite compiono	compivo compivi compiva compivamo compivate compivano	compii compisti compì compimmo compiste compirono	compirò compirai compirà compiremo compirete compiranno	compirei compiresti compirebbe compiremmo compireste compirebbero
7. **condurre** *to conduct*	conduco conduci conduce conduciamo conducete conducono	conducevo conducevi conduceva conducevamo conducevate conducevano	condussi conducesti condusse conducemmo conduceste condussero	condurrò condurrai condurrà condurremo condurrete condurranno	condurrei condurresti condurrebbe condurremmo condurreste condurrebbero

8. **contenere** *to contain* (see **tenere**)

9. **dire** *to say*	dico dici dice diciamo dite dicono	dicevo dicevi diceva dicevamo dicevate dicevano	dissi dicesti disse dicemmo diceste dissero	dirò dirai dirà diremo direte diranno	direi diresti direbbe diremmo direste direbbero

10. **deporre** *to put down* (see **porre**)

11. **disfare** *to undo* (see **fare**)

12. **dispiacere** *to mind, be sorry* (see **piacere**)

13. **distrarre** *to distract* (see **trarre**)

SUBJUNCTIVE		IMPERATIVE	PARTICIPLE	GERUND
Present	Imperfect		Past	
cada	cadessi	—	caduto	cadendo
cada	cadessi	cadi (non cadere)		
cada	cadesse	cada		
cadiamo	cadessimo	cadiamo		
cadiate	cadeste	cadete		
cadano	cadessero	cadano		
colga	cogliessi	—	colto	cogliendo
colga	cogliessi	cogli (non cogliere)		
colga	cogliesse	colga		
cogliamo	cogliessimo	cogliamo		
cogliate	coglieste	cogliete		
colgano	cogliessero	colgano		
compia	compissi	—	compiuto	compiendo
compia	compissi	compi (non compire)		
compia	compisse	compia		
compiamo	compissimo	compiamo		
compiate	compiste	compite		
compiano	compissero	compiano		
conduca	conducessi	—	condotto	conducendo
conduca	conducessi	conduci (non condurre)		
conduca	conducesse	conduca		
conduciamo	conducessimo	conduciamo		
conduciate	conduceste	conducete		
conducano	conducessero	conducano		
dica	dicessi	—	detto	dicendo
dica	dicessi	di' (non dire)		
dica	dicesse	dica		
diciamo	dicessimo	diciamo		
diciate	diceste	dite		
dicano	dicessero	dicano		

INFINITIVE			INDICATIVE		CONDITIONAL
	Present	Imperfetto	Passato Remoto	Future	
14. **dovere** *to have to*	devo	dovevo	dovei (dovetti)	dovrò	dovrei
	devi	dovevi	dovesti	dovrai	dovresti
	deve	doveva	dovè (dovette)	dovrà	dovrebbe
	dobbiamo	dovevamo	dovemmo	dovremo	dovremmo
	dovete	dovevate	doveste	dovrete	dovreste
	devono	dovevano	doverono (dovettero)	dovranno	dovrebbero
15. **fare** *to do, make*	faccio	facevo	feci	farò	farei
	fai	facevi	facesti	farai	faresti
	fa	faceva	fece	farà	farebbe
	facciamo	facevamo	facemmo	faremo	faremmo
	fate	facevate	faceste	farete	fareste
	fanno	facevano	fecero	faranno	farebbero

16. **introdurre** *to introduce* (see **condurre**)

17. **mantenere** *to maintain* (see **tenere**)

18. **opporre** *to oppose* (see **porre**)

19. **ottenere** *to obtain* (see **tenere**)

INFINITIVE	Present	Imperfetto	Passato Remoto	Future	CONDITIONAL
20. **parere** *to appear*	paio	parevo	parvi	parrò	parrei
	pari	parevi	paresti	parrai	parresti
	pare	pareva	parve	parrà	parrebbe
	paiamo	parevamo	paremmo	parremo	parremmo
	parete	parevate	pareste	parrete	parreste
	paiono	parevano	parvero	parranno	parrebbero
21. **piacere** *to please*	piaccio	piacevo	piacqui	piacerò	piacerei
	piaci	piacevi	piacesti	piacerai	piaceresti
	piace	piaceva	piacque	piacerà	piacerebbe
	piacciamo	piacevamo	piacemmo	piaceremo	piaceremmo
	piacete	piacevate	piaceste	piacerete	piacereste
	piacciono	piacevano	piacquero	piaceranno	piacerebbero
22. **porre** *to put*	pongo	ponevo	posi	porrò	porrei
	poni	ponevi	ponesti	porrai	porresti
	pone	poneva	pose	porrà	porrebbe
	poniamo	ponevamo	ponemmo	porremo	porremmo
	ponete	ponevate	poneste	porrete	porreste
	pongono	ponevano	posero	porranno	porrebbero

23. **possedere** *to possess* (see **sedere**)

SUBJUNCTIVE		IMPERATIVE	PARTICIPLE	GERUND
Present	**Imperfect**		**Past**	
deva (debba)	dovessi	—	dovuto	dovendo
deva	dovessi	—		
deva	dovesse	—		
dobbiamo	dovessimo	—		
dobbiate	doveste	—		
devano (debbano)	dovessero	—		
faccia	facessi	—	fatto	facendo
faccia	facessi	fa' (fai) (non fare)		
faccia	facesse	faccia		
facciamo	facessimo	facciamo		
facciate	faceste	fate		
facciano	facessero	facciano		
paia	paressi	—	parso	parendo
paia	paressi	pari (non parere)		
paia	paresse	paia		
paiamo	paressimo	paiamo		
paiate	pareste	parete		
paiano	paressero	paiano		
piaccia	piacessi	—	piaciuto	piacendo
piaccia	piacessi	piaci (non piacere)		
piaccia	piacesse	piaccia		
piacciamo	piacessimo	piacciamo		
piacciate	piaceste	piacete		
piacciano	piacessero	piacciano		
ponga	ponessi	—	posto	ponendo
ponga	ponessi	poni (non porre)		
ponga	ponesse	ponga		
poniamo	ponessimo	poniamo		
poniate	poneste	ponete		
pongano	ponessero	pongano		

INFINITIVE		INDICATIVE			CONDITIONAL
	Present	**Imperfetto**	**Passato Remoto**	**Future**	
24. **potere** *to be able*	posso puoi può possiamo potete possono	potevo potevi poteva potevamo potevate potevano	potei potesti potè potemmo poteste poterono	potrò potrai potrà potremo potrete potranno	potrei potresti potrebbe potremmo potreste potrebbero
25. **prevedere** *to foresee* (see **vedere**)					
26. **proporre** *to propose* (see **porre**)					
27. **raccogliere** *to gather* (see **cogliere**)					
28. **rifare** *to redo* (see **fare**)					
29. **rimanere** *to remain*	rimango rimani rimane rimaniamo rimanete rimangono	rimanevo rimanevi rimaneva rimanevamo rimanevate rimanevano	rimasi rimanesti rimase rimanemmo rimaneste rimasero	rimarrò rimarrai rimarrà rimarremo rimarrete rimarranno	rimarrei rimarresti rimarrebbe rimarremmo rimarreste rimarrebbero
30. **rivedere** *to see again* (see **vedere**)					
31. **sapere** *to know*	so sai sa sappiamo sapete sanno	sapevo sapevi sapeva sapevamo sapevate sapevano	seppi sapesti seppe sapemmo sapeste seppero	saprò saprai saprà sapremo saprete sapranno	saprei sapresti saprebbe sapremmo sapreste saprebbero
32. **scegliere** *to choose*	scelgo scegli sceglie scegliamo scegliete scelgono	sceglievo sceglievi sceglieva sceglievamo sceglievate sceglievano	scelsi scegliesti scelse scegliemmo sceglieste scelsero	sceglierò sceglierai sceglierà sceglieremo sceglierete sceglieranno	sceglierei sceglieresti sceglierebbe sceglieremmo sceglierreste sceglierebbero
33. **sciogliere** *to untie,* *let loose*	sciolgo sciogli scioglie sciogliamo sciogliete sciolgono	scioglievo scioglievi scioglieva scioglievamo scioglievate scioglievano	sciolsi sciogliesti sciolse sciogliemmo scioglieste sciolsero	scioglierò scioglierai scioglierà scioglieremo scioglierete scioglieranno	scioglierei scioglieresti scioglierebbe scioglieremmo scioglierreste scioglierebbero

SUBJUNCTIVE		IMPERATIVE	PARTICIPLE	GERUND
Present	Imperfect		Past	
possa	potessi	—	potuto	potendo
possa	potessi	—		
possa	potesse	—		
possiamo	potessimo	—		
possiate	poteste	—		
possano	potessero	—		
rimanga	rimanessi	—	rimasto	rimanendo
rimanga	rimanessi	rimani (non rimanere)		
rimanga	rimanesse	rimanga		
rimaniamo	rimanessimo	rimaniamo		
rimaniate	rimaneste	rimanete		
rimangano	rimanessero	rimangano		
sappia	sapessi	—	saputo	sapendo
sappia	sapessi	sappi (non sapere)		
sappia	sapesse	sappia		
sappiamo	sapessimo	sappiamo		
sappiate	sapeste	sappiate		
sappiano	sapessero	sappiano		
scelga	scegliessi	—	scelto	scegliendo
scelga	scegliessi	scegli (non scegliere)		
scelga	scegliesse	scelga		
scegliamo	scegliessimo	scegliamo		
scegliate	sceglieste	scegliete		
scelgano	scegliessero	scelgano		
sciolga	sciogliessi	—	sciolto	sciogliendo
sciolga	sciogliessi	sciogli (non sciogliere)		
sciolga	sciogliesse	sciolga		
sciogliamo	sciogliessimo	sciogliamo		
sciogliate	scioglieste	sciogliete		
sciolgano	sciogliessero	sciolgano		

INFINITIVE			INDICATIVE		CONDITIONAL
	Present	Imperfetto	Passato Remoto	Future	
34. **sedere** *to sit*	siedo	sedevo	sedei (sedetti)	sederò	sederei
	siedi	sedevi	sedesti	sederai	sederesti
	siede	sedeva	sedè (sedette)	sederà	sederebbe
	sediamo	sedevamo	sedemmo	sederemo	sederemmo
	sedete	sedevate	sedeste	sederete	sedereste
	siedono	sedevano	sederono (sedettero)	sederanno	sederebbero

35. **supporre** *to suppose* (see **porre**)

36. **tacere** *to be silent*	taccio	tacevo	tacqui	tacerò	tacerei
	taci	tacevi	tacesti	tacerai	taceresti
	tace	taceva	tacque	tacerà	tacerebbe
	taciamo	tacevamo	tacemmo	taceremo	taceremmo
	tacete	tacevate	taceste	tacerete	tacereste
	tacciono	tacevano	tacquero	taceranno	tacerebbero

37. **tenere** *to hold*	tengo	tenevo	tenni	terrò	terrei
	tieni	tenevi	tenesti	terrai	terresti
	tiene	teneva	tenne	terrà	terrebbe
	teniamo	tenevamo	tenemmo	terremo	terremmo
	tenete	tenevate	teneste	terrete	terreste
	tengono	tenevano	tennero	terranno	terrebbero

38. **togliere** *to remove* (see **cogliere**)

39. **tradurre** *to translate* (see **condurre**)

40. **trarre** *to extract*	traggo	traevo	trassi	trarrò	trarrei
	trai	traevi	traesti	trarrai	trarresti
	trae	traeva	trasse	trarrà	trarrebbe
	traiamo	traevamo	traemmo	trarremo	trarremmo
	traete	traevate	traeste	trarrete	trarreste
	traggono	traevano	trassero	trarranno	trarrebbero

41. **valere** *to be worth*	valgo	valevo	valsi	varrò	varrei
	vali	valevi	valesti	varrai	varresti
	vale	valeva	valse	varrà	varrebbe
	valiamo	valevamo	valemmo	varremo	varremmo
	valete	valevate	valeste	varrete	varreste
	valgono	valevano	valsero	varranno	varrebbero

42. **vedere** *to see*	vedo	vedevo	vidi	vedrò	vedrei
	vedi	vedevi	vedesti	vedrai	vedresti
	vede	vedeva	vide	vedrà	vedrebbe
	vediamo	vedevamo	vedemmo	vedremo	vedremmo
	vedete	vedevate	vedeste	vedrete	vedreste
	vedono	vedevano	videro	vedranno	vedrebbero

SUBJUNCTIVE		IMPERATIVE	PARTICIPLE	GERUND
Present	**Imperfect**		**Past**	
sieda (segga)	sedessi	—	seduto	sedendo
sieda	sedessi	siedi (non sedere)		
sieda	sedesse	sieda (segga)		
sediamo	sedessimo	sediamo		
sediate	sedeste	sedete		
siedano (seggano)	sedessero	siedano (seggano)		
taccia	tacessi	—	taciuto	tacendo
taccia	tacessi	taci (non tacere)		
taccia	tacesse	taccia		
tacciamo	tacessimo	taciamo		
tacciate	taceste	tacete		
tacciano	tacessero	tacciano		
tenga	tenessi	—	tenuto	tenendo
tenga	tenessi	tieni (non tenere)		
tenga	tenesse	tenga		
teniamo	tenessimo	teniamo		
teniate	teneste	tenete		
tengano	tenessero	tengano		
tragga	traessi	—	tratto	traendo
tragga	traessi	trai (non trarre)		
tragga	traesse	tragga		
traiamo	traessimo	traiamo		
traiate	traeste	traete		
traggano	traessero	traggano		
valga	valessi	—	valso	valendo
valga	valessi	vali (non valere)		
valga	valesse	valga		
valiamo	valessimo	valiamo		
valiate	valeste	valete		
valgano	valessero	valgano		
veda	vedessi	—	visto (veduto)	vedendo
veda	vedessi	vedi (non vedere)		
veda	vedesse	veda		
vediamo	vedessimo	vediamo		
vediate	vedeste	vedete		
vedano	vedessero	vedano		

INFINITIVE			INDICATIVE		CONDITIONAL
	Present	Imperfetto	Passato Remoto	Future	
43. **vivere** *to live*	vivo	vivevo	vissi	vivrò	vivrei
	vivi	vivevi	vivesti	vivrai	vivresti
	vive	viveva	visse	vivrà	vivrebbe
	viviamo	vivevamo	vivemmo	vivremo	vivremmo
	vivete	vivevate	viveste	vivrete	vivreste
	vivono	vivevano	vissero	vivranno	vivrebbero
44. **volere** *to want*	voglio	volevo	volli	vorrò	vorrei
	vuoi	volevi	volesti	vorrai	vorresti
	vuole	voleva	volle	vorrà	vorrebbe
	vogliamo	volevamo	volemmo	vorremo	vorremmo
	volete	volevate	voleste	vorrete	vorreste
	vogliono	volevano	vollero	vorranno	vorrebbero

SECOND GROUP

In the **passato remoto** only the first and third persons singular and the third person plural are irregular; the other persons use the regular stem plus the regular endings.

For example: **accendere: accesi, accendesti, accese, accendemmo, accendeste, accesero.** Note that compounds of these verbs follow the same patterns. For example: **mettere, ammettere, commettere, permettere** etc.

INFINITIVE		PASSATO REMOTO	PAST PARTICIPLE
accendere	*to light*	accesi	acceso
accorgersi	*to notice*	mi accorsi	accorto
assistere	*to help*	assistei	assistito
attendere	*to wait*	attesi	atteso
chiedere	*to ask*	chiesi	chiesto
chiudere	*to close*	chiusi	chiuso
confondere	*to confuse*	confusi	confuso
conoscere	*to know*	conobbi	conosciuto
consistere	*to consist*	consistei	consistito
correggere	*to correct*	corressi	corretto
correre	*to run*	corsi	corso
crescere	*to grow*	crebbi	cresciuto
decidere	*to decide*	decisi	deciso
difendere	*to defend*	difesi	difeso
dipendere	*to depend*	dipesi	dipeso
dipingere	*to paint*	dipinsi	dipinto
dirigere	*to direct*	diressi	diretto
discutere	*to discuss*	discussi	discusso
distinguere	*to distinguish*	distinsi	distinto
distruggere	*to destroy*	distrussi	distrutto
dividere	*to divide*	divisi	diviso
esplodere	*to explode*	esplosi	esploso
esprimere	*to express*	espressi	espresso
fingere	*to pretend*	finsi	finto

SUBJUNCTIVE		IMPERATIVE	PARTICIPLE	GERUND
Present	**Imperfect**		**Past**	
viva	vivessi	—	vissuto	vivendo
viva	vivessi	vivi (non vivere)		
viva	vivesse	viva		
viviamo	vivessimo	viviamo		
viviate	viveste	vivete		
vivano	vivessero	vivano		
voglia	volessi	—	voluto	volendo
voglia	volessi	— (non volere)		
voglia	volesse	voglia		
vogliamo	volessimo	vogliamo		
vogliate	voleste	vogliate		
vogliano	volessero	vogliano		

INFINITIVE		PASSATO REMOTO	PAST PARTICIPLE
giungere	to arrive	giunsi	giunto
illudere	to deceive	illusi	illuso
insistere	to insist	insistei	insistito
leggere	to read	lessi	letto
mettere	to put	misi	messo
muovere	to move	mossi	mosso
nascere	to be born	nacqui	nato
nascondere	to hide	nascosi	nascosto
offendere	to offend	offesi	offeso
perdere	to lose	persi (perdei) (perdetti)	perso (perduto)
persuadere	to persuade	persuasi	persuaso
piangere	to cry	piansi	pianto
piovere	to rain	piovve	piovuto
porgere	to hand	porsi	porto
prendere	to take	presi	preso
proteggere	to protect	protessi	protetto
radere	to shave	rasi	raso
rendere	to give back	resi	reso
resistere	to resist	resistei (resistetti)	resistito
ridere	to laugh	risi	riso
risolvere	to solve	risolsi (risolvei) (risolvetti)	risolto

INFINITIVE		PASSATO REMOTO	PAST PARTICIPLE
rispondere	*to answer*	risposi	risposto
rompere	*to break*	ruppi	rotto
scendere	*to descend*	scesi	sceso
scorgere	*to see*	scorsi	scorto
scrivere	*to write*	scrissi	scritto
scuotere	*to shake*	scossi	scosso
sospendere	*to suspend*	sospesi	sospeso
spegnere	*to turn off*	spensi	spento

INFINITIVE	INDICATIVE				CONDITIONAL
	Present	**Imperfetto**	**Passato Remoto**	**Future**	

THIRD CONJUGATION

1. **apparire** *to appear*	appaio	apparivo	apparvi (apparii)	apparirò	apparirei
	appari	apparivi	apparisti	apparirai	appariresti
	appare	appariva	apparve (apparì)	apparirà	apparirebbe
	appariamo	apparivamo	apparimmo	appariremo	appariremmo
	apparite	apparivate	appariste	apparirete	apparireste
	appaiono	apparivano	apparvero (apparirono)	appariranno	apparirebbero
2. **aprire** *to open*	apro	aprivo	aprii	aprirò	aprirei
	apri	aprivi	apristi	aprirai	apriresti
	apre	apriva	aprì	aprirà	aprirebbe
	apriamo	aprivamo	aprimmo	apriremo	apriremmo
	aprite	aprivate	apriste	aprirete	aprireste
	aprono	aprivano	aprirono	apriranno	aprirebbero

3. **avvenire** *to happen* (see **venire**)

4. **coprire** *to cover* (see **aprire**)

5. **divenire** *to become* (see **venire**)

6. **morire** *to die*	muoio	morivo	morii	morirò (morrò)	morirei (morrei)
	muori	morivi	moristi	morirai	moriresti
	muore	moriva	morì	morirà	morirebbe
	moriamo	morivamo	morimmo	moriremo	moriremmo
	morite	morivate	moriste	morirete	morireste
	muoiono	morivano	morirono	moriranno	morirebbero
7. **offrire** *to offer*	offro	offrivo	offrii	offrirò	offrirei
	offri	offrivi	offristi	offrirai	offriresti
	offre	offriva	offrì	offrirà	offrirebbe
	offriamo	offrivamo	offrimmo	offriremo	offriremmo
	offrite	offrivate	offriste	offrirete	offrireste
	offrono	offrivano	offrirono	offriranno	offrirebbero

INFINITIVE		PASSATO REMOTO	PAST PARTICIPLE
spendere	to spend	spesi	speso
spingere	to push	spinsi	spinto
stendere	to stretch	stesi	steso
succedere	to happen	successi (succedei) (succedetti)	successo
uccidere	to kill	uccisi	ucciso
vincere	to conquer	vinsi	vinto
volgere	to turn	volsi	volto

SUBJUNCTIVE		IMPERATIVE	PARTICIPLE	GERUND
Present	**Imperfect**		**Past**	
appaia	apparissi	—	apparso	apparendo
appaia	apparissi	appari (non apparire)		
appaia	apparisse	appaia		
appariamo	apparissimo	appariamo		
appariate	appariste	apparite		
appaiano	apparissero	appaiano		
apra	aprissi	—	aperto	aprendo
apra	aprissi	apri (non aprire)		
apra	aprisse	apra		
apriamo	aprissimo	apriamo		
apriate	apriste	aprite		
aprano	aprissero	aprano		
muoia	morissi	—	morto	morendo
muoia	morissi	muori (non morire)		
muoia	morisse	muoia		
moriamo	morissimo	moriamo		
moriate	moriste	morite		
muoiano	morissero	muoiano		
offra	offrissi	—	offerto	offrendo
offra	offrissi	offri (non offrire)		
offra	offrisse	offra		
offriamo	offrissimo	offriamo		
offriate	offriste	offrite		
offrano	offrissero	offrano		

INFINITIVE			INDICATIVE		CONDITIONAL
	Present	Imperfetto	Passato Remoto	Future	
8. **riuscire** *to succeed* (see **uscire**)					
9. **salire** *to go up*	salgo	salivo	salii	salirò	salirei
	sali	salivi	salisti	salirai	saliresti
	sale	saliva	salì	salirà	salirebbe
	saliamo	salivamo	salimmo	saliremo	saliremmo
	salite	salivate	saliste	salirete	salireste
	salgono	salivano	salirono	saliranno	salirebbero
10. **scomparire** *to disappear* (see **apparire**)					
11. **scoprire** *to discover* (see **coprire**)					
12. **seppellire** *to bury*	seppellisco	seppellivo	seppellii	seppellirò	seppellirei
	seppellisci	seppellivi	seppellisti	seppellirai	seppelliresti
	seppellisce	seppelliva	seppellì	seppellirà	seppellirebbe
	seppelliamo	seppellivamo	seppellimmo	seppelliremo	seppelliremmo
	seppellite	seppellivate	seppelliste	seppellirete	seppellireste
	seppelliscono	seppellivano	seppellirono	seppelliranno	seppellirebbero
13. **soffrire** *to suffer* (see **offrire**)					
14. **udire** *to hear*	odo	udivo	udii	udirò (udrò)	udirei (udrei)
	odi	udivi	udisti	udirai	udiresti
	ode	udiva	udì	udirà	udirebbe
	udiamo	udivamo	udimmo	udiremo	udiremmo
	udite	udivate	udiste	udirete	udireste
	odono	udivano	udirono	udiranno	udirebbero
15. **uscire** *to go out*	esco	uscivo	uscii	uscirò	uscirei
	esci	uscivi	uscisti	uscirai	usciresti
	esce	usciva	uscì	uscirà	uscirebbe
	usciamo	uscivamo	uscimmo	usciremo	usciremmo
	uscite	uscivate	usciste	uscirete	uscireste
	escono	uscivano	uscirono	usciranno	uscirebbero
16. **venire** *to come*	vengo	venivo	venni	verrò	verrei
	vieni	venivi	venisti	verrai	verresti
	viene	veniva	venne	verrà	verrebbe
	veniamo	venivamo	venimmo	verremo	verremmo
	venite	venivate	veniste	verrete	verreste
	vengono	venivano	vennero	verranno	verrebbero

SUBJUNCTIVE		IMPERATIVE	PARTICIPLE	GERUND
Present	Imperfect		Past	
salga	salissi	—	salito	salendo
salga	salissi	sali (non salire)		
salga	salisse	salga		
saliamo	salissimo	saliamo		
salite	saliste	salite		
salgano	salissero	salgano		
seppellisca	seppellissi	—	sepolto	seppellendo
seppellisca	seppellissi	seppellisci (non seppellire)	(seppellito)	
seppellisca	seppellisse	seppellisca		
seppelliamo	seppellissimo	seppelliamo		
seppelliate	seppelliste	seppellite		
seppelliscano	seppellissero	seppelliscano		
oda	udissi	—	udito	udendo
oda	udissi	odi (non udire)		
oda	udisse	oda		
udiamo	udissimo	udiamo		
udiate	udiste	udite		
odano	udissero	odano		
esca	uscissi	—	uscito	uscendo
esca	uscissi	esci (non uscire)		
esca	uscisse	esca		
usciamo	uscissimo	usciamo		
usciate	usciste	uscite		
escano	uscissero	escano		
venga	venissi	—	venuto	venendo
venga	venissi	vieni (non venire)		
venga	venisse	venga		
veniamo	venissimo	veniamo		
veniate	veniste	venite		
vengano	venissero	vengano		